染織の黒衣たち

菊池昌治

法政大学出版局

はじめに

美しいものを纏いたいという思いに衝き動かされて、人はひたすら染め、そして織ってきた。藤や科《しな》のような樹皮が、靭皮《じんぴ》繊維である麻が、自分の命を吐き出すようにして生まれる蚕のか細い繭糸が、海の彼方への思いを誘って咲く棉の花が、糸になり、染められ、機《はた》にかけられて一枚の布となるまでにどれだけの時間と人の手が加わってきたことだろう。

染め上げようと思う色があれば、その色を得るために人はどれほどの色を生み出し、織り上げようという模様があれば幾度杼《ひ》をすべらせ、筬《おさ》音高く打ち込んだことだろう。

どんな時代にも人は染めと織りに尽きることのない思いと情熱を注ぎ込んできた。染めもの、織りものの美しさを生み出すために、人は創意を重ね、その仕事はより高度に技術化され、その技術を駆使する人々を輩出し、また、手ともなり、足ともなる道具を工夫して作り出してきた。

姿も形も大小も、材質も機能も千変万化するおびただしい染めと織りの道具が駆使されてきた　そんな道具を作る人々もまた染織文化の担い手として不可欠な存在である。人も道具もおのずとその土地の風土や歴史、染めびと、織りびとの在りようをもあぶり出している。

京都の染めと織り

平安京以来、どんな時代にあっても京都は歴史都市、宗教都市、文化観光都市として、常に〝染織の都〟であり続けてきた。生糸を練り、綾《あや》、錦《にしき》、金襴《きんらん》などの絢爛たる絹織物を織り上げる西陣織と色彩豊かに染め上げる友禅染をはじめとする京染がそのことを象徴している。

西陣織も京染も、よりすぐれた染織品を生むために必然的に分業化されてきた。それぞれの工程で磨かれた技術が、美しい染織品を作り出してきたのである。

織りの流れ

中世の京都を灰燼に帰した応仁の乱で西軍が布陣したことに因んで西陣という地名が起こり、平安期以来の織部司《おりべのつかさ》の流れを汲む織物技術を生かしながら、日本最大の機業地として多彩な絹織物を織り出してきた。

波乱に満ちた京都の歴史はそのまま西陣の盛衰に重なるが、そのつど、西陣は回生してきた。同業者町を形成する西陣は地域としての絆を生みながら織りの町として職住一致の瓦屋根の「織屋建《だて》」と呼ばれる町家の景観を形成しながら、織物は複雑な製造工程に分業化して、西陣の人々は仕事でも生活でも互いに密接に相関しつつ、織りに従事してきた。

それぞれの工程に、暖簾と生涯をかけてきた家と人があり、「西陣なればこその技術」、「西陣が私を育ててくれた」、「私は西陣の土になる」と、ひたすら織りに関わる仕事をしてきた人たちは述懐する。

その製造工程を大別すると、原料準備としての糸屋（原糸）、撚糸、糸染め、手繰り、そして機準備としての整経、綜絖《そうこう》、筬通しがあり、さらに企画・製紋工程として図案、紋意匠図、紋彫り、紋編みがあって、ようやく製織となり、仕上げ工程として張り、湯のしという整理加工がある。これらの各工程には長い間に培われてきた技法、技術を駆使する人々がおり、それらの集積として織物が織り上がってくる。

染めの流れ

清少納言が「冬はいみじう寒き、夏は世に知らず暑き」（『枕草子』一一四段）とした京都の気候風土は、その湿気の多さから絹糸の加工を助けるものであったが、四季の移ろいへの感受性を鋭くし、また平安王朝において着重ねた衣服の表と裏に異なった色の布を配して、季節を表わす名前をつけた襲《かさね》の色目《いろめ》は、色彩感覚の繊細さと豊かさの土壌ともなった。いわば色彩だけで自然の草花に見立てたり、抽象的に事物を表現した。

それに対して近世の服装の主流をなした小袖では、線模様で具体的に模様が描かれた。京染は、地染として紅染と紫染を頂点とし、何より白生地を小袖模様に染める点に真骨頂があった。

小袖模様の中心をなしたのが防染糊を用いて自由で、多彩かつ華麗な模様が考案され、幅広い展開を見せていった友禅染である。

明治初期に化学染料が輸入されると、糊に染料を混ぜ、型紙によって篦で生地に型付けをして模様を染め出す型友禅の技法が考え出されて、友禅染は広く、大量に消費されるようになった。

友禅染は手描友禅、型友禅、機械捺染《なっせん》による広幅友禅に大別できる。西陣織同様、その生産工程は細かく分業化されて発達してきた。

手描友禅の場合は白生地を精練し、湯のし屋が蒸気で縮緬《ちりめん》の幅出しをし、きものなどの場合は仮絵羽《かりえば》を施した上で下絵師が青花で下絵を描く。下絵の線をなぞって筒紙の糊を置く糸目糊置をして色を挿す。挿しの色止めのため蒸しに出し、模様を糊で伏せ、引染屋が地色を染める。また蒸しに出して染料を生地に定着させ、糊を洗い流すため水元《みずもと》へ出す。そして再び湯のしされ、仕上げとなる。この後、金加工や繍《ぬい》が加えられることもある。

型友禅は図案を起こし、型紙を彫る。色合わせをしてから型紙で色糊を生地に置いてゆく。そして蒸し、水元と手描き友禅と同じ工程を経る。

華麗な京染を可能にしたものは歴史や、人、技術もあったけれど、染め上がりを左右したのは、水であった。元禄期（一六八八―一七〇四）に刊行された『人国記』は「世俗ニ其国風ハ其水ヲ以テ知ルト云フ事、誠ナル哉、城州（注＝京都）ハ其水潔クシテ百色ヲ染ムルニ其色余国ニルイ違ヘル事、古ヨリ今ニ至ル」と水が京都の風景、風情をつくり出していると述べている。伏流水は名井となり、そして鴨川、白川、堀川、桂川など市中を貫流する川での〝友禅流し〟が染めの冴えを生んだのだった。

自然も歴史も人も道具も綯いまぜになって一本の糸となり、それぞれ経糸になり、緯糸になって染織という文化を織り上げ、染め上げてきたのである。

✲目　次✲

杼

経と緯を織りなす

長谷川淳一
（長谷川杼製作所）

たった一人、最後の「ひいや」さん

灰白色の瓦屋根がだんだら模様をつくって鈍色《にびいろ》に光をはね返す昔ながらの家並。京格子の中からかすかに、だが規則的に響いて聞こえてくる機音。そんな風景が現代という時の流れに晒され、徐々に昔日の姿を失いはじめて、もう何年になるだろう。

応仁の大乱（一四六七–七七年）の際、東軍の細川勝元に対して、山名宗全の西軍が陣を敷いたことから西陣という地名が起こり、以来、戦乱や大火、時代の変革を乗りきって、極度に分業化されたさまざまな職種を内包しながら、あたかも生命あるもののごとく動いてきた機業地＝西陣。

西陣の範囲は時代とともに変化してきた。現代では、およそ東は染織に携わる人が多く住む堀川通の東の烏丸通、西は金閣寺辺から南へのびる西大路通、南は二条城の北を東西に走る丸太町通、北は大徳寺のある今宮通ということになろうか。かつてはもっと狭い地域を指した。ある人は言う。「機《はた》の音の聞こえてくる範囲が西陣なのです」。

そんな西陣の一隅に、機を織るのに不可欠な杼《ひ》を作る、京都ではたった一軒になってしまった、長谷川杼製作所がある。

人はやさしく「ひいや」さんと呼ぶ。高くあがる筬音《おさ》と筬音の一瞬の間に、杼は音もなく滑る。機にかかる経糸《たて》が開口したとき、経糸の間に緯糸《よこ》を通す舟のような形をした道具が杼なのである。その通された

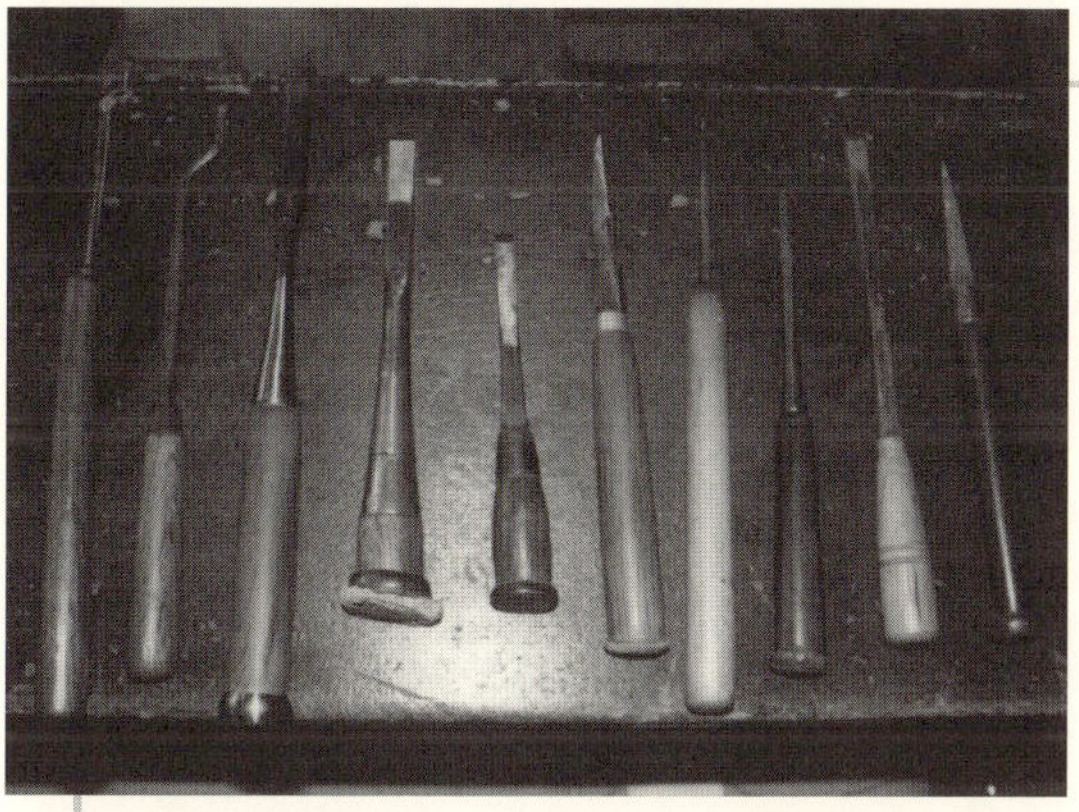

杼作りに必要なノミ。職人にとって道具は手の一部。

仕事場に並んだ二つの座布団。かつては親子して日がな作り続けたこともあった。

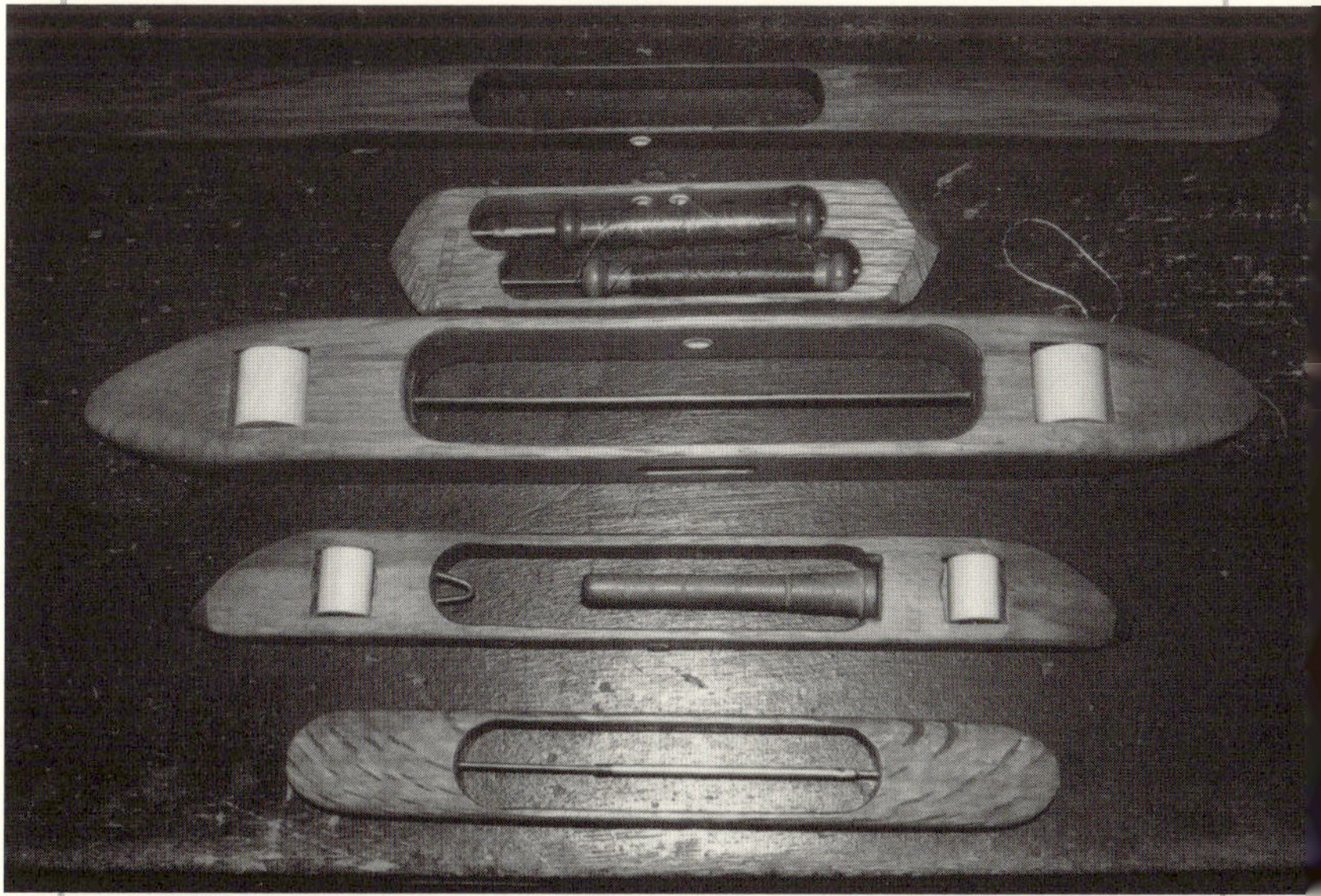

杼は用途によるだけでなく，織り手の気力・体力，技量や手の大きさ，指の長さによっても微妙に異なる。

杼の各部の名称について

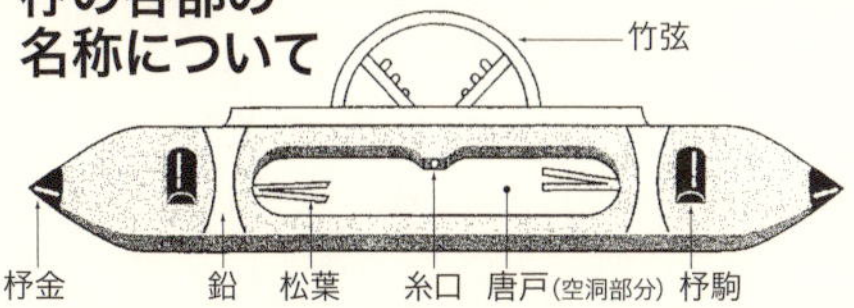

緯糸を打ち込んで筬音があがる。

緯糸を通すというごく単純な機能を果たすだけの杼だが、織ろうとする織物によって多種多様の杼が工夫され、創出されてきた。大別すると縫い取り杼、すくい杼、投げ杼、弾《はじ》き杼（とび杼、ばったん杼）、綴《つづれ》織の地用の杼、細幅用の杼の六種類。さらに鰹杼、綴杼、手越し片松葉杼、長刀横出杼、手越し絵緯《えぬき》杼、手越し紬《つむぎ》杼など、注文品としての特別の杼など枚挙にいとまがない。

それだけではない。長谷川淳一さんの作る杼は手織機の杼である。織り手さんの気力、体力、技術、癖、手の大きさや指の長さなど、使う人によってその形や大きさ、重さ、バランスなどが微妙に異なるから、織り手に合った杼が求められる。杼は経糸に引っかからないように正確な、滑らかな動きが要求され、あたかも織り手の指先と化すのが最良の杼なのである。

杼を見れば織物が見える

長谷川さんの仕事場は外の気配と光が射し込む六畳ほどの広さ。金属の冷たさ、あるいは飴色を呈し、黒光りを帯びた道具類が長谷川さんの周囲に所狭しと、最小の動きで済むよう仕事の流れが途切れないように、揃えられている。仕事の座は二つ、並んでいる。

杼を求めに、あるいは修理を頼みに来た人は上がり框《かまち》に腰をおろし、細長い道具箱を結界として、長谷川さんと一メートルほどの距離で言葉を交す。目線の高さは同じだ。杼への注文を告げれば、あとは織り手さんは機の難しさ、面白さ、日々の出来事や愚痴もまたごく自然に吐露し、長谷川さんは黙って仕事をしながら、あるいはその手を休めて、聞き手に徹してきた。それもまた「ひいや」の仕事の一つだったから。

持ち込まれた杼を見れば、その人の機の技倆がわかった。杼の扱い方も見えた。ぞんざいと見れば「もっと早う来なあかんで」と苦言を呈しもした。仕事場から人の世も垣間見えた。

京都では一軒になってしまった長谷川杼製作所

織り手さんはそんな一刻を過ごした後、近くにある「苦を抜く」という庶民信仰の篤い釘抜地蔵へお詣りし、線香を手向け、お百度を踏んだのだろうか。

長谷川さんの店のある五辻《いつつじ》通はまだ西陣らしいたたずまいを残している。立ちどまって耳を澄ましたが、あたりから機の音は聞こえてこなかった。ふと道草をくう気になった。一〇年ほど前、やはり西陣らしいたたずまいの残る街角で「ひいや」さんを見かけた記憶があるからだ。その人は「私は杼作りが好きなんや」と語っていた。かつて平安京のメインストリートだった朱雀大路、現在の千本通を東へ渡り、うろ覚えの記憶をたどってそれらしい場所を見つけたが、ガラス戸越しに陽を浴びて背中を丸めるようにして杼を作っていた家に人気はなかった。通りがかる人に尋ねても首を傾げるばかりだった。長谷川さんとたった二人、残っていた「ひいや」さんの大正四年生まれの増田春光さんは高齢もあって、もう杼作りをやめていたのである。大正から昭和初期にかけ、西陣には十数軒の「ひいや」さんがあったという。最盛期には長谷川さんの店で年間五〇〇〇丁も作った杼。それが今は五〇～六〇丁がせいぜいになってしまった。

寄り道のついでに足をのばして少し南にあるはずの杼と一体の筬、それも竹の絹筬を作るたった一人の職人、北岡高一さんのところものぞこうという気は、既に失せていた。街にも人にも時の流れはときには残酷でさえある。

杼づくり三代、座は二つ

長谷川さんは平成一一年、文化財を受け継ぐ国の選定保存技術保持者に選ばれた。しかし長谷川さんは決して手放しで喜んではいない。機械も道具もなく、いわば徒手空拳で杼の製作を始めた祖父・辰之助さんから数えて三代。選定は長谷川さん一代にではなく、三代三人へのものであったといえよう。

昭和八（一九三三）年西陣生まれ。楽しかるべき若い日々には戦争がその影を落としていた。戦争中は落下傘のバンドを織る軍需工場で働きもした。杼作りの世界に入ったのは、敗戦後の荒廃感も薄れ出した昭和二五（一九五〇）年のことだった。

祇園祭の山鉾を飾る懸装品を織り上げるのに必要な杼が，この車輪と同じ赤樫から作られるのも不思議な因縁といえよう。

明治生まれの父・繁太郎さんは、こと仕事に関しては厳しすぎるほどの人だった。仕事場に並んだ二つの座布団、通りのある南側が長谷川さんの座。どんな仕事をやっているか、見ずとも気配と音で察して見守っていただろうし、作り上げたものが気に入らなければ捨ててしまうという、名人気質を横溢させた父だった。親子して、二人並んで杼作りは日がな続いた。

「親父は死ぬまで私の仕事を認めていなかったのでは……。親父の作った杼が修理に持ち込まれることがありますが、今も怒られているような、懐かしいような。自分が作った杼もわかります。何歳のころに誰に作ったものだとか、どことなく違うんですよ、面の取り方とか、先の擦り方とか、その時々で。頭で考えるのではなく手が勝手に動いてしまってる。考えれば毎日毎日、勝負しているようなもんです」。

竹弦付両松葉杼を作る

杼の胴体には、木目の詰まった堅い宮崎産の赤樫を使うが、今では入手が難しい。京の夏を告げる祇園祭の鉾の巨大な車輪に用いられているのも同じ赤樫なので、その修理の折などに二抱えもあ

竹弦付両松葉杼が出来るまで

②杼の両端に，かつて大砲製造に用いられた，砲金製の杼金を打ち込む。砲金は摩耗に強い。

①材料の赤樫は 10 年間土蔵でゆっくり寝かせて乾燥させる。木取り後，鉋をかけてなめらかに削る。

④杼を飛ばすときに円滑に横滑りするように鉛を流し込む。バランスを考え，鉛を入れる位置や重さは杼によってそれぞれ異なる。

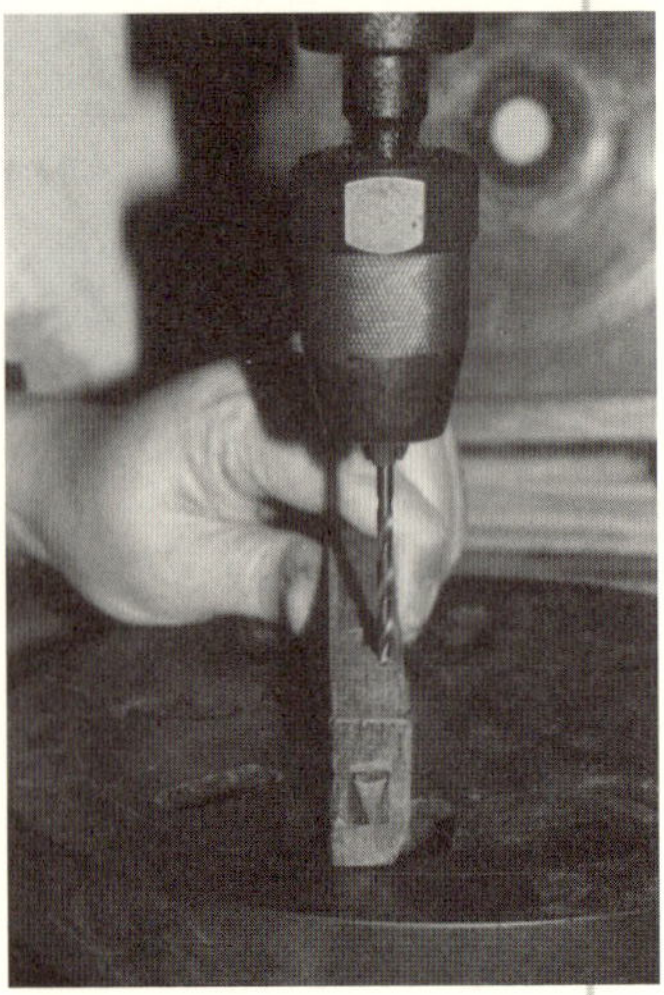

③杼駒，唐戸，糸口，鉛，松葉などの取り付け位置を決める。

⑤唐戸の内部にヤスリをかけて形を整え，滑らかにする。木部はサンドペーパーで仕上げ，樝蠟で拭き込む。

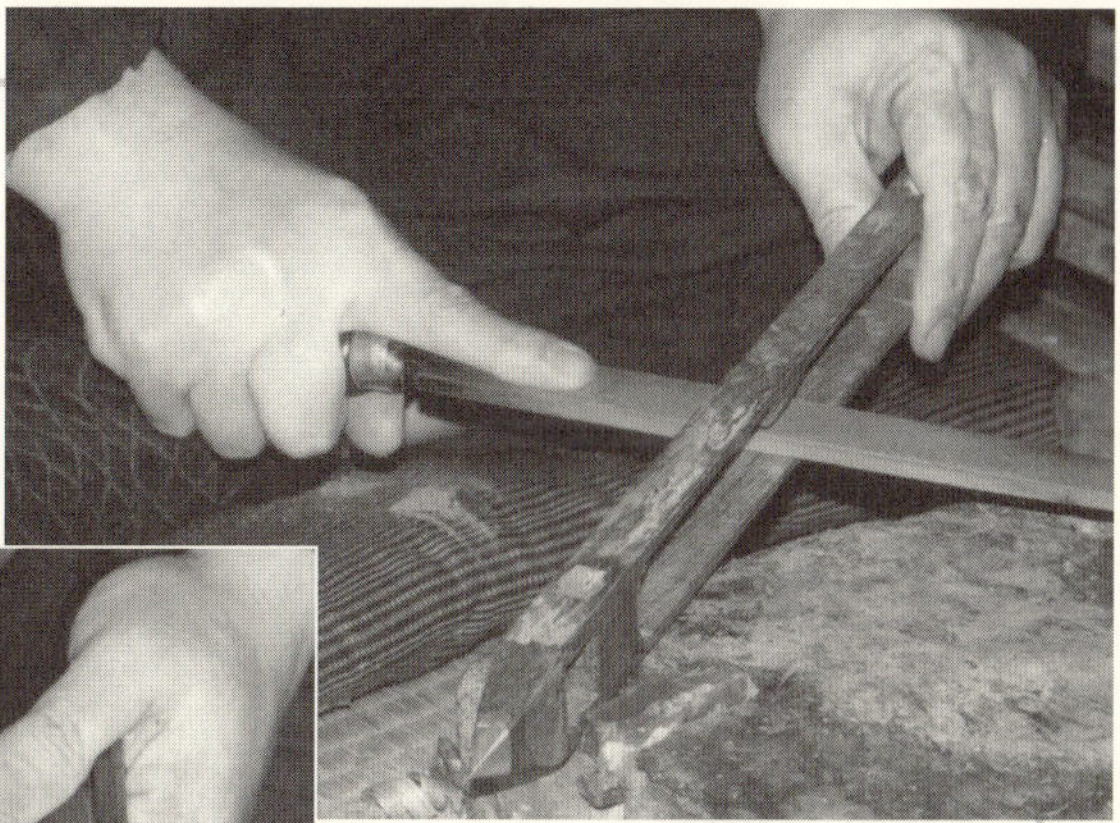

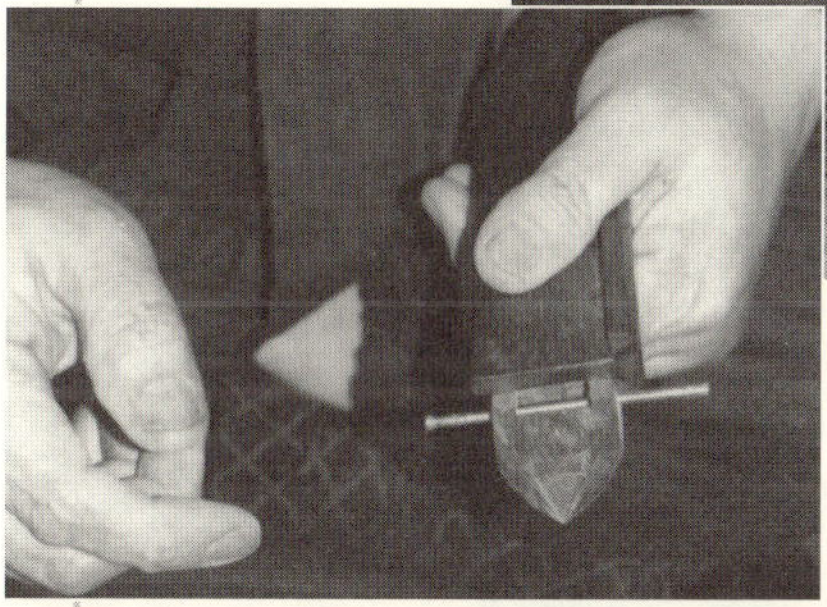

⑥杼が滑らかにすべるように取り付けられた杼駒の心棒。

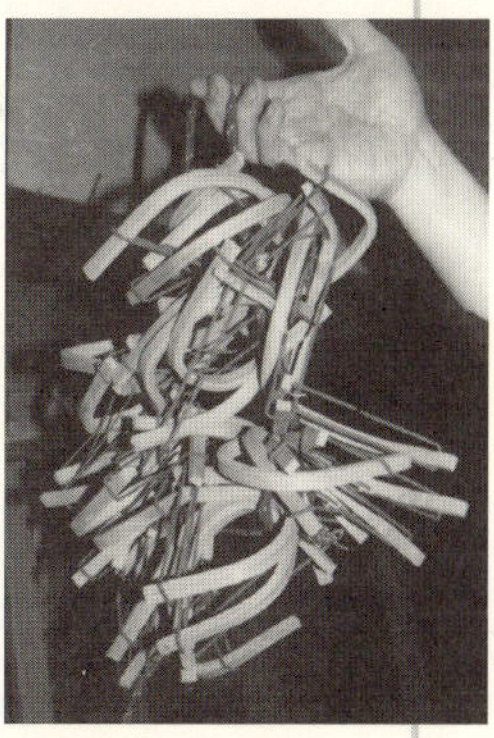

⑦孟宗竹を弦形に形作るよう紐で縛って癖を付けている。

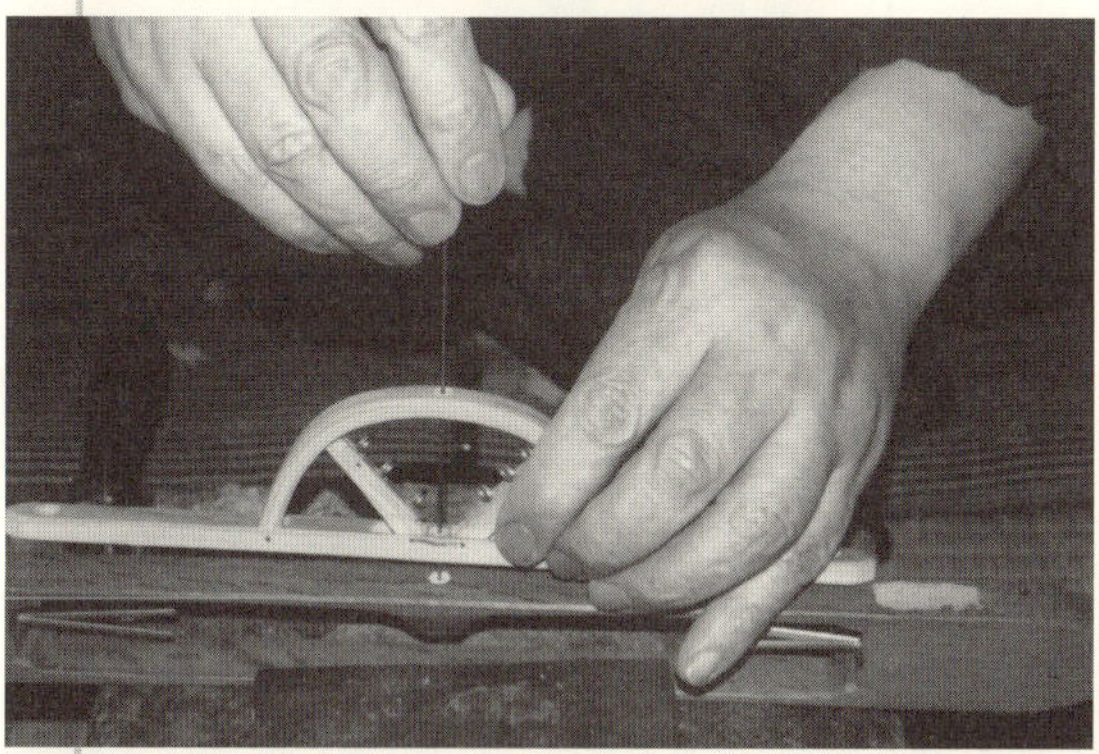

⑧糸口に合わせて竹弦を取り付ける。

⑨長谷川さんの作った杼は 20 ～ 30 年の耐用年数をもつという。

るものを一本分けてもらう。この山鉾を飾る豪華で美術的価値のある、染織の粋を凝らした懸装品を織り上げるにも杼は不可欠のものである。

赤樫を長さ五尺、厚さ一寸三分ほどの板に製材してもらい、自宅の土蔵に最低一〇年間は寝かせる。冷んやりと薄暗い土蔵で眠りを貪《むさぼ》るうち、赤樫のその厚みは一寸二分にまで締まる。

杼の寸法に合わせて木取りをし、鉋で滑らかに削り、先端を杼金の角度に合わせて尖らせ、磨滅の少ない砲金の鋳物製の杼金《ひがね》を両端に打ち込む。真鍮はすぐ磨耗するし、昔使っていた鉄は錆を呼び、隙間が生まれてやがて役に立たなくなってしまう。

原型のできた杼に杼駒・唐戸《からと》・糸口・鉛・松葉取付などの位置や寸法を墨打ちし、穴をあける。次に杼駒の芯穴を直角に彫り込んで整形し、鉛の穴も整形してから鉛を流し込む。杼を飛ばすときに一直線に横滑りするようバランスをとり、織手前の方にやや傾く方がいいので、そのぶん、鉛を重くする。

ほぼ杼の形が整ったところで形づくりを行なう。使う道具は鋸、鑢《やすり》、小刀、鉋、錐、槌など。道具をとっかえひっかえ、一体、何種類使うのかと思うほどである。長谷川さんは「鑿《のみ》一つ、鑢一つ、どれをとってもその線、その形を生み出すには、その道具でなければならんのです」と、いとも無雑作に思える道具の選択にも必然性があるのだと言う。自分で作ったものもある。日頃の道具への愛着、手入れが感じられ、長年使い込んだ道具の一つ一つは、長谷川さんの〝顔〟をしていた。

全体に仕上げ鉋をかけ、杼金に合わせて両端部や唐戸を整える。そして木部の仕上げをしてサンドペーパーで磨き上げ、杼の滑りがよくなるように櫨蠟《はぜろう》で拭き込む。またそうすることで、赤樫に艶が生まれる。

最後の「ひいや」さん・長谷川淳一さん。

次が金具の取り付け。滑らかにすべるように杼の両側にはめこむ薩摩黄楊《つげ》で作った杼駒、清水焼で磁器製の糸を通す糸口、緯糸を巻く木管、発条《バネ》の専門業者に作ってもらった松葉、メタル、心棒などの金具を取り付ける。糸の両耳の凹凸を揃える装置の孟宗竹で作った半円の弓弦は奥さんとの共同作業の自家製。たった一つの小さな杼に、これだけの部品が必要なのだった。これらを取り付けて磨きをかけて、やっと杼はできあがる。

織り手さんで顔付きが変わる

一丁の杼を作るのに必要な工程は、細かくあげれば二五もある。その一つ一つの工程がゆるがせにできない張りつめた仕事である。ゆるみが出れば、それは全体を狂わせ、杼の機能を果たさない。

一定の規格に合った杼ばかりではない。長谷川さんは一枚の杼の設計図をひろげた。依頼主の側でひいた図だという。こまごまとつけられる使う側の注文は、口うるさいとは思わず、かえってありがたいと言う。じっくりと腰を据えて仕事ができ、自分が磨いてきた技術と経験を生かすことができるからだった。「数と時間を言われるのが一番かなわん」と語る長谷川さんに、父・繁太郎さんの姿がダブる。

今、長谷川さんが座っている場所は、かつて父が仕事をしていた場所である。しかし、長谷川さんが座って父とともに仕事をしていた、通りに面した座をあたためる人はいない。三代にわたって培い、磨いてきた杼作りの技術を継承する人は、目下いないのである。人はそれを「幻化」という。

国の保存技術保持者に選定された長谷川さんは、うれしさを覚えながらも「遅すぎる。もう少し早うに技術の伝承に心を砕いていてくれたら」と内心忸怩《じくじ》たる思いを垣間見せた。

それは三代にわたって、さまざまな技法で美を織り上げる西陣織を縁の下で支えてきた、という自負と矜持が言わしめるものでもあった。長谷川さんの作った杼は二、三〇年の耐用年数を持つという。そのあとは、という問いは呑み込まざるをえなかった。

「杼は織り手さんのとこへ行って顔付きが変わってゆく」とか。それは自分の作ったものが使い込まれ、生命を吹き込まれ、織物が織り上げられてゆくことへの喜びでもあった。肩書きよりも、織り手さんの喜怒哀楽をしみこませた杼を前に、織り手さんと杼談議を交しているときが長谷川さんの至福のときなのではないだろうか。長谷川さんの杼作りは今日も続いている。

筬

金筬にも脈打つ筬作りの気概

近藤　武
（近藤筬店）

古来からの筬

京都西陣の一隅で淡々と竹で絹筬《おさ》を作っていた北岡高一さんが亡くなられて何年になるのだろう。その時点で京都における竹の絹筬づくりは絶えた。

手機《てばた》で織るときにあがる高い筬音、一瞬の間を置いて音もなくすべる杼《ひ》。二つながら織りには不可欠の道具である。そしてこの二つの道具の動きに、織り手の感性と技術も表われるのである。そんな懐しいような杼のすべる気配や規則的に続く筬音を聞くことも少なくなってしまった。

筬は経《たて》糸の密度を決め、緯《よこ》糸を打ち込み、さらに緯入れの道案内の役目を果たす道具である。筬を使っての製織はすでに、法隆寺近くの藤ノ木古墳から出土した平絹に筬目が見られ、正倉院御物の刺繡地裂《きれ》にも筬の存在を見てとることができるという。江戸後期に刊行された図説百科事典ともいうべき『和漢三才図会』は「筬は織具である。およそ織る際には経を先にするが、その縷《いとすじ》を梳《す》いて乱れないようにするものである」と、今日のものと変わらない形の筬の図を載せている。

『古今集』には「須磨の海人《あま》の塩焼衣筬をあらみ　間遠にあれや君が来まさぬ」(巻第一五、恋歌五、読人しらず)とあって、塩を焼く漁師の着物は筬のつめ方が粗いので緯糸が離れているというのである。現代の筬羽《おさば》の詰まった精巧な筬とは較ぶべくはないにしても、原理的な機能は昔も今もなんら変わってはいない。

古代、洛西の太秦《うずまさ》の地で、渡来人である秦氏《はた》が絹織物を織っていたという。そして平安京が延暦一三(七九四）年に造営されると、織部司《おりべのつかさ》が設けられ、官製の織物が織られた。

　平安初期の文献は織部司の中に機道具を製作したであろうと思われる機工の存在を記し、また、筬を作る竹の貢納を示す記録もある。筬の歴史はそのまま織物の歴史でもあろう。

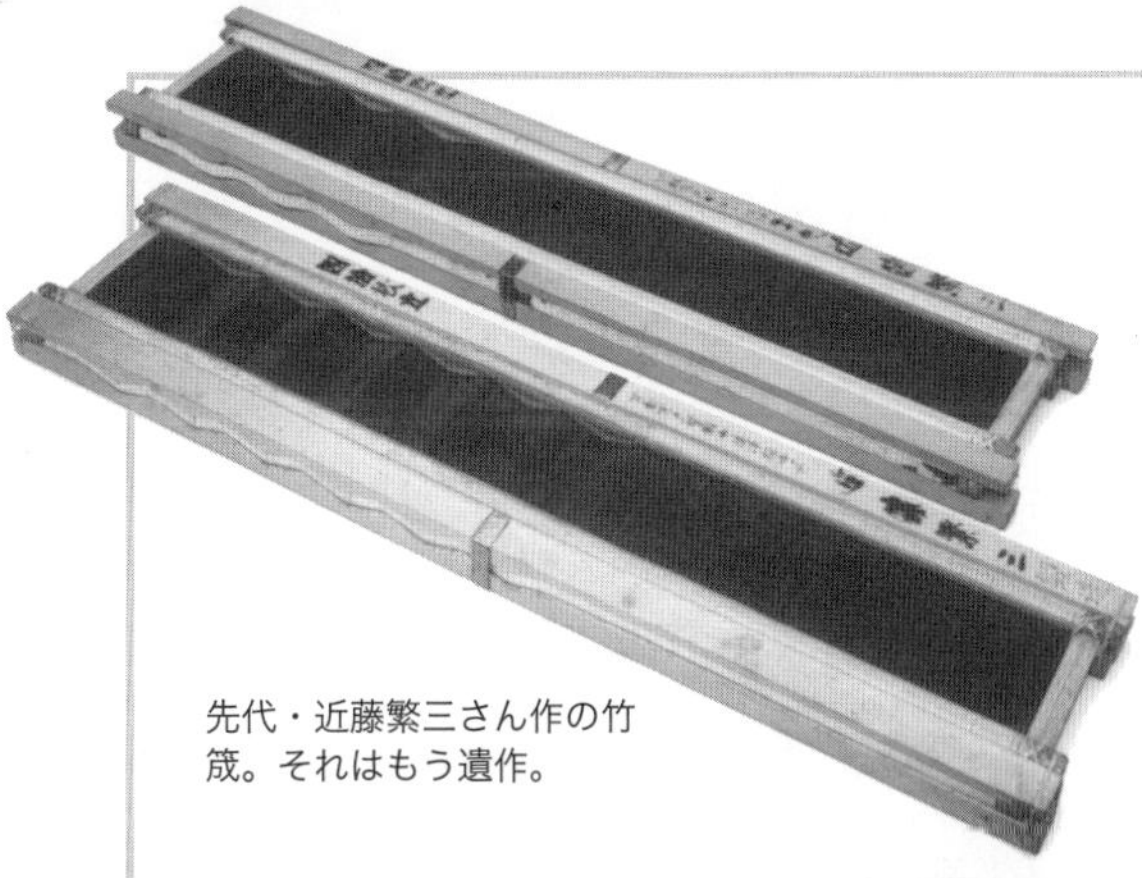

先代・近藤繁三さん作の竹筬。それはもう遺作。

近藤武さん作の金筬。用途によって多種多様な筬がある。筬を作るには幅と羽数を聞けば事足りるという。

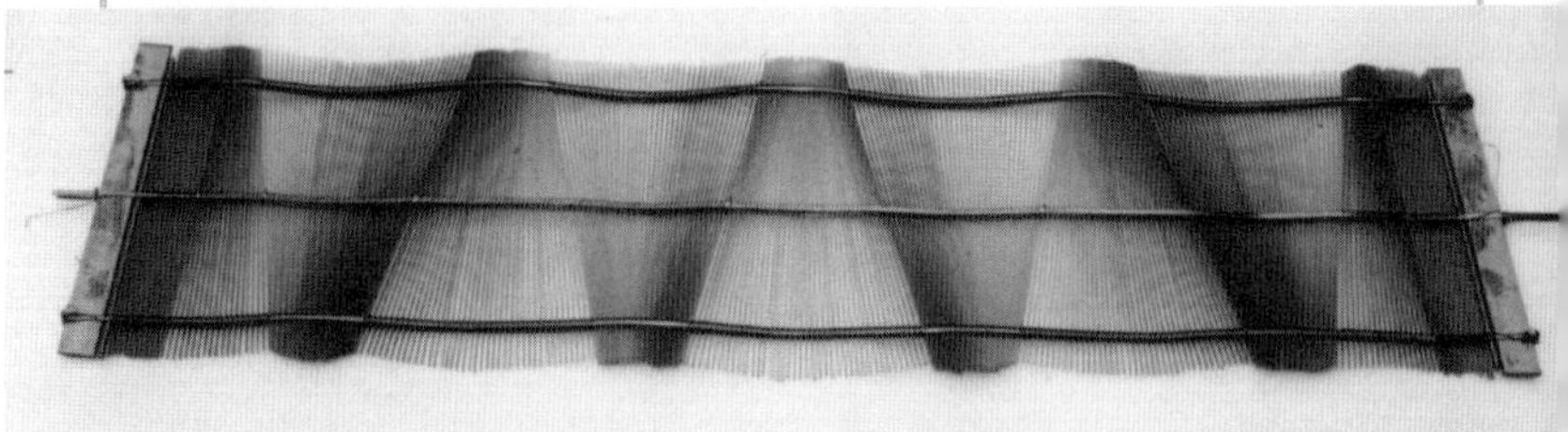

金筬の筬羽は 1 寸（3.3cm）に 15 ～ 120 枚の密度をもつ。

北岡さんのところが「蔦屋北岡茂八」という屋号で筬を作り出したのは天正九（一五八一）年のことという。織田信長が明智光秀に討たれた本能寺の変の前年のことである。以来、数えて一六代になるという古い筬屋だった。

真竹・筬羽・人

竹筬を作るには三〇近い工程があり、材料である真竹を伐ってから筬としてできあがるまで八〇〇日もの日数を要した。筬の機能を果たす筬羽《おさば》を一寸に一〇〇枚以上も編み込む筬もあるから、一つの筬に一〇〇〇枚以上の、同じ薄さ、同じ形状、同じ品質の筬羽が求められる。

北岡さんは、その筬羽作りを滋賀県の農家に頼んでいたという。筬羽作りは技術もさることながら、ひたすら根気を必要とする仕事であった。北岡さんの筬羽を組む技術が受け継がれたとしても、その筬羽を作る人の方がはたして続いたかどうか。

竹といえば、同じ滋賀県の琵琶湖西岸高島市の安曇《あど》川流域では、京の伝統産業の一つである京扇子の扇《せん》骨《こつ》作りが行なわれている。河原に末広がりに拡げられた扇骨が干されている風景は風物詩ともなっているが、伝統産業を下支えする地味な仕事があってこその京扇子なのである。

北岡さんの仕事場では、電球の光を受けて、筬羽を組む機械が鈍色《にびいろ》に光っていた。機械の各部は、驚いたことに、ほとんど木製であった。必要な枚数の筬羽を半丸の芯竹で天地を挟み、一定の密度にして等間隔で編み縢《かが》ってゆき、締めて固定する。手回しの木製の歯車がかすかな軋み音を立てながら、ゆっくりと回って筬羽を編み縢《かが》ってゆく。筬羽の数に対応して歯数の異なった歯車がはめ込まれる。まだ筬作りは道半ばである。

北岡さんは別れ際に、「私とこも一五年ほど前は二人の弟子がおりましたが、修業に辛抱たまらんようになったのか、先行きに見切りをつけたのか、それぎりですわ」と、代々筬を作り続けてきた自負と後継者のいない寂しさの入り混じった表情で、あとは口をつぐんだ。

すでに京都では作られることのなくなった竹筬が、岐阜県本巣郡穂積町（現・瑞穂市祖父江地区）でまだかろうじて作られていると聞いた。岐阜市の西南に位置する穂積町は、かつて富有柿とコリヤナギの枝の皮を麻糸で編んだ柳行李《こうり》やバスケットの産地として知られていたが、現在は岐阜市や大垣市のベッドタウンとして宅地化が著しい。聞けば唯一人残っていた筬作りの職人さんも亡くなってしまい、もう竹筬作りはやめてしまっているとのこと。在庫の残っていた竹筬をかつてのお得意さんの希望があれば頒けていたが、その在庫も底を尽いたので倉庫を取り壊し、店を閉めることにしたという。

柿畑も姿を消しつつあり、富有柿は、今は北の糸貫町（現・本巣市）の特産となっていた。

筬売り

日本各地で伝統的に織られてきた織物は、その色にしろ、糸にしろ、模様にしろ、その土地の風土を色濃く映している。民俗関係の資料は、秋田県鹿角郡では以前旅まわりの筬売りがやってきていたとする。情報の洪水である現代と異なり、他所の土地から訪れてくる筬売りや富山の薬売りなどの行商人の話は、見知らぬ土地の風物を知る機会でもあったろう。また、行商人の口八丁もまた商売上の必要条件であった。そんなことから、いつまでも長話をする人を「筬売りみたいだ」などと形容する。同様の表現は、愛知県中島郡では仕事などを怠けて時間をつぶすことに用い、滋賀県甲賀郡ではそこここでおしゃべりをする女性の謂として用いられている。

機も違えば織り糸も、綜絖《そうこう》も地方によって独特のものがあるから、筬売りはその地に合った長さや数の筬羽の筬を用意して売り歩いたのだろうか。未知の筬を見れば、それはその地の織り手にとって一つの刺激ともなり、織物への意欲をかきたてられたことだろう。

竹筬から金筬へ

筬には古来からの竹製のものと、近代に入ってからの金属製のものがある。現代では竹筬の衰退に比して金筬が全盛をきわめている。

近藤武さんは、先代までは西陣で竹筬を作り、現在は金筬を作っている。三〇年ほど前までは鉄の筬羽だったが、今はステンレス鋼も筬の材料によく使われており、西陣で用いられている幅二センチを主流に、厚さは〇・数ミリ間隔で、三〇種類ほどの筬羽となる板状のステンレス鋼が円形に巻かれた状態で入荷してくる。それを編成機にかけ、筬の長さに対しての羽数をセットして、モーターのスイッチを入れると機械が自動的に切断し、同時に編んでゆくという「巻針《まきはり》」の工程をこなしてゆく。

近藤さんの記憶では、ジャカードが導入されたのと時を同じくした、明治六（一八七三）年フランス製の筬の編成機も存在したという。その年、西陣の新たな興隆をはかるべく洋式工業の新織法を学んだ佐倉常七・井上伊兵衛がジャカードをはじめとする新機械類を持って帰国している。その中にペゲヨーと呼ばれた金筬もあった。現在稼動している編成機は二代目。竹筬を作っていたときに先代が使っていた道具としての竹筬の編成機はと問うと、分解して縁の下に置いてあるという。

竹の筬羽に代わるステンレス鋼は、切断すればその時点で筬羽となり、真竹が竹筬になるまでの根気の要る過程を不要のものとしてしまった。目の前で切断され、編み上がってゆく工程を見ていると、それは道具ではなく、機械そのものの機能性であった。

上と下の筬枠の間に三本、筬羽を仮に固定するための「巻針」がこれも自動的に巻かれてゆくが、これは固定が済めば真ん中の一本は抜き取られる。

編み上がった筬は上下、左右の筬枠と筬羽をしっかりと固定するためにハンダ付けが施される。ハンダが羽のすき間に流れこむのを防ぐために水で溶き、練った石灰を塗り込み、乾かしたのち、塩化アンモニウムをつけ、約四〇〇度に熱しておいた細長いハンダ釜に浸ける。ジュウジュウと音をたてて白い煙が上がる。少し鼻を刺すような臭いもたちこめる。

ハンダは鉛と錫を配合したもの。筬に求められる機能によってその比率を変えるが、鉛が多いと強度が

金筬が出来るまで

①筬には古来からの竹製のものと，近代に入ってからの金属製のものとがあるが，現在は金筬が全盛。

②編成機で板状のステンレス鋼を筬羽の数だけ自動的にカットし，同時に編んでゆく。

③ハンダ付けにより筬羽の目の隙間にハンダが流れないよう，水で溶いて練った石灰を塗り込む。

④鉛と錫を配合した400℃のハンダ釜に筬を漬ける。塩化アンモニウムが昇華して白い煙がジュウジュウと立つ。

⑤ハンダ釜から取り出した筬には，蒸し焼きになった塩化アンモニウムがこびりついている。

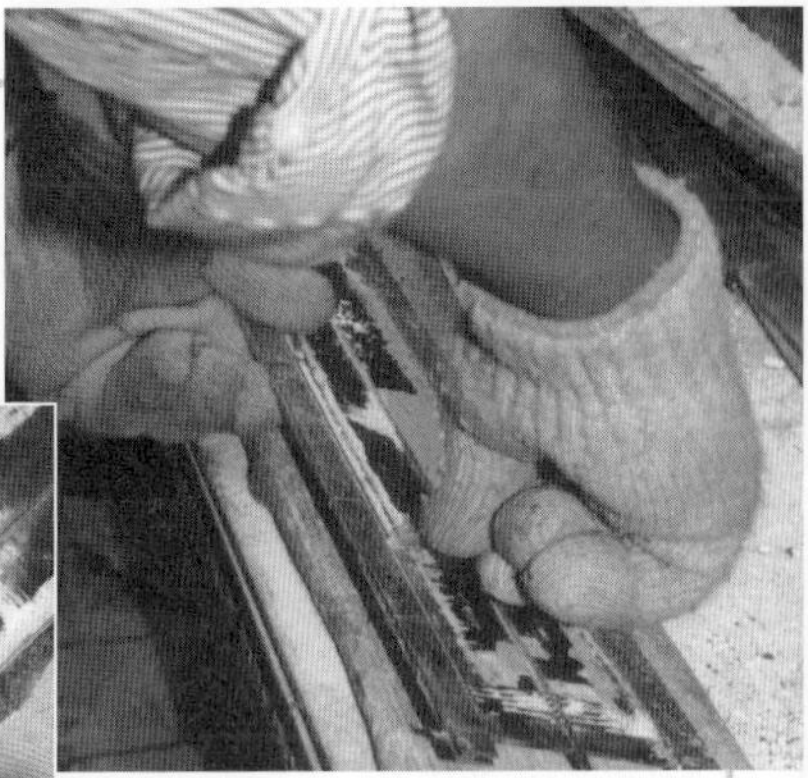

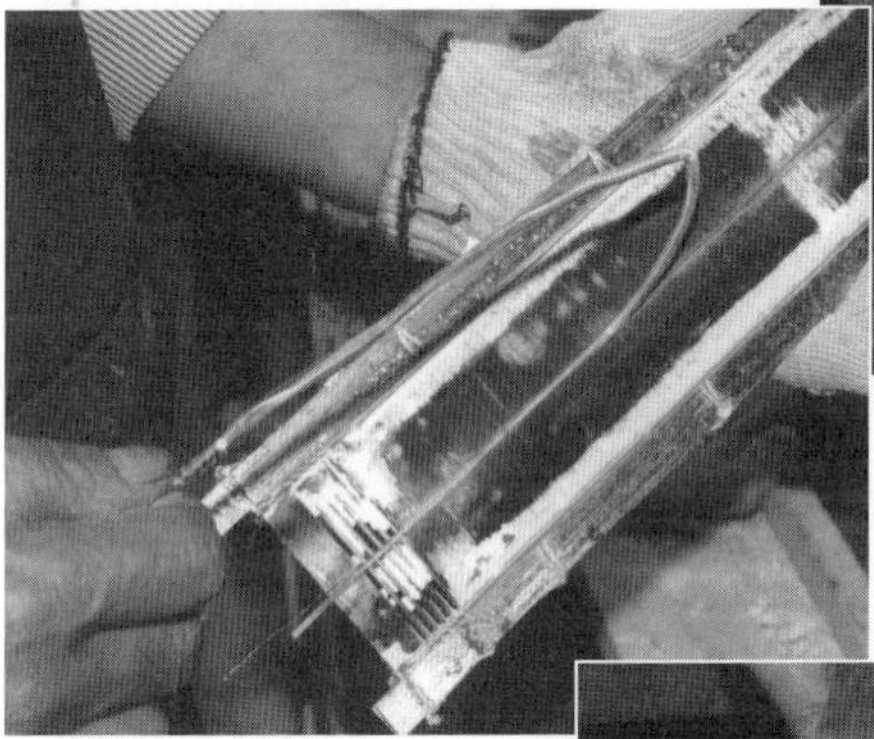

⑥筬羽の目に塗り込んだ石灰を箆でこすり落とした後，上下の筬枠に仮に固定しておいた巻針を抜き取る。

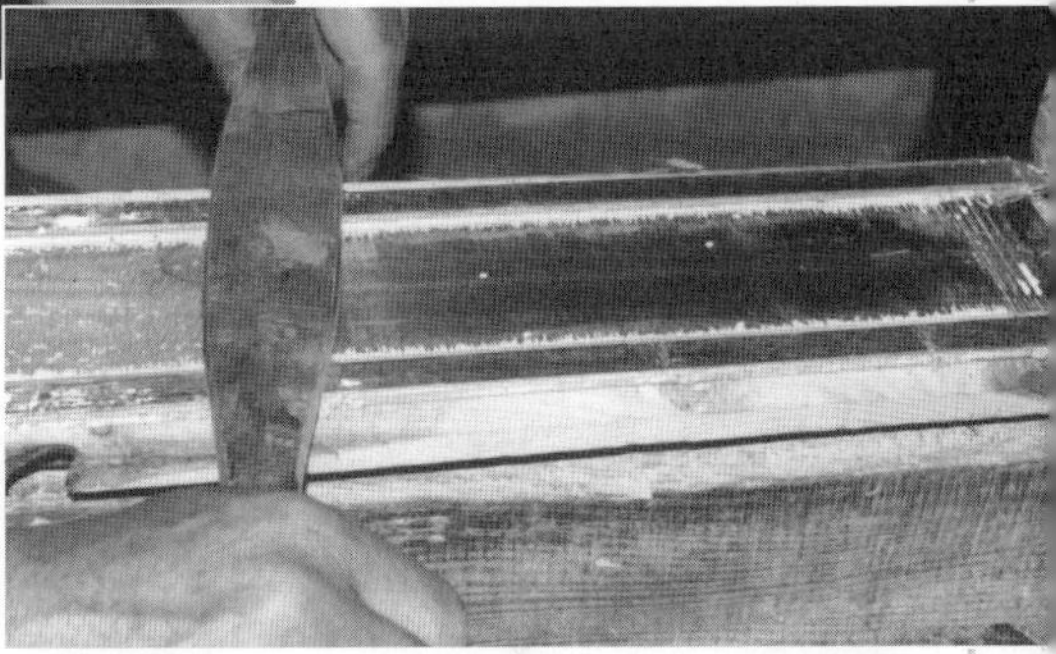

⑦筬羽と筬枠の間に残る石灰を薬品で取り除いて，鏟や鑢で仕上げをする。

⑧最後の仕上げに５～６種類の砥石を使い分けて磨く。腕の見せどころだ。

下がるので、二〇パーセントほどが錫の割合になる。ハンダ釜の中で塩化アンモニウムは蒸し焼きとなって水分を失い、引き上げた後、真鍮の篦《へら》でたたいてゆけば割れて落ちてしまう。石灰除去のため薬品につけた後、水洗いし、石灰水に浸けて中和させる。その後乾燥させ、鏟《せん》や鑢《やすり》で仕上げる。

だが、最後の仕上げとしての磨きは、近藤さんの、いわば手仕事である。傍目にはわからなくとも、筬の種類や求められる機能に合わせてどのように磨くか、どこまで磨くかが、筬屋の腕の見せどころなのだという。五、六種類の砥石を使って磨く。かすかに金属の臭いがした。一〇年ほど前まで一〇軒ほどあった京都の金筬を作る家も、今は五軒に減った。同じ筬でも五人五様に、その磨きによる仕上げは違うという。そこには筬に対する五人五様の技とこだわりがあった。

金筬だからこそ

小さい頃は工作の好きな子どもだったという近藤さんは、もし、竹筬作りを家業としなければならなかったなら、跡を継いではいなかったという。変貌を遂げてゆく時代のさなかでは、竹筬では限られた織物にしか対応できず、竹筬製作は生業として成り立たないと考えたからだった。

金筬は消耗品であると近藤さんは言う。筬は一寸の間に一五〜一二〇枚の密度の筬羽を編む。七〇枚くらいまでの筬なら羽が折れても修理できるが、それ以上の密度のものは取り替えるしかない。だからこそ金筬屋はかろうじて存在できるのだと。

「竹箴は一本の箴で六〇年は織ることができる」と語っていた北岡さんの言葉が甦った。伝統産業を支えているという誇りと意地だけでは生業としては成り立たない。それが現実なのだった。金箴を作るには幅と羽数を聞けばそれで事足りるという。加えれば、どんな織物なのか、糸の太さはどれくらいか、など。織物によって羽の消耗の度合いが違うからである。

竹箴を諦めた近藤さんだが、背中を丸めるようにして磨く姿と表情、そして磨きへのこだわりには、三代にわたる箴作りの気概が感じとれた。

父の繁三さんの作った竹箴は残っていないのか尋ねてみた。それは工房の隅に、塵をかぶって保管されていた。包みを解くと、ほの暗い工房の中で、竹の色がひときわ鮮やかに浮かび上がった。金箴の冷たい機能美にくらべて、竹箴にはあたたかく、人の手を経て生まれたという人間臭さを感じさせる機能美があった。

ふと、岐阜の竹箴のことを問うてみた。すると近藤さんは、そういえばと、竹箴の羽を納めに来ていたのは岐阜の業者で、手みやげにいつも富有柿を提げてきていたことを思い出した。それは偶然にも、最後まで竹箴を作っていた穂積町の人と同一人物だった。

つとに知られた京の竹箴を支えていたのは、根を詰める仕事である箴羽作りを担った、滋賀や岐阜の人々の手だった。時代の盛衰の中で陰ながら染織を支えてきた道具があり、人がいる。

聞き書き

絹筬　竹筬ならではの織りの風合い

北岡高一さん

西陣の細い路地を辿るときには必ずといっていいほど聞こえていた機《はた》の音が、今は聞こえてこない。織り手の心を映す手機の高い筬《おさ》音の響きが懐かしいような気がする。

経《たて》糸の密度を均一に整え、杼《ひ》ですべらせた緯《よこ》糸を手前に打ち込む製織の道具が筬。真竹を極薄の筬羽《おさば》として、等間隔の密度に固定して筬とするまでの長い時間。筬にはむだなものをこそげ落とした美しさがある。だが、竹の絹筬を作る人は京都にはもうたった一人しかいない。

右からの光で

一昨年、京都府文化財の保存技術に、個人として初めて、筬と同じように織りには欠かせん杼を作ってはる増田春光さんと一緒に指定されはしましたけど、何も変わりませんな。依然として竹筬を作ってるのは私一人ですわ。

北岡さんが使っていた木製の編成機。油で黒く，鈍色に光る。（西陣織会館蔵）

その鯨尺の物差し、もう飴色になってますが天保六（一八三五）年未七月と書いてありますやろ、うちが筬を作り出したんは天正九（一五八一）年のことと聞いてます。蔦屋北岡茂八という屋号で。いまでも作った筬にはその屋号を墨文字で入れさせてもろうてます。

あそこのんは曾祖父の代にパリの万国博覧会（一八六七年）に筬を出品したときの賞状とメダルですが、当時は、職人を七〇人も使うてたし、大正のころは京都には十数軒の筬屋があった。竹筬にはまだいい時代でした。

私は昭和九年の生まれです。戦後の昭和二七年に洛陽高校の紡績科を出ましたんですが、すぐ筬屋を継いだわけやのうて、一年ほどは織物工場の機《はた》の直し工をやり、どういうわけか通産省管轄の繊維検査所で輸出ものの検査を八年間。そのうち世の中も落ちついてきたのか、西陣の綴織《つづれ》が見直されるようになったりして、父だけでは筬作りに手がまわらんようになった。

それからです。私が筬作りをやるようになったんは。

昭和三七年のことでしたが、そのときでもまだ他に二軒は

聞き書き

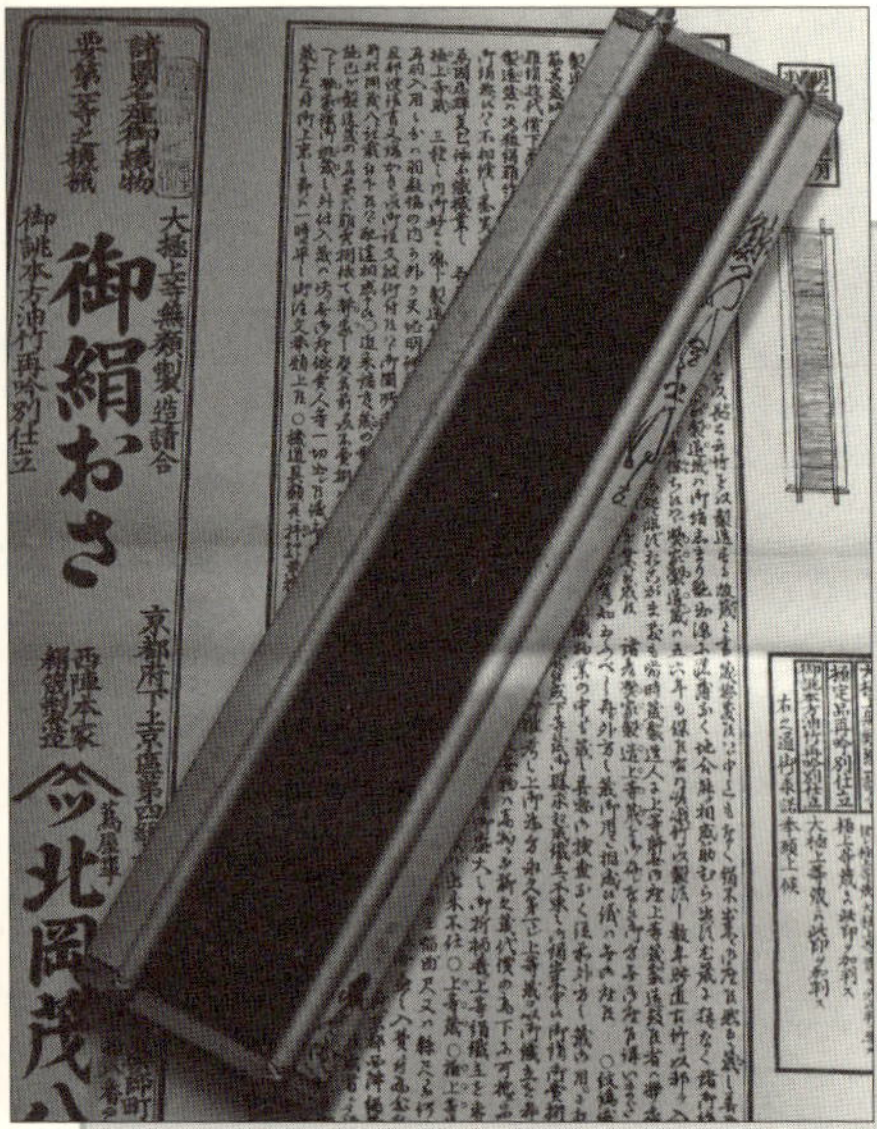
北岡さん作の絹筬。

筬作りをやってはった。もうそれからでも三〇年あまり経ってますなあ。

気難しい父でした。アクビをすれば物差しがとんできたし、冬の底冷えに火鉢に手を伸ばせば、「仕事をしてたら手は自然にあったこうなってるんや」言うて。

いまの私もそうですが、この仕事、右側からの光でやる。西からの光ですな。窓のとこに人が立ったり車が停まると仕事の手をとめて、いなくなるまで待ってから仕事をしてました。

この間、金襴を織る筬を修理に行きましたら、父の作った筬でした。三〇年前のもん。筬は毎日織っても一五年は使えるから、上下、裏表と四面をひっくりかえせば、一本の筬で六〇年はいける。ここ十年来、西陣は活気がのうなってますが、筬作りは私一人やさかい、なんとかやっていけてます。

竹筬だからこそ

筬作りは三〇からの工程がありますんや。真竹を伐るときから数えて八〇〇日ほどかかる。伐った竹を煮てアクを抜き、日陰で干す。すだれ状にして干してると、昔は火をつけるためのつけ木として盗ってゆかれたもんやった。筬の羽になるんは竹の荒皮を剥いだほんのわずかの部分しか使えん。幅や厚さを決めて一枚ずつ極薄に削り、植物油を塗り、表面を炭火でいぶす。一枚の四面を

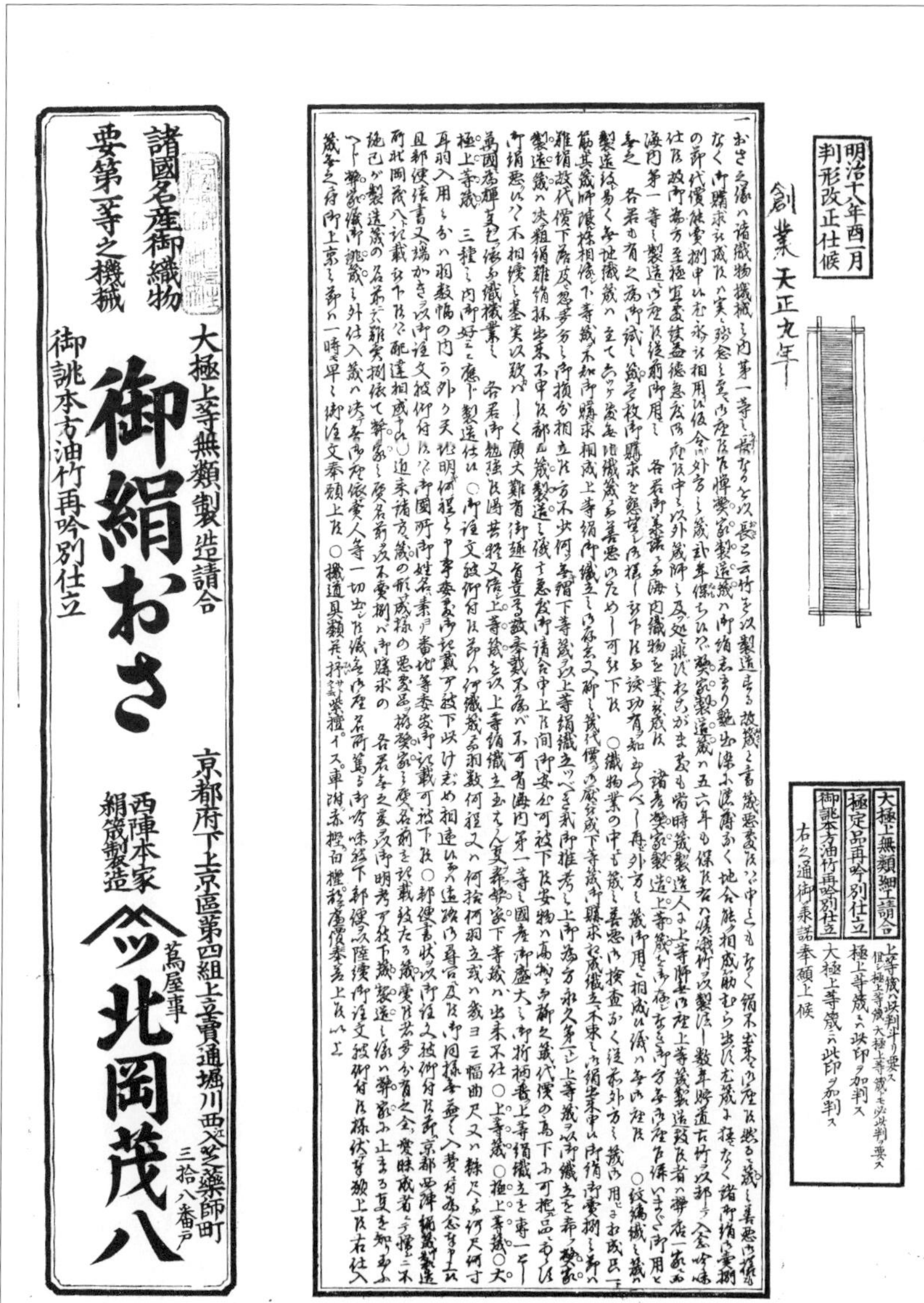

出来上がった筬を包んだ木版刷りの紙。文面に筬屋の矜持があふれる。

聞き書き

面取りして、必要な枚数の筬羽を半丸の芯竹で天地を挟み、一定の密度にして等間隔に編みかがり、締めて固定する。もう私とこでは筬羽を組むだけで。筬羽作りは滋賀の農家の人に頼んでやってもろうてます。

筬には形にむだのない美しさがあって、筬としての機能とは別に「短冊掛などに活用できんか」、「何か考えはったら」と言う人もいてはりますが、私は筬としてしか考えてへんし、そういうことはなかなか。

金筬が全盛といった観がありますが、竹筬で織ったもんには織物としてのむっくりした風合いいうもんがあります。糸が丸のままでつぶれんから立体感があり、光沢が生まれる。竹筬は緯糸にやさしいから、金糸や箔を使うた糸でも切れん。

正倉院裂《きれ》でも復元には竹筬を使うてはる。変色せん言うて。百年二百年経ったら竹筬で織った値打ちが出てくるんと違いますか。

これ、竹筬でしかでけへん織り方の波型図案ですが、毎年これを考えるのが楽しいて。

西陣でも竹筬を知らん人さえいてはるような時代ですが、私ら、西陣とずーっと一緒に歩いてきました。こんな時代、織屋さんが来はって、「跡継ぎできてるか」と言わはるので、「おうちはどうですねん」と返すと、「ああ、そうやった」と。

西陣の織屋に竹筬はなくてはならんもんやけど……

綴機

機大工は「職商人」

山口明男（佐内機料）

機の町

応仁元（一四六七）年から始まった応仁・文明の大乱は、京の町を十数年にわたって戦火の巷とした。飯尾彦六左衛門尉はそのありさまを「汝《なれ》や知る都は野辺の夕雲雀　あがるを見ても落つる涙は」と詠んでいる（『応仁記』三）。山名宗全の西軍が陣をしいていた焼け跡に工人たちが移り住んで、次第に織りの町が形づくられていった。いわば焦土のただ中から西陣は復活し、今日に至っている。

江戸時代中期、享保（一七一六―三六年）の頃の西陣は、高機・木綿機など七〇〇〇台もの機台を擁した大機業地となっていた。だが、享保一五（一七三〇）年の「西陣焼け」で、西陣の一〇〇余町と半数近くの機台が焼失した。さらに天明八（一七八八）年に再び大火に見舞われ、高機が集まっていた西陣の中心部が焼失した。しかし、西陣は甦《よみがえ》る。

寛政七（一七九五）年、綴機《つづればた》が井筒屋林瀬平によって再興されたと伝えられている。綴織の技法によって、絵画的表現を駆使した織物が織られ、新たな生命を得たのである。

京都の夏は「油照り」と呼ばれ、「冬はいみじうさむき、夏は世に知らず暑き」（『枕草子』）という酷暑だが、七月一日から一カ月に及ぶ祇園祭は山鉾を飾る染織の白眉ともいうべきさまざまな懸装品で知られている。綴織が見られるのは菊水鉾や、保昌山の「群仙図」、役行者山の「唐子遊図」、占出山の「天橋立図」などだが、江戸中期にはこうしたすぐれた綴織の大作を生み出すだけの技術力が西陣にはあった。

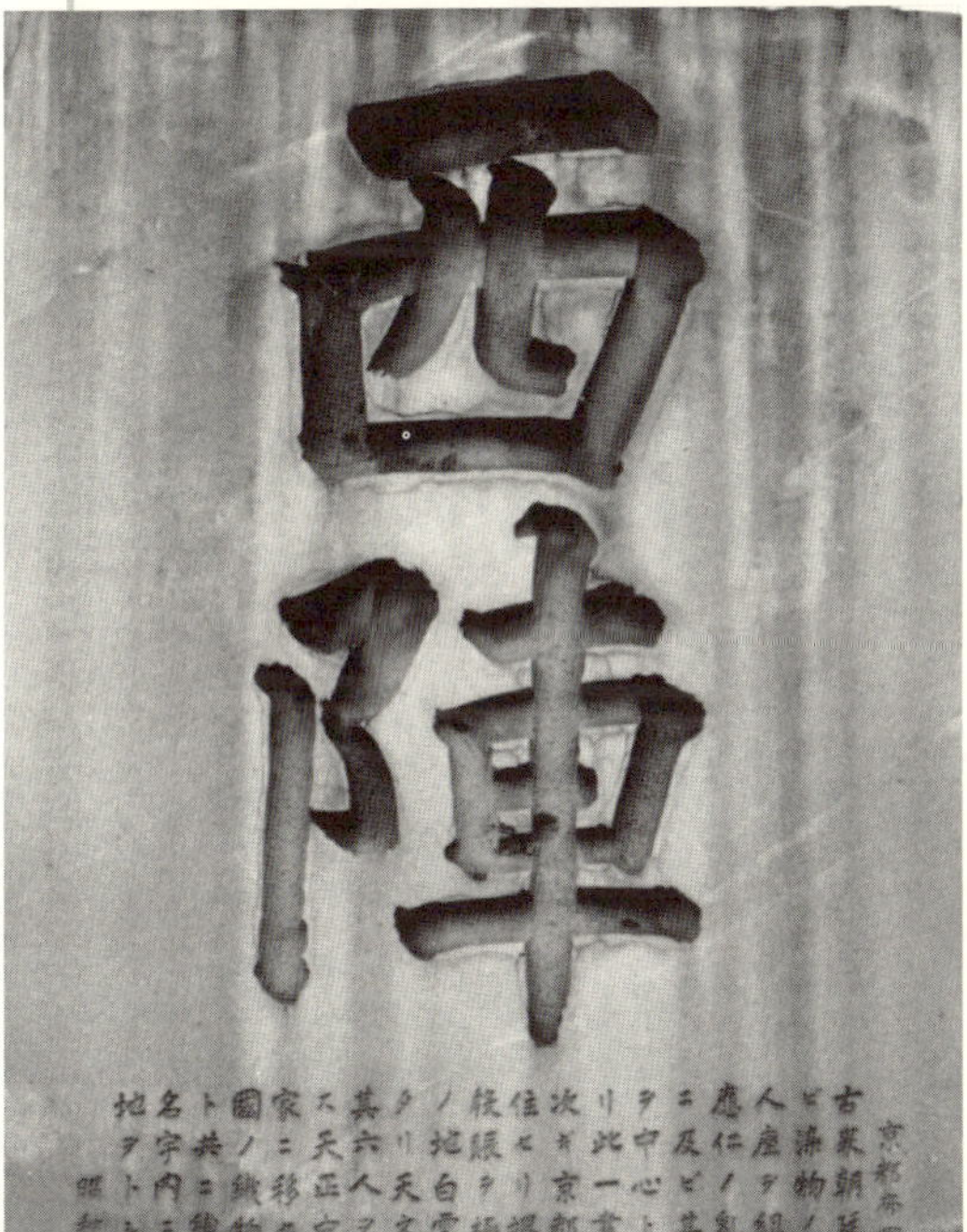

西陣織会館前に建つ「西陣」旧碑。これは以前のもので，現在は新しい碑が建てられている。

綴織で装飾された菊水鉾。

綴織で描かれた占出山の「天橋立図」。

西陣の土に

西陣に生まれ育ち、綴機をつくってきた佐内《さうち》機料の山口明男さんは、「西陣という土地の歴史も人も、移ろいも、みな今の私の血となり、肉となっている。死んだら私は西陣の土になる」と、限りない西陣への愛着を吐露してやまない。

三代にわたって機をつくってきた佐内機料を担っている山口さんは昭和八年生まれ。幼いころから木が好きで、将来は木工品の製作者になろうと思っていた。機の材料としての木は常に身近なものだったし、機作りの手伝いもまたおのずからなるものだった。

一七歳のときに機作りの道に入るよう言われて以来、機を作り続けてきた。機の設計図のようなものはなかったが、かつての西陣には多くの種類の機が動いており、その修理の仕事が少なくなかったから、そのなかで自然と寸法などをのみ込んでいった。

機の多くは、土間に据えつけられていた。京都独特の「油照り」と「底冷え」は高い湿度のなせるわざである。その湿気の多さは織糸を守りもしたが、同時に機の木質部を傷めた。山口さんは機を分解しては修理して、

3代にわたって綴機を作ってきた佐内機料。

山口さんの綴機。美しいフォルムと正確なバランスが美しさを引き出す。

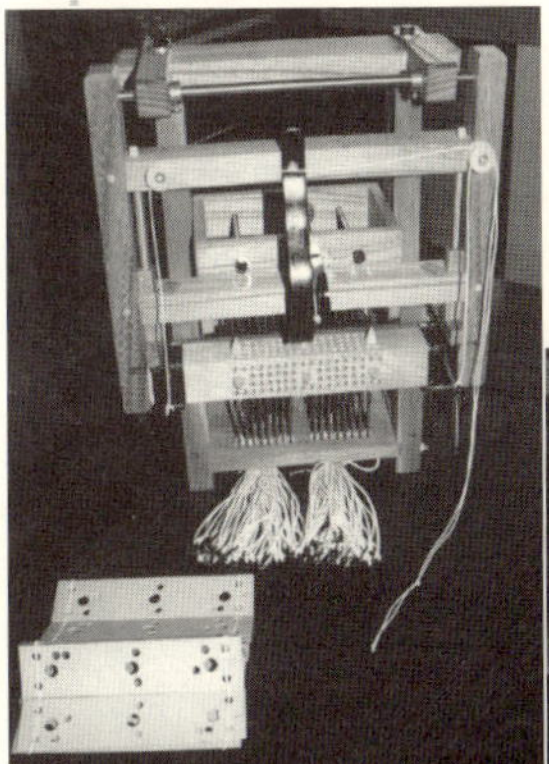

ミニチュアの綴機。ミニチュアとは言いながら「機大工として作っている」との言葉通り，磨き上げてきた機作りの技術が光っている。

あらためて組み上げた。おのずと、機を織る職人たちに機に関してのさまざまな話を聞くことになる。それが機の何たるかを知ることにつながった。

山口さんが「織りの職人さんたちに育てられたのです」という理由でもある。そのことが、今でも機を織る人の顔を見てはじめて機を作るという姿勢をとらせている。西陣という土地へ執着する理由の一つでもあろう。

「機大工は“職商人”」という山口さん。

木を組む

綴機はかつて「部屋機《おいえばた》」と呼ばれていたという。ちょうど京間の畳一畳分が綴機の大きさである。店の一隅に綴機が一台あった。山口さんは「さすがに美しいね。なんといってもバランスが抜群です」と自作の台に見惚れている。それは絶対の自信を示す言葉と態度でもあった。

綴織では経糸《たて》に強い張力をかけるので、綴機の男木《おとこぎ》は勾配が急になっている。男木はいわば筋違《すじかい》の役割も果たし、千巻《ちまき》と間丁《けんちょう》を正しく平行に保持している。男木、千巻、間丁のいずれにも堅く、またねばりのある桜材が用いられており、他の部材の多くは松である。

木目を見ながら木取りをしてゆくのは当然だが、「今の木はきれいに

ぎざぎざの鋸歯状にした爪で糸を掻き寄せる綴織。

なりすぎて。木の節《ふし》にも生節と死節があるんです。それに枘《ほぞ》をくり抜くときに機械でやったものはどうしても痩せてくる」と山口さんは言う。機大工は道具としての新しい機械を導入するのは早いというが、最後はやはり人の手がものをいう。まして機は軸工法（組み手工法）で組み上げてゆくのである。

そんな綴機は、西陣織工業組合の二〇〇二年の資料では帯地部で二四三台、きもの部で四台、肩傘部で二台の計二四九台が稼動している。

店にはいくつかの機のミニチュアがあった。いずれも正確に縮尺したもので、すべて枘を穿《うが》って組み上げてある。「接着剤を使うなんてことは考えもしなかった」という言葉に、山口さんの機大工としての面目躍如たるものがあった。

自作の綴機に歩み寄った山口さんは、機を押すように揺さぶるように力を込めた。「ミシッともいわないでしょう」と、頑丈さのみならず枘《ほぞ》を穿って組み上げた木の「美しい機」の所以をも語る。

ジャカード機は動かしようもなく決まった機能性を持つが、手機である綴機は織り手の技術や気風を映し出しもする。絵画的表現を特長とする美術織物である綴織の場合は特に顕著である。だか

仕事場に整然と並ぶ道具類。

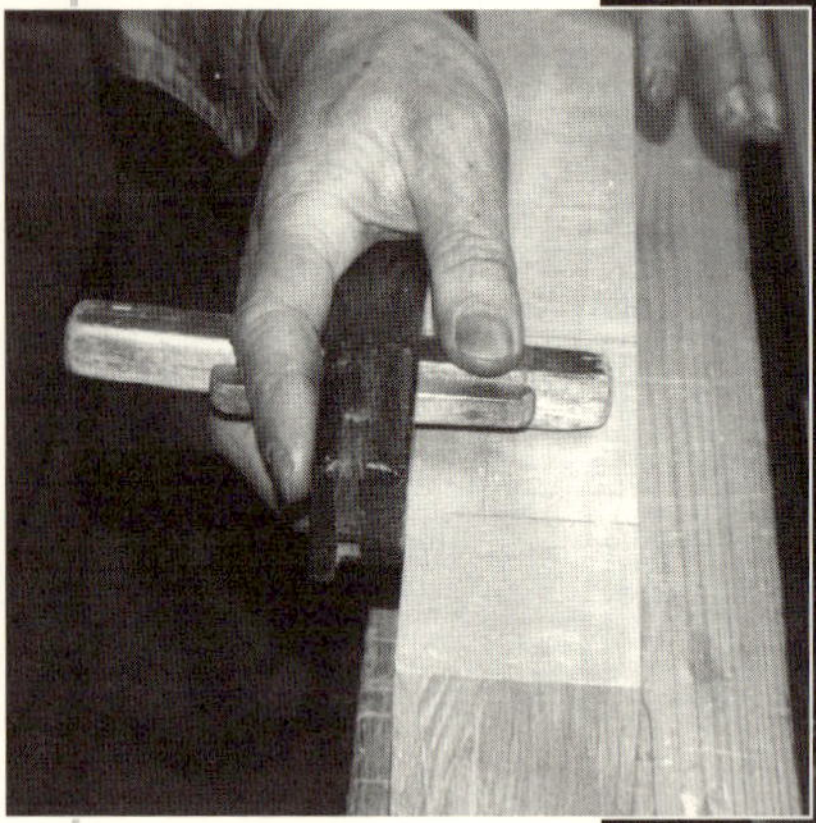

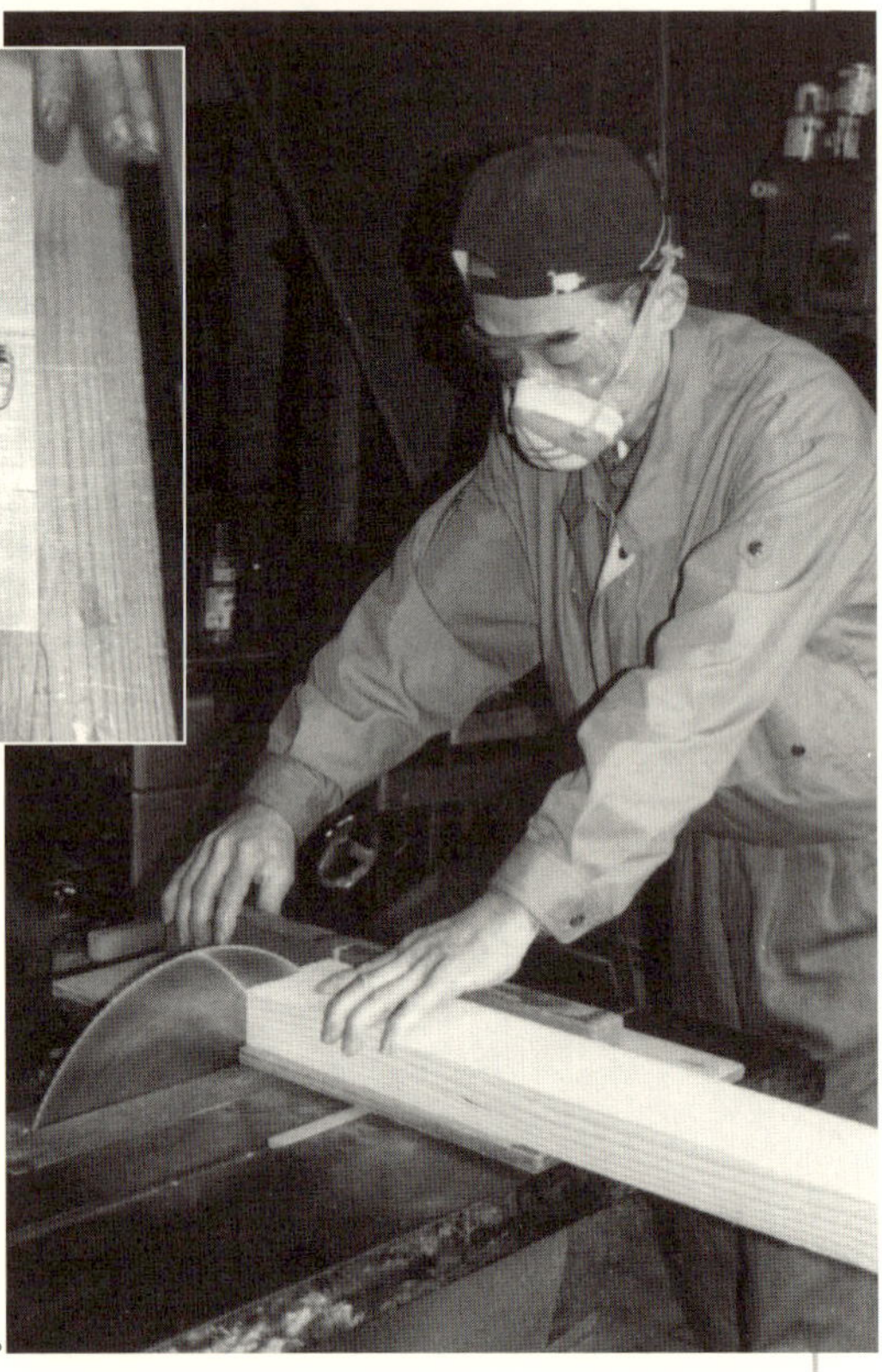

男木，千巻，間丁には堅く，粘りのある桜材が用いられ，他の部材の多くは松である。

木目を見ながら木取りをするのは当然だが，「今の木はきれいになりすぎて…」と山口さん。

機の焼き印に作り手の矜持がこもる。

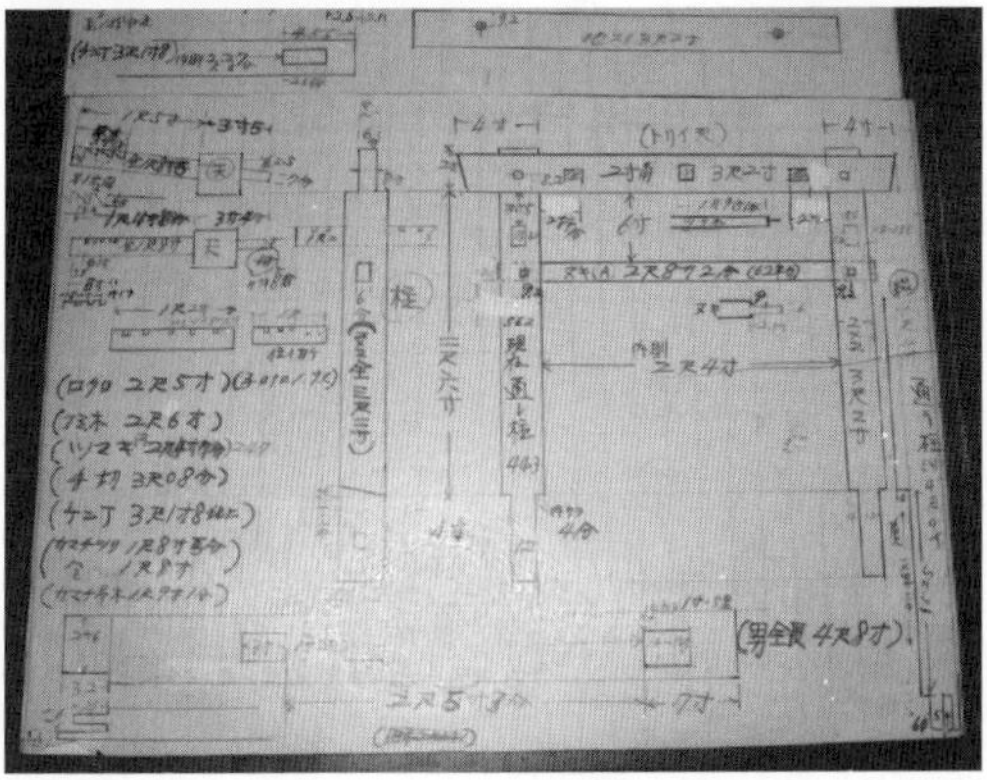

機の設計図。綴織りでは経糸に強い張力をかけるので，男木の勾配が急になっている。いわば筋違の役割も果たし，千巻と間丁を正しく平行に保持する。

らこそ織り手の顔を見てから機をつくるという、山口さんの機にこだわる人がいる。機大工は「職商人《しょくあきんど》」だと山口さんは言う。機を自分の手で作り、自らそれを売るから、なおさらのこと絶対の品質と機能を持つものでなければならないというのである。

機のミニチュアをつくっているときも、機大工として作っていると言い切った。ミニチュアをつくったのには、もう一つの理由があった。わが娘二人に自分が一生をかけてつくってきた機を残してやりたい、という父親の情からだった。そしてその気持ちの背後には、磨き上げてきた自分の機作りの技術を継いでくれる人の不在があった。

そのようにして生まれたミニチュア作品だったが、思いもかけず、欲しいという人が現われ続けた。「何百個作ったでしょう。でもほとんどが身内の、つまり西陣の人たちです。以前、綴を織っていた人とか」という山口さんには、それで本望だという表情が浮かんでいた。

店には今は使われなくなった古い杼《ひ》や弓など、織りにまつわる道具が飾られていた。それらもまた、西陣という地に生まれ育ち、機をつくり続けてきた山口さんの織りへの、西陣への愛着、執着をものがたっていた。

西陣という機の町は、こうした人々こそが作り上げてきた町なのだった。

整経

織物準備一式

池田辨之助
照子
(丸辨製作所)

十三軒町を機織道具のデパートに

蚕が吐いた繭《まゆ》から絹糸を紡《つむ》ぎ出し、織り上げるまで、一体どれほどの人の手と道具を経ていることか。だが、一枚の布を穴のあくほど見つめていても、それらの人も道具も彷彿とはできない。美しい布はいわば舞台の上の歌舞伎役者であり、それを生みだすためにさまざまな準備を営々とこなす黒衣の役割を果たす人と道具の存在がなければ、柝《き》が入り、舞台の幕が上がることはない。

その黒衣の役割の一つに整経《せいけい》がある。文字通り経糸《たて》を整える、織りには不可欠の工程である。その機械が整経機だが、昔は「経台《へだい》」と呼ばれる道具を用いて行なわれていた。西陣では「手べぇ」と呼ばれ、幅三メートル、奥行一・五メートルの台の左右にそれぞれ二五〜二六本の糸を折り返して張るための竹を立て、糸枠の糸を右から左へ、さらに左から右へと引っ掛けながら、必要な長さになるまで往復させて経糸を準備した。西陣の人たちは休日ともなれば、千本通などの繁華街へ出掛けてブラブラと上ル、下ルして〝千ブラ〟を楽しんだが、そのことを「たてへする」と言った。京都の通りは碁盤の目。南北の通りは織物でいえば経糸にあたる。整経は同じ所を何度も往きつ戻りつして経糸を揃えねばならなかったから「たてへする」とは織物の町の西陣らしい表現であった。やがて竹杭の間に張り渡して経るかわりに、枠に巻き取る「経枠」から、さらに機械的に大きなドラムに巻き、千切《ちきり》の胴に巻き取るドラム式整経機が用いられるようになった。

明治生まれの気骨と職人気質で多くの整経機を手がけた故・池田辨之助さん。早世した息子・奎太郎さんともども，いくつもの特許を取得した創意と工夫の人だった。

斉藤整経所で今も稼働する機械のプレート。

辨之助さんが初期に製作した「経台」。

由里さんが製作した綛あげ機を操る池田照子さん。

そんな「織物準備機一式」を製作しているのが、西陣のただ中にある丸辨《まるべん》製作所である。あたりに西陣らしい屋並みは徐々に失われつつあるが、景観は変化してもなお織りの黒衣としての役割を、ほそぼそながらでも果たそうと頑張っていた。表に掲げられた看板には「池田式整経機」とあって、織物準備のための道具作りにかけてきた気概のほどがしのばれるものだった。

「池田式」を標榜したのは池田辨之助さん。古い写真には見るからに明治生まれの気骨と職人気質を横溢させて写っており、整経機にさまざまな創意工夫を凝らした人だった。明治三〇（一八九七）年生まれ。昭和五六（一九八一）年逝去。享年八四。

仕事場のある浄福寺通の「十三軒町」と呼ばれた界隈や織りの世界ではつとに知られた名物的な存在で、辨之助さんの夢は十三軒町を機織道具のデパート街にすることだったという。それだけ界隈には織りによって生計を立てていた人が多く住んでいたということで

「丸辨製作所の１階。ここから綛あげ機や整経機が産まれ世に送り出される。

現在，製作所の機械作りを一手に担っている由里末次さん。

２階には，もう使われなくなり解体された糸繰り機や整経機が静かに眠っている。

もある。それは機の町に生きて、決して表には出ない整経の機械を作っている者としての矜持と織りへの愛着を物語ってもいた。水振り機と呼ばれる綛《かせ》あげ機作りをしている辨之助さんの姿と面構えをとどめた数葉の写真が、あますところなくその人となりを映し出していた。

辨之助さんの真骨頂

池田さんのところに手回しの水振り機が残っていた。糸枠の糸を綛《かせ》に巻き取るのだが、そのとき、蕨《わらび》そっくりの形をした「ワラビ」を糸が通って、「手振り」と呼ばれる横の往復運動をする仕掛けが、自動的に正確に綾を作って巻き取られてゆく。

この水振り機の綾振りは、大枠側の歯車と回転軸側の歯車との正確なギア比があって、正しい綾を生み出す仕組みになっている。綾の出来方は歯車の組み合わせだけでなく、糸の太さ、巻き取る回数によっても違ってくる。きれいに綾がとれるかどうかは、その後の仕事の仕上がりを左右し、労力の楽さ、あるいは大変さを決定してしまうと言ってもよい。道具というものの存在価値が問われる所以でもある。

辨之助さんの真骨頂もそこにある。だからこそ大正九（一九二〇）年に自動停止装置で特許をとったのをはじめとして、その他にも六つの特許を生み出す創意工夫がなされたのである。典型的な日本家屋をなす西陣では整経機を二階に据えつけていた。金属ばかりでは重すぎると、ドラムやフレームは松や桜、ラワンなどの木製、ギアは鋳物という、軽く、また操作も楽でスムーズな機械を作り出した。金属の特性も、木の特性も、両方知らなければできない仕事だった。昭和四二（一九六七）年の西陣五百年記念祭の折には、幻の機といわれていた空引機《そらびき》を復元して、その技倆の高さを示した。

ジャカード以外の、織りに関した機械はすべて手がけてきたという、そんな辨之助さんの「血」は息子の奎《けい》太郎さんにも受け継がれ、整経機の長ギアに関する特許などを取って昭和三八（一九六三）年に新しい池田式整経機を送り出し、引っ張りだことなった。わが息子の工夫を喜びながらも、辨之助さんの内心は穏やかでなかったという。息子とはいえ、こと仕事に関してはライバルと見る、そんな辨之助さんだった。

天はときに残酷である。奎太郎さんは昭和四四（一九六九）年に突然亡くなってしまった。三九歳という若さだった。現在の店をとりしきる妻の照子さんは、「『まだ二、三直さんならんところがある』『まだやらんならんことがある』と言っておりましたのに」と、今なお口惜しさをかみしめる。志半ばの無念の死であった。

頼みとした良き後継ぎを喪った辨之助さんの胸中は察するに余りあった。

二人の大黒柱を失った照子さんの苦悩の日々

それから十年余、辨之助さんの奥さんが他界、翌年、辨之助さんも世を去り、店に残っていた番頭格の人も辞めていった。現在、一手に機械作りを担っている由里末次さんが、土・日など会社勤めをする傍ら整経機の製作に加わり出してはいたものの、会社で同じ機械を扱ってはいても、おのずと仕組みも機能も

辨之助さんと整経機をめぐって侃々諤々の議論を闘わせた仲だった齋藤與蔵さん。

まったく別のもの。辨之助さんは床に伏していたから、由里さんは背中でその存在を感じてはいても、教えてもらうこともならず、まず機械の原理を呑み込むことから始めなければならなかった。

「出来上がっていた整経機をバラしては組み立て、五、六台は潰したろうか。なんとかわかるまで五年ほどかかり、ギアの加減でもハガキ一枚分の薄さの〝遊び〟がものをいうなど、ちゃんとしたものができるようになったのは一〇年ほど経ってから」。

由里さんが初めて製作した整経機は九州宮崎へと納入された。

二人の大黒柱を喪って、織物準備機一式を製作するという家業を継続していくかどうかの岐路に立ったとき、その如何は照子さんの決断一つにかかっていた。昭和三二（一九五七）年に思いもかけず縁あって織りの道具を製作する家に嫁いできて、同じ京都に生まれたとはいっても、西陣独特の生活習慣や固陋《ころう》さに悩む日々に照子さんの心は揺れ動いたが、家業を継続することを選んだ。子供との絆もあった。辛酸をなめながらも、いつしか西陣から離れられない自分を感じていた。志半ばで逝った奎太郎さんの想いを受け継ぐ気持ちもあったろう。

嫁いで来たころは西陣はまだ好況の中にあっ

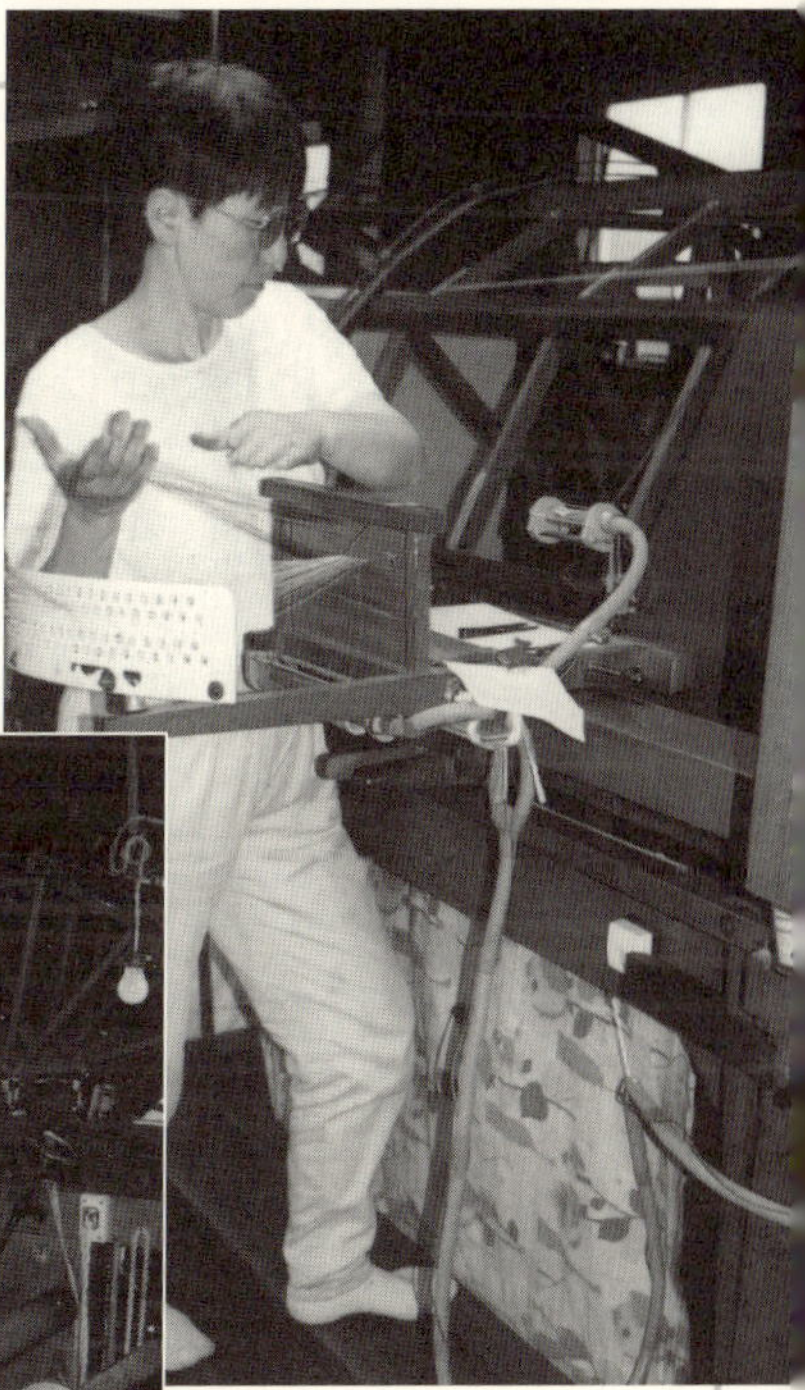

畔筬と前筬の前に立って糸を押さえる。熟練が要求される現場だ。

巨大なドラムに糸が巻き取られてゆく。手前は機草。

齊藤整経所に並ぶ3台の整経機はすべて池田式整経機。写真は由里さんが手がけた広幅用の整経機。

た。当時、西陣で二〇〇台の整経機が動いていたという。二カ月に一度は出機《でばた》などの多い丹後地方へ出張していた。やがてオイル・ショックを境に、京都の糸ヘン産業は次第に斜陽化への道を辿ろうとしていた。そんな時代状況の中での選択でもあった。

整経を業とする周囲からのなにくれとない支えもあったという。昭和五一(一九七六)年の整経の組合員数は一三八軒あった。それが昭和六二(一九八七)年には一〇八軒に減り、現在は三七軒にまで激減している。決して明るい展望が開けているわけではなかった。

池田さんの自宅や工房に、もう使われなくなった糸繰り機や、納入先から引き取って解体された整経機が何台か残されていた。機会さえあればそれは再び組み立てられ、動き出す。深緑色に塗られた木のフレームは、照子さんが木地に砥の粉を塗るなど二人して、共に仕上げた機械であった。今は亡き夫との二人の想いがなお籠っているものであった。だからそれらは今はただ眠っている「休眠中」なだけなのだと照子さんは思っている。

それは神仏への祈りとともに、照子さんの現在を支える思いでもあった。そして、かつて「辛いことばつかりやのに、なんで商売続けるのん」と素朴な気持ちをぶつけてきた娘さんが結婚し、航空写真の会社に勤めるお婿さんが折にふれ、由里さんの手助けをするという。それもまた支えの一つであろう。

池田辨之助と齋藤與蔵

池田式整経機が稼動している、金閣寺の西北にある原谷の地の、齋藤整経所へ案内してもらった。原谷は戦後、織物に関係する人が多く住まいするようになった土地である。ここに由里さんが製作した整経機も一台、納められている。「今でも、故障もせんと動いている」と由里さんは顔をほころばせてつぶやいた。齋藤整経所の齋藤與蔵さんとその息子の洋一さんは、父子ともに西陣織伝統工芸士に指定されている。與蔵さんは八二歳。辨之助さんと整経機をめぐって侃々諤々《かんかんがくがく》の議論をたたかわせた仲だった。それは作る者と使う者との立場からのものだった。「頑固な人やった」とは與蔵さんの辨之助評。当然、逆もまた然りだろう。

丸辨製作所は二人の大きな大黒柱を失ったが照子さんと由里さんが支えている。

仕事場には、大きさの違う三台の整経機が巨大なドラムを見せて据えつけられていた。

床に立てられたおびただしい数の経糸《たて》を巻いた糸枠から糸が引き出され、二列になって中空に設置された丸い目はじきを通り、反りを持ち、無数の穴のあけられた目板から畔筬《あぜおさ》、さらに前筬を通って、回転するドラムに巻き取られてゆく。このとき、畔筬のところで一本毎に交差するように綾に取られる。このときも両耳が低く、中高にきれいな綾が要求される。そのようにして前筬では幅が整えられてドラムに巻き取られる。

ドラムの手前に洋一さんの奥さんが立ち、畔筬と前筬の間に手をのばして、巻かれてゆく糸を指の股で押さえている。万一、糸が切れたときは、間髪を入れずにドラムの回転を止め、戻して切れた糸をつながなければならない。整経の腕の見せどころであり、キャリアを積まなければ的確な対処が難しい場面である。指の股で押える際、糸が糸枠にひっかかって切れたり、指の股をカミソリで切ったように切り裂かれたり、糸の種類によっては仕事がしにくい場合も生じてくる。

ドラムに巻き取られた糸は千切《ちきり》の胴へと巻き取られるが、巻き重ねられる経糸の層が互いにくい込んだり、崩れたりして、織る際に経糸のつれ・たるみができないよう機草《はたくさ》をかませる。機草にはボール紙など厚紙が多く用いられている。

糸の乱れはそのまま織りの乱れに直結する。整経や綜絖《そうこう》といった工程が人目に触れることはほとんどないといってよい。黒衣としてのこうした織りを下支えする道具や人、そして培われた技術がなければ、西陣の美しい織物は生まれてこないのである。

丸辨製作所や齋藤整経所のような存在は、外部からは見えないが、それぞれの流れの中で織りには不可欠な「腕前」が発揮されている。

綜絖

綜絖は指先の仕事

一柳芳男
広子
（一柳綜絖）

阿吽の指

話をうかがっているあいだじゅう、その人の手首から指先までは、無表情といっていいほど動かなかった。ただ、なぜか親指と人指し指だけは他の指とは違ってそれぞれが呼ばわり合っているように思えた。阿《あ》形と吽《うん》形の相のように。

仕事場に入って座を占め、奥さんと向かい合って経《たて》糸通しの仕事を始めたとき、親指と人指し指は一転して生き生きと、リズミカルに動き、一本ずつ差し出された経糸を手製の綜絖《そうこう》通しで受け取り、紋ワイヤーのまん中にあるリング（目）に通してゆく。無表情だった指が喜々として経糸を通してゆく。それは四八年間、綜絖の仕事をし続けてきた指だった。

「若い頃は一時間に二〇〇〇本はできた。今はそういうわけにはいかんですが。ときには三万二〇〇〇本もの綜絖もある。整経、そして綜絖が正しくなければ西陣織は生まれないんです。織りって、そんなもんです」。

そう語る指の持ち主は一柳《ひとつやなぎ》芳男さん。織りの現場に立つたびに経《たて》糸と緯《よこ》糸だけで千変万化する模様や色彩が生まれてくるのが、実は不思議でならなかった。整経や綜絖の、織物の華やかさとはまったく無縁の仕事の現場のみを見ていれば、とてものことに織り上がった織物を彷彿とすることはできない。だが、一柳さんの指さばきのように、分業化された西陣織の一つ一つの工程を正確に仕上げる人々がいなければ、

ジャカードの指令で経糸が上げ下げして，織物の模様に合わせて緯糸を通すための装置が綜絖。

上から吊り下がる通糸を，経糸の密度に応じて1本ずつ目板の穴に通す。目板を通った通し糸の下には，カタン糸，紋ワイヤー，重りを手で結びつける。

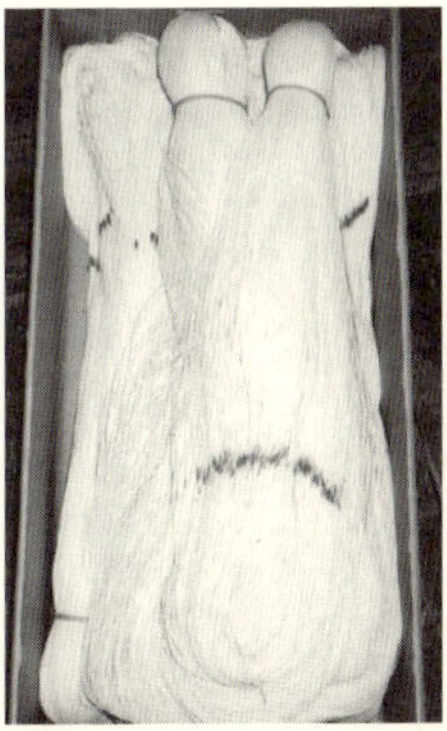

通糸

目板。厚さ約6mm，縦横25cmのものが普通。

西陣織は生まれてこない。

機《はた》の踏木《ふみぎ》を踏むと開口装置である綜絖が、つまり経糸が上下に分かれ、緯糸が入るための空間が生まれる。織物の組織、模様に合わせて緯糸が通るようにする装置、いや指先の作業そのものが綜絖である。

二枚の綜絖で織る簡単な平織から複雑な紋織まで、組織が複雑になれば綜絖の数も多くなる。三万二〇〇〇本の糸を通す綜絖も必要となる所以である。綜絖がなければ織物は織り上がらない。

経糸の数だけ

経糸の密度に応じて綜絖の経糸を通す部分と、ジャカード機の竪針を連結する糸である通糸《つうじ》がからまないように規則的に分類配置するために、規則的に穴が穿たれた目板に通糸を一本ずつ刺し込む「目板《めいた》刺し」の工程。目板を製造しているところも日本でただ一社となり、その材質も桜や胡桃《くるみ》などの固い木からファイバー製になってきたという。だが穴の面取りは人の手に拠るしかない。通糸はアメリカ製のダクロンという繊維だが、それに撚りをかける店も、もう暖簾をかけることはなくなってしまった、と一柳さんはつぶやいた。目板刺ししたものを機の高さに応じて上から吊り下げ、上部から下がっている通糸の連結部にカタン糸をつなぐ工程が「本付け」。

「今はカタン糸をつけてもってきてくれるから少しは楽になったけれど、昔はカタン糸をつけるところまでも仕事のうちやった」。

そう語る一柳さんはカタン糸の上と下をつなぐ結び目を、和紙と膠《にかわ》を利用してなくす工夫をした。「うちのはみなノットレスや。そやから擦れんで仕事がやりやすい」。

次にカタン糸の下に紋ワイヤー、さらに経糸を一定の位置に保ち、また引き上げた通糸や経糸を元の位置に戻す機能を果たす矢金《やがね》と呼ばれる重りを結びつけるが、ここでも一柳さんはゴム状の化学繊維で伸縮が利いて軽いスパンテックスを用いて、機の軽量化をはかったりした。

父につづいて綜絖業を営む一柳芳男さん。

そして経糸通しの後はそれを筬《おさ》に通して織りにかかれるようにする「筬出し」の工程がある。いずれも経糸の数だけ、一本の経糸にそれらの綜絖の工程をほどこしてゆかねばならない。それらの作業をするのは、すべて指先である。一本ずつ、指先で結んでゆくのである。

「毎日毎日同じ仕事ですわ。指先の仕事です。仕事は気のもの。いやになることもないではなかった」。

織り手のための綜絖

一柳さんは昭和四年生まれ、七二歳。一人息子で、将来は東南アジアの麻などを扱う貿易の仕事をやり

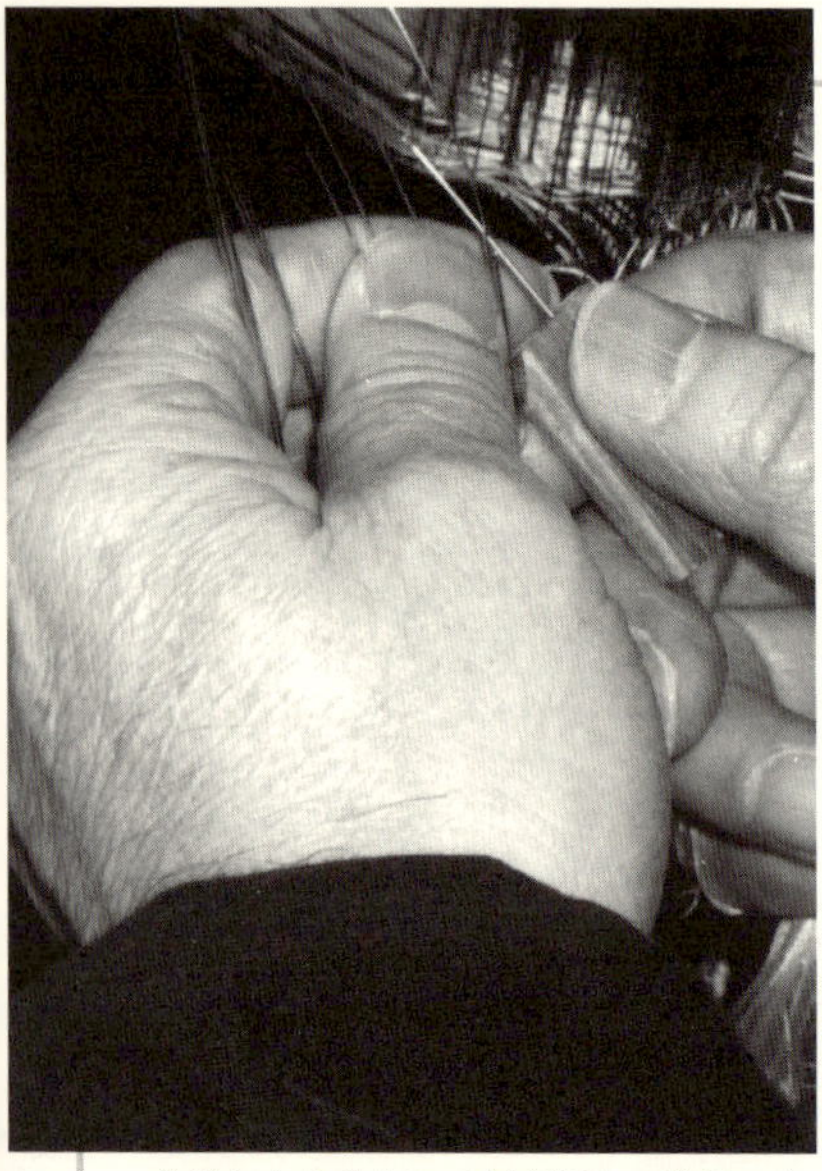

作業に欠かせないのが糸通しの道具。自分の手の大きさに合わせて自分で作る。

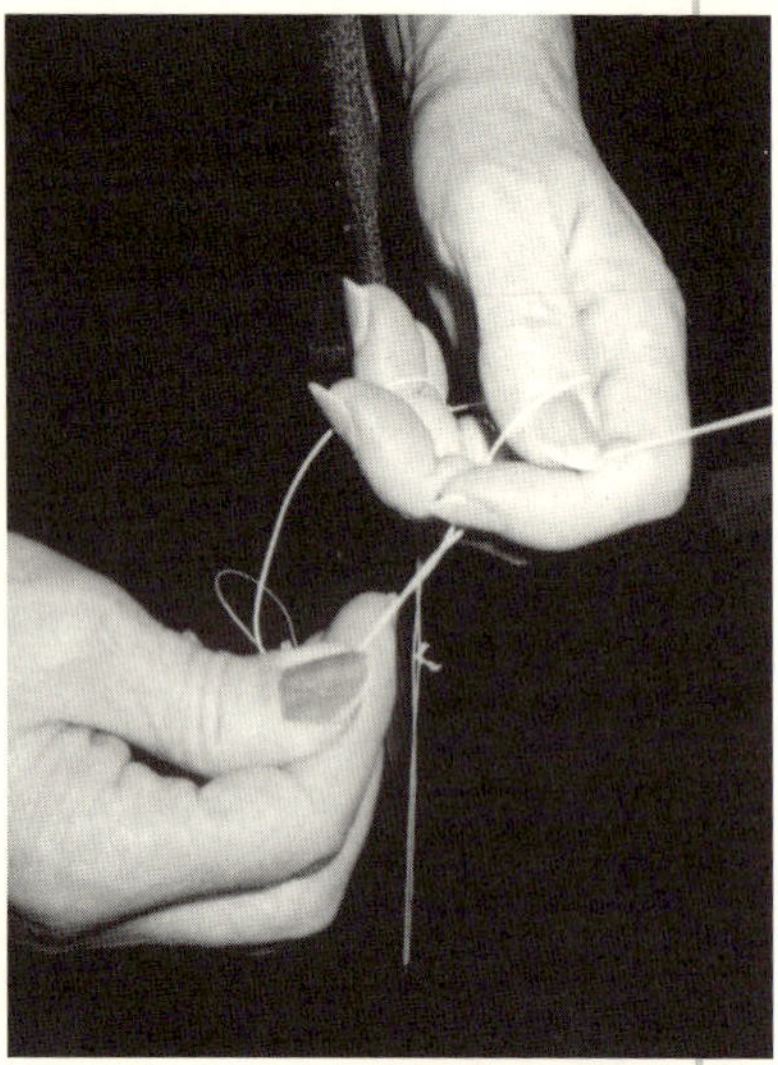

カタン糸に紋ワイヤーを結ぶ。

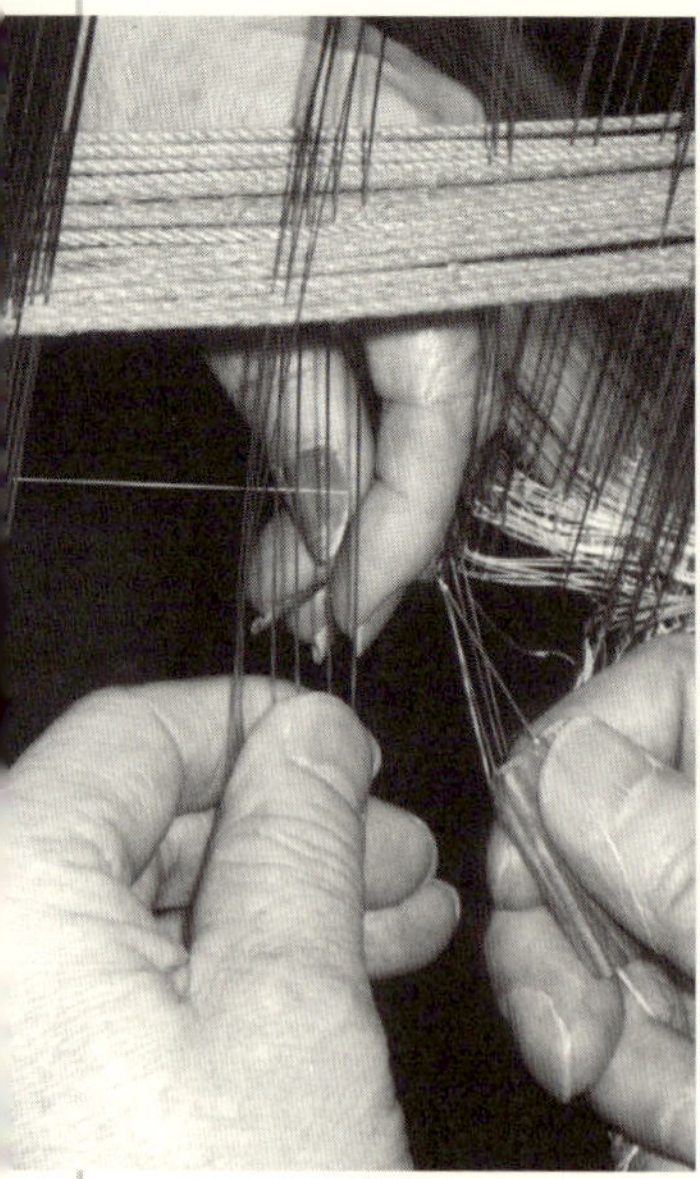

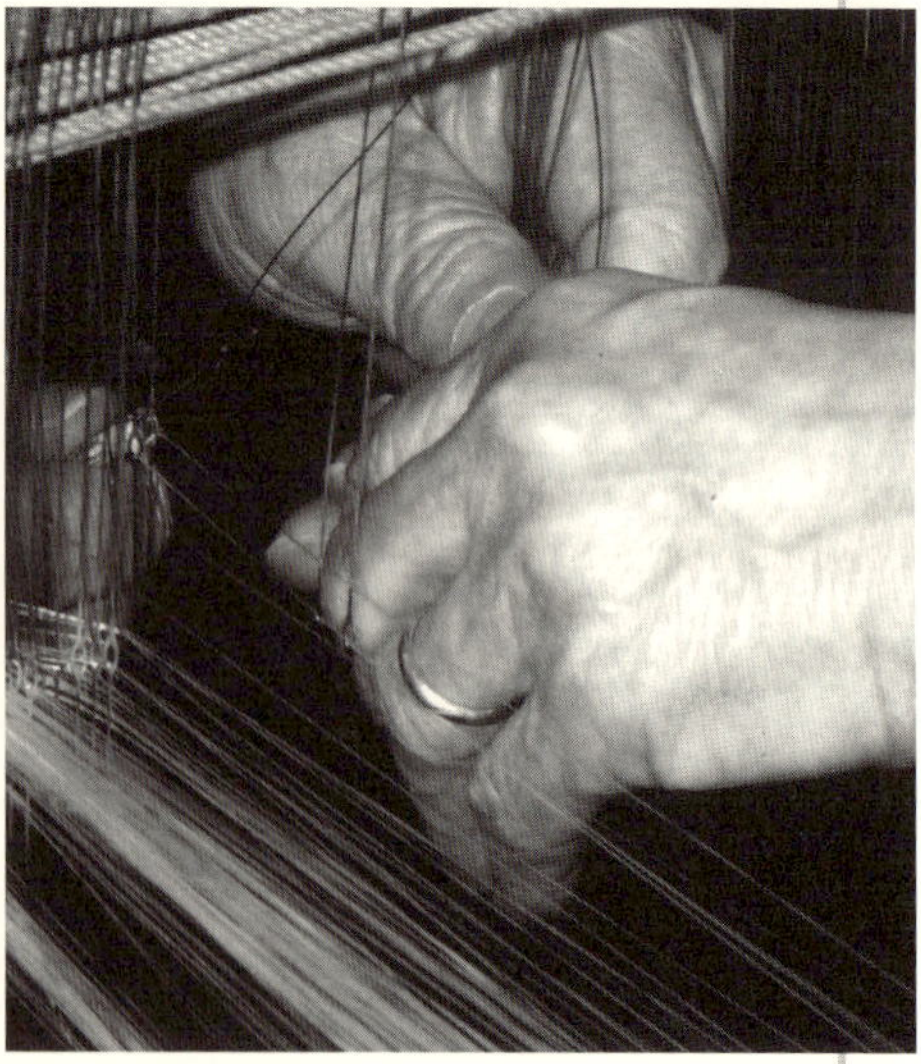

千切側の奥さんから一柳さんへ
1本ずつ経糸が手渡される。

向かい合うように紋ワイヤーの輪に経糸をくぐらせるご主人に千切に巻き取った経糸を引き出して渡すのは，奥さんの広子さんの役目。

たいと、外事専門学校（同志社）の米英科に進んだ。

生家は大正期から綜絖を業としていた。

「母がおばの家で綜絖の仕事に就いていて、真面目な人がいるからと、縁あって父と結婚した。父はまったくの素人から綜絖の道に入ったのです」。

父・藤次郎さんは七人兄弟の長男、一六歳のときに親を亡くして、以来、一家の大黒柱として働いていたという。傍らに奥さんがいたとはいえ、五里霧中。しかし、仕事に精励して二年で同業者に負けない仕事をするまでになった。

「いい仕事さえしてれば、山の上でもお客は来るもんやと言うて。努力の人やった」。

そんな父の後ろ姿を見て育った一柳さんは、一旦は大丸に勤めたものの、昭和二六年、家の仕事に就いた。戦後、京都に綜絖を生業とする家は八五軒あったという。

家には年季奉公の丁稚《でっち》がいた。

「口入屋の関係からか、福島県出身の者が多かった。うちで修業していた人が一人、まだ西陣におるはずです。徴兵がキリで、年季があけた」。

そんな生家の綜絖の現場は見知ってはいても、仕事となれば話は別、何人もの職人がいてもやはり苦労と努力を重ねた。一柳さんは書架から古ぼけた二冊の本を引き出した。*TEXTILE DESIGN AND COLOUR* などとあった。

「マンチェスターから輸入して、米英科にいたとはいっても、辞書と首っ引きで読んで勉強しました」。

現在の西陣の状況が嘘のような、織れば次から次へとさばけてゆく時代であった。一柳さんの意欲は、少しでも能率があがり、より使いやすい装置への改良、開発に向けられていった。

「父からは、綜絖は一台に一日かかろうが二日かかろうが仕事は同じ。いかに手を早く確実に動かして仕上げるかが大事と言われてましたから。それに何よりも『ええ機《はた》つくってくれはった』『こんな織りやすい機は初めて』などと声をかけてもらうのが何よりうれしかった」。

「機」ということばと表現に心惹かれた。細分化された織りの仕事のそれぞれの持ち場で、たとえ顔は知らずとも、人々は「糸」で、「機」で結びついているのだ。それぞれ自分の分野での織機にかける前の機準備としての「機拵《こしら》え」に刻苦する人々がいる。

そんな一柳さんの考案したウィーラックワイヤーは、汚れない、機ゆれしない、経糸切れが少ない、高速回転が可能、耐久性に富む、カタン糸が二色なので経糸を筬に入れやすい、運搬が容易、安価、といった特長をもち七〇〇万本も売れたという。織る人の立場に立って考えたからこその結果であった。

「日本各地のみならず、韓国でも使われていることを知ったときはうれしかった」。

亜鉛メッキの矢金では経糸に汚れが出るというので、超硬質クロムや真鍮、生鉄と替えて工夫してみた。搦《から》み織の装置には二つ目のリングも考えた。

考えに行き詰まると染織試験場へ足を運んでは相談を持ちかけた。四年に一度、大阪で行なわれる見本市には必ず足を運ぶ、染織の世界でもメカトロ化は確実に進行している。電子ジャカードでは綜絖の一ミリの誤差にも乱気流が起こるという。

「技術だけではなく、材質も問われた。注文受けた限りは何とかせねば。それに人にやられたらくやしいし」。

時代の変化にも対応している一柳さんだが、伊勢神宮の織殿で昔ながらに行なわれている機織りの綜絖も手掛けた。

杼《ひ》をつくっている長谷川さん、そして一柳さんと、伊勢神宮と自分の仕事の関わりを話すときは、二人ともうれしげな表情をした。それは「〇〇御用達」といったような権威によって己れをひけらかすのではなく、自分の技術がまったき形で受け容れられることへの喜びなのであり、かつ報いられることの決して多くはない「職人」の誇りであり、支えにもなっているのだと思えた。

努力を重ねた父・藤次郎さん譲りの気質か、日夜工夫を凝らしてきた一柳さんにはツケもまわってきた。ストレスが原因の、二度にわたる十二指腸潰瘍での入院だった。だがそれも「織る人に喜んでもらえれば職人冥利に尽きる」と語る一柳さんには、今となっては勲章なのかも知れない。

二人相和して

勲章といえば、東京で、国の「現代の名工」の表彰を受けたとき、昭和三〇年に結婚した奥さんの広子さんを同伴した。綜絖という仕事は二人でなければできない。経糸通しや筬出しは広子さんがいなければできない仕事である。経糸通しならば、向かい合った広子さんが指先で繰り出す糸を、左手の指先と、右

何千本もの経糸を互いの指先でやりとりする経糸通しは，両者の息がぴたりと合わなければ作業がうまくはかどらない。夫婦ならではのリズミカルな糸の受け渡し。

手に持った縫い針に焼きを入れ自分で使いやすいように作った手製の糸通しが動く。阿吽の呼吸が整わなければ仕事ははかどらない。間違いをおかせばそれは織りに出てくる。「ええ機」どころではなくなってくる。

「女房にこんな仕事をやらせるつもりはまったくなかったんですが」。

時は流れ、何人かいた職人も去っていった。平成六年には六〇軒ほどあった綜絖を業とする家も平成九年には三八軒に、そして現在は二〇軒までに激減している。しかも高齢化は進み、後継ぎを得ているのは一軒のみだという。

現状はどうあれ、人の手、指先による綜絖という仕事を経なければ織物は織れない。夫婦二人相和しての仕事が淡々として続いている。「現代の名工」の表彰式の折の写真を示す一柳さんはうれしげだった。賞状に記された名前は一柳さんだけだが、一柳さんにとっては夫婦二人してのものだったからの表情に他ならなかった。熊本まで搦織の綜絖を取り付けに行ったときは、途中、温泉に一泊する旅程をとったという。広子さんの念願だったハワイへも旅した。それを語るときの一柳さんには、綜絖の職人としての一徹さよりは、二人して仕事をしていることへの満足感と、奥さんへの思いやりが溢れていた。

指先が糸を渡し、指先がそれを受ける。

紋紙

意匠紋紙は織りの設計図

日下敞介（紋意匠）
河村和子（紋彫り）
倉中俊二（船岡紙業）

紋紙のモニュメント

西陣の町を見おろすようにして灰黒色の西陣織会館があるが、その一隅に金色に輝くモニュメントが建っている。平板に無造作に穴が穿《うが》たれただけの、オブジェのような碑である。訪れる人の多くは一瞥をくれただけで通り過ぎてゆく。

しかしこの碑こそ、明治維新によって「京都府下ハ（天皇の）御東幸後日ニ衰微ニ赴クノ地」（勧業場規約第一条）となった京都で、保護と需要を失い大打撃を受けた西陣が、生きのびるための必死の策として近代化を図り、フランスから導入したジャカード機によって技術革新を成し遂げ、時代をきり拓いたことを伝えるものなのだった。

オブジェと見まごうそれは、ジャカードには不可欠の紋紙《もんがみ》そのものを型どったものであり、たんなるデザインとして無秩序に穿たれた穴は、実はジャカード機に経《たて》糸の上げ下げの情報を指示するもので、穴の位置によって何千本もの経糸が複雑に上下して、絢爛かつ精緻な西陣織ならではの模様が織り上げられてゆくのである。

穿たれた穴は織りの情報の源泉である。とすれば、その穴を穿って紋紙となるまでに、人の手によってさまざまな情報処理が行なわれる。それが図案からおこした紋意匠図であり、紋意匠図に基づいて紋紙に穴を穿つ紋彫りなのであり、ジャカード機にかけるために紋紙を編んでゆく紋編みなのである。

紋意匠師の存在

有為転変する時代の流れの中で、西陣織といえども伝統にしがみつき、墨守するのみではとてものことながら得ることは叶わなかった。その時々の時代の空気を敏感に映しながら洗練され、かつ独創的なデザインを生み出し続け、織り続けることが機業地としての西陣の生命力の源泉であった。

西陣織会館西入口にある紋紙のモニュメント

そして、すぐれた織物を織り上げるための分業システムは、それぞれの工程にすぐれた感性と技術を持った専門職の人々を生み出してきた。描かれた図案を読み解いて、図案に基づいた織物の設計図ともなる紋意匠図を製作する人の存在もその一つである。

紋意匠図は古くは模様図、紋図、指図《さし》とも呼ばれ、図案（正絵）を罫紙（意匠紙）と呼ばれる独特の方眼紙に拡大して写し、一マス毎に経糸・緯糸《よこ》の組織を色分けして彩色したものである。

罫紙の方眼の一マスは縦横ともに八等分されていて、その一コマ一コマが経糸一本、緯糸一本を示してジャカード機の針の上げ方を指示している。ジャカード機とともに輸入されたこの八進法の洋図に対し、それまでの十進法で描かれたものを和図という。

しかし、ただ図案をそのままなぞって紋意匠図が描けるわけではない。

時代の赴くところをにらみながら織物を生産しようとする織元の存在があり、その意図を汲み取って図案を描く図案家がまずいる。そして、その両者の感性と意図を理解してはじめて、織りの設計図である紋意匠図を作り出すことができるのだと、紋意匠師の日下敞介さんは語る。

図案家に勝るとも劣らない、絵心を理解できる感性と、絵も描ける筆力、そして図案の本質を把握できる能力。それはあらゆる芸術へ向けられた美的感受性と知識ともいえる。西陣織が長い歴史の中で生み出してきた、さまざまな織物組織への理解と織機の構造や仕組みへの熟知、各種の糸への知識などを備えていなければ、紋意匠図を描くことはできず、美しい織物は織り上がらないのだと、この道に入って三〇年余になる日下さんは力説する。織元の感性、図案家の感性、紋意匠師の感性が三位一体となってはじめて紋織物としての西陣織が織り上がるというのである。

日下さんの父・勇さんは紋意匠師としてジャカード機導入以前の空引機《そらびきばた》を織りこなす技術を持ち、古代裂《きれ》などの復元、意匠製作にも卓越した技能を示した。そうした父の姿を見て育った敞介さんは、若さゆえの悩みや迷い、心の遍歴を辿ってのち、やはり紋意匠の道に入った。

その際、父は、「うちは紋屋だが、まず彫りを勉強せい」と紋彫りの修業から始まった。紋意匠図に基

ジャカードに取り付けられた紋紙。一コマ一コマに穿たれた穴によって経糸の上げ下げを指令している。緯一越に対して１枚の紋紙が必要。

づいて紋紙に穴を穿つ紋彫りをやることで、紋意匠図というものの仕事の何たるかが、どんなものなのかが見えてきたという。

意匠紙のマス目に指示、彩色してゆく「把釣《はつり》」と呼ばれる作業のこまかさは、素人目にも集中力と根気が要求されることが見てとれる。まして、一マスの連続性で表現される文様の細部と、全体の図柄を生かさなければならない。「猟師、木を見て山を見ず」では死んだ紋意匠図となってしまう。

日下さんは「うちは組織に強い」と言った。父・勇さんの古代裂復元などの〝血〟が受け継がれているのだろう。西陣意匠紋紙工業組合に加盟している組合員数は現在九六名。日下さんはその名簿を示した。名前に色分けした傍線が引いてある。訝《いぶか》しく思って問うと、それは紋屋の系統なのだという。平安期の宮廷御用の織部司《おりべのつかさ》の流れをくみ、天文一七（一五四八）年、応仁の乱後の復興西陣機業の草分けとしての大舎人《おおとねり》座三一人衆が選ばれて以来、さらに御寮織物司として六家が選ばれ、その井関家を初めとする連綿たる紋業界の系図もあった。

「織元は『どこの出や』と聞きますが、どの系譜に属しているかで、紋屋の技術なり特長のおおよそは把握できるのです」。

その言葉は紋意匠図が西陣という歴史的風土と、きわめて人間くさい感性をくぐることで初めて生み出されることを示唆していた。

日下さんが「紋屋」という言葉を発するとき、そこには独特の誇りのような響きがあった。

紋意匠

紋意匠図は織りの設計図。図案を基に意匠紙に写して組織ごとに色分けする。

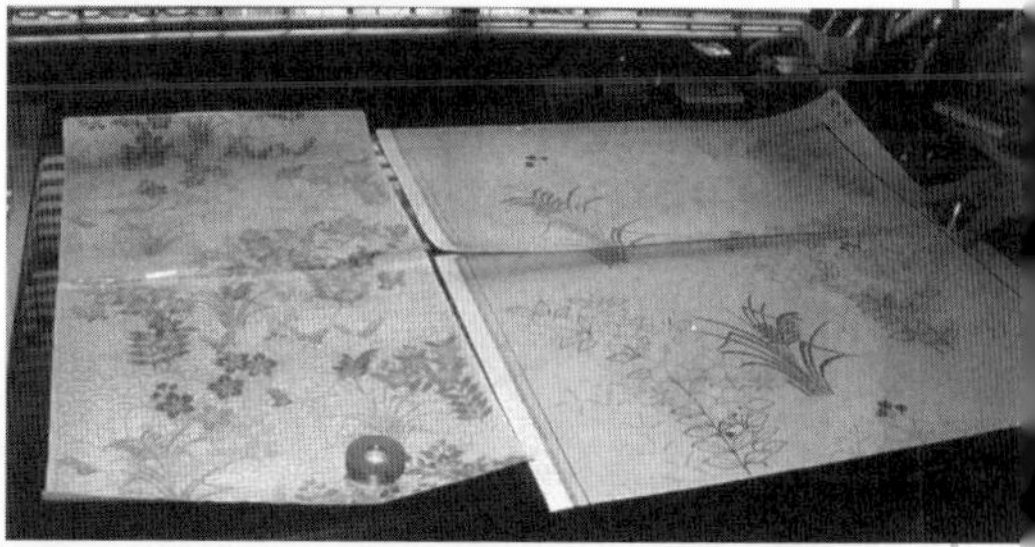

左が図案，右が紋意匠図。図案家の感性と意図をいかに理解するかが大切。

現在ではほとんどがコンピューターの画面上で作成される。紋意匠師の日下さん。

時代の流れに晒される意匠紋紙

西陣という土地の歴史的系譜を背景に持ち、個人の感性を映してつくられてきた紋意匠図だが、コンピューターという現代の怪物は紋業界をも席巻していた。

日下さんは「心・技・体」と題して現状を吐露している。

「仏国リヨンの人ジャカール氏によって約二〇〇年前に完成した紋織機こそ、現在のコンピューターの原形であり、デジタル方式そのものです。紋紙に穿孔された穴の●○が1と0の二進法です。図案から増絵、彩色、把釣の行程までをコンピューターの世界ではハードウェアといい、紋紙に文様を写し取るための紋様図、紋紙に文様を彫り込む作業はスキャニング処理そのものです。織機はさしずめハードディスクといえましょうか。しかし、それだけでは織機は作動しません。棒刀《ぼうとう》、伏セ、コハ、耳等や杼を繰る交換処理や、経糸・緯糸を交錯させさまざまに組み合わせる組織などがソフトウェアであり、これらを入力して初めて織機が駆動するのです。この一連の作業を生業としているのが紋意匠業なのです」。

「もしハードウェアの部分でたんに機械的に転写すればよしとすると、この仕事で今後も生き残るのは難しいと思われます。図案をより美しく織物に表現すべき創意工夫を込めた砂子《すなご》や浸込《しみこ》み、暈《ぼか》しなどの技能や、幅広く絵画を理解できる感性をより深く磨かなくては、ますます精度が高まり進化してゆくスキャナー機器やコンピューターには勝てないでしょう。ここまでが手仕事の職人であり、ハードウェアすなわち人間の『体』でありましょう」。

日下さんの仕事部屋の半分ほどの空間はコンピューター機器で占められていた。紋意匠図は人間的な感性と技能を駆使してはじめて生まれると断言する日下さんだが、昭和四五年にはいち早くコンピューターに取り組んでいる。そして平成二年には紋意匠業に適合した機器で独自の活用法を生み出し、それまでは不可能だった多色の色コードを操って、少ない緯糸使いで複雑な織り表現を構築する技術を編み出している。

コンピューター化は紋屋の世界にさまざまな反応、結果を生み出している。コンピューターを積極的に活用することで日下さんは己が感性と技能の新たな可能性を拓こうとしている。

紋図を突く

ジャカード機が入ってくるまで西陣で用いられていた空引機では、経糸を模様通りに上げ下げする作業があり、それを「紋揚げ（紋拾い）」といった。意匠図を見ながら指で紋脚といわれる糸を拾ってゆく作業だが、これが今日の紋彫りの原型である。

織物は引き上げられた経糸の間をくぐる地糸や絵緯《ぬき》糸によって一越《ひとこし》ずつ地や模様が織り上がってくるが、その経糸を引き上げるために紋意匠に従って織物一越《ひとこし》の中に一配色毎に穴を穿ち、指令するのが紋彫りである。紋紙に穿たれた穴の部分に、横針が入って指示された経糸が引き揚げられ、杼《ひ》に挿入された色糸が

紋彫り師　河村和子さん

繰り出されるのである。

その直径五ミリほどの穴を穿つのがピアノマシン（紋彫機）と呼ばれる穿孔機である。西陣織会館二階の実演場で、そのピアノマシンを操っていたのが河村和子さんだった。

「大正一一（一九二二）年に創業した父が亡くなって、嫌無理に跡を継がされたんですよ。娘らしい夢もあったものを。一人娘でしたから」。

ピアノマシン以前の台彫機では通糸引き、磐受け、紙差しという、三人がかりの人力で紋彫りをやっていたという。明治初期のフランスからの技術導入の際、ジャカードをはじめ「ペゲヨー（金筬《おさ》）」、「ナベツ（杼）」、「メガラス（綜絖《そうこう》）」、「タテマキ・メカニク（整経機）」など一〇種の機械がもたらされたが、その中に「デッサン・メッケー（紋彫機）」もあった。

ピアノマシンが導入されたときは、現在の正絵からそのまま紋紙を彫るコンピューター化と同じように、現場は混乱して大騒ぎだったという。技術革新はいつの世も新たな摩擦、軋轢《あつれき》を生み出す。明治一八（一八八五）年には米国で開発された新しい紋彫機のピアノマシンを、群馬の機業地・桐生に続いて西陣でも導入した。

穴を穿つのはあくまでも俗に軍艦と呼ばれる円筒形の

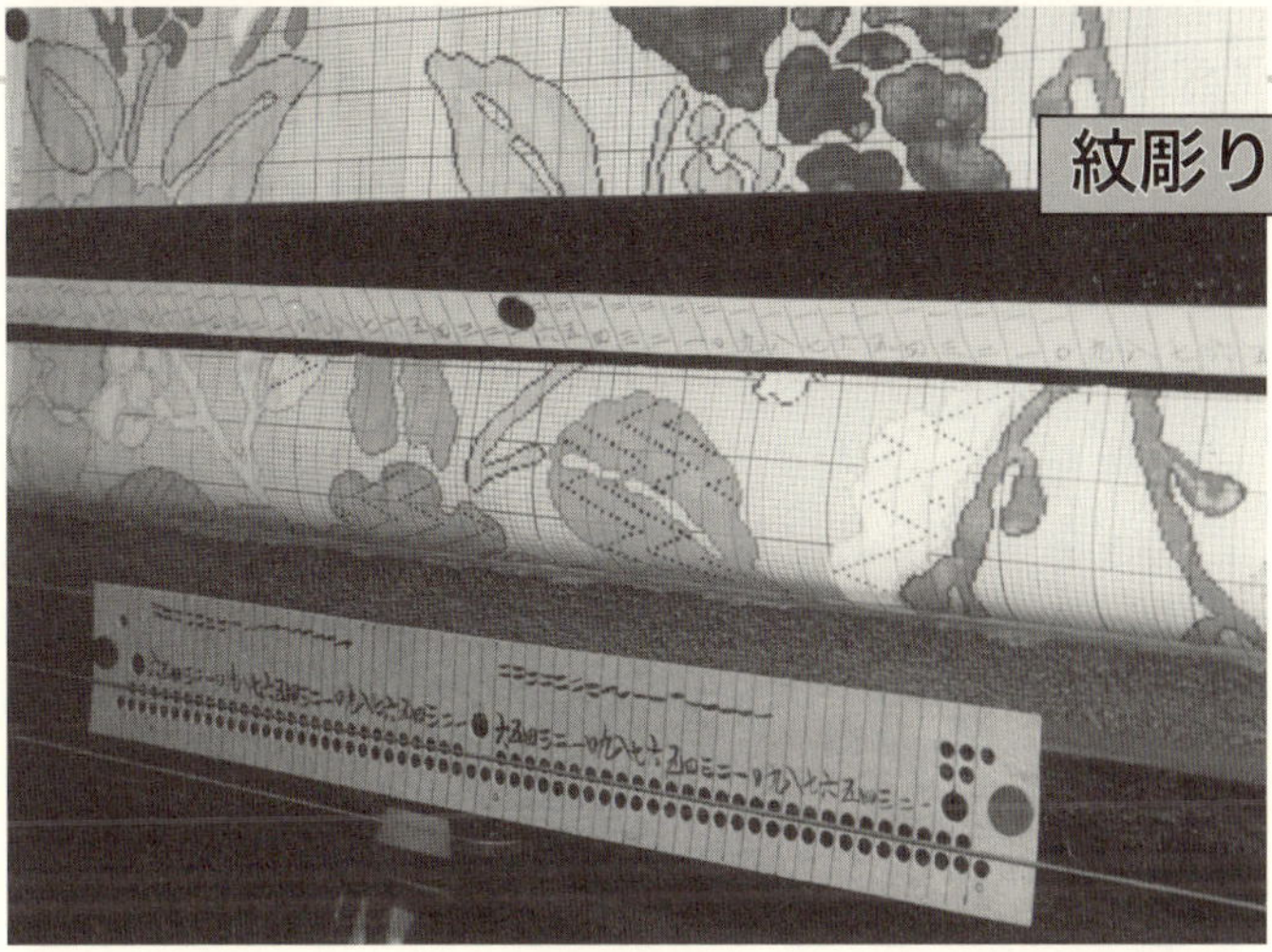

紋彫り

図板に紋意匠図を貼り，方眼の番号に従って，キーとペダルを操作する。紋意匠図を早く正確に読み取り，指示された組織で織物を理解する能力が求められる。

円筒形の鏨のキーを操作する両指，紋紙に穴をあける指令を出す足元のペダル。音を奏でるピアノのような姿・形に似ていることからピアノマシンと呼ばれている。

紋意匠図を元に紋紙に穴をあけてゆくところ。

船岡紙業の倉中俊二さん

鏨《たがね》だが、それを操るのは人である。紋彫りにはまず、紋意匠図の図柄を正確に早く読みとる技術、そして指示された組織で織物を理解する能力が求められる。

紋意匠図によっても紋彫りの仕上がり、難易が変わる。河村さんは「(紋)図の仕事をさせるんだったら彫りから習え、といいますでしょ」と日下さんと同じことを言った。一枚の図面をはさんで紋意匠師と紋彫り師の間には火花が散っているのである。

河村さんは紋彫りの仕事を「紋を突く」と表現した。紋意匠図の指示通り、寸分のくるいもなく穴を穿ってゆく作業を見ていると、まさにそれは「突く」という表現がふさわしいものだった。紋意匠図の最下部の右端から彫り始めて、左端の終わりまで、一列ずつ前進してようやく一越が彫り上がる。

鏨は全部で一三本。それに応じたキーがあり、ジャカード機の針数に応じて使いわける。前面に取り付けられた五つのキーは両親指で、背後の五つのキーは他の八本の指で押して位置を決め、足元のペダルを踏めば鏨が穴を穿つ。

一日八時間突き続けて一〇〇〇枚、彫りわけが必要な砂子や浸込み、暈しなど難しい指示があると八〇〇枚。八・八ミリ間のマス目の一点を右から追い続け、突き続

紋編み

かつては手動で紋編みをしていた。番号に従って縄を綯うように編み上げた。

紋紙の親穴をあけているところ。

編み上がった紋紙。図案から，紋意匠図，紋彫りを経て紋編みまでたどり着く。1 枚の紋意匠図を表現するのに紋紙は 5000 枚に及ぶ。

現在の自動紋編み機

ける集中力と根気。
そうして彫り上げられた紋紙は、番号に従って縄を綯《な》うようにして編み上げられ、ジャカード機に据えられる。

紋紙の現状

平安京の京域を決定する際に、登って国見をしたとされ、朱雀大路の起点ともなった船岡山。眺望がきけば西陣の瓦の屋並みが見える。その麓にある船岡紙業で、紋紙がつくられていた。

紋紙は中身が古紙、表面はパルプで加工された、厚さ〇・六ミリほどの細長い短冊状の厚紙である。ジャカード機のシリンダーの一面と相等しい大きさに裁断され、シリンダーに引っ掛けるための親穴が左右両端に穿たれる。

船岡紙業の倉中俊二さんは「紋紙の生産は全盛期のいまや一〇〇分の一ほどです。紋紙をつくるところもうちの他にもう一軒あるきり」と、意匠紋紙の世界でコンピューター化が急速に進行したことを指摘する。コンピューターが導入されるまでは、紋紙を裁断したのち、紋彫り師のところに納め、紋彫りが終わった時点で戻され、それを編み合わせてから織元へ届ける、という流れだった。

紋紙を編む機械は、上糸と下糸で自動で編んでゆく家庭用ミシンを大型にした仕組みだが、昔は手動で紙を送って編んでいた。

緯《よこ》一越に対して一枚の紋紙が必要とされるから、その枚数は膨大なものとなる。一枚の紋意匠図に約五〇〇〇枚もの紋紙が必要とされてきた。それがコンピューターでは一枚のフロッピーディスクで処理できるのである。倉中さんの慨嘆も当然のことであった。

コンピューター化の流れはとどめようがない。しかし、人間の感性と技能がその本質をなすこともまた事実なのである。

千両ヶ辻から大宮通を北へ辿ると、西へのびる道に〝鉾参道〟と記した立札があった。名前のない通りに歴史やゆかりの今宮神社や称念寺にちなんだ新たな命名だという。

秋のある夜、町起こしもあって道筋に行灯《あんどん》が連なった。和紙から洩れる明かりかと思えば、それは穿たれた穴からのもので、紋紙を活用したものであった。「幾何学模様の陰影をお楽しみ下さい」とある。辿ってみると織りの町、工房の町を標榜するように、界隈はまさに西陣そのものの町のありようだった。

紋紙は、もって瞑すべしか。

絣織
西陣ならではの絣織
中村利栄
大江嘉昭

経絣の変化

機の町である京都・西陣の織物といえば綴《つづれ》や経《たて》・緯《よこ》錦、緞子《どんす》といった絢爛たるものを連想しがちだが、伝統的工芸品の指定を受けた「西陣織」には、他に朱珍《しゅちん》、紹巴《しょうは》、風通《ふうつう》、綟り織、本しぼ織、ビロード、紬《つむぎ》、そして絣《かすり》織がある。

西陣の絣織の必要条件として

一、先染めの平織または朱子織とする

一、絣糸は、経糸または緯糸に使用する

一、経絣では「男巻《おまき》」から送り出される絣糸の絣模様を、手作業によって柄合わせをして絣模様を織り出す

一、経緯絣では経糸の絣と緯糸の絣とを手作業により柄合わせをして絣模様を織り出す

一、経絣の染色法は手括り、手摺り込み、または板締めによる

の五項目が決められている。

けれど一般には、絣といえばどうしても日本各地の風土を映した、民芸的な、どちらかといえば土の匂いのするような木綿の機《はた》織物を思ってしまう。それらの系譜は沖縄において一四世紀頃から麻や芭蕉で絣が織り続けられていたが、その技法が海路の交易によって伝播・普及していったものと考えられている。

しかし、絹織物の機業地としての西陣における絣織はそうした各地の絣の素朴な味わいに対して、繊細さと洗練を織り出してきた。西陣の絣は熨斗目《のしめ》、つまり経絣で、横段柄を表わす柄から始まる技法を規準にして絣が織り出されている。西陣では経糸を変化させることによってさまざまな絣模様を表現してきたのである。

現代にあって熨斗目でなお光彩を放っているのは、豊臣秀吉治世下の桃山時代に入ってから織り出された、能装束や小袖などの美しさである。

西陣の絣織はそうした系譜を受け継いで今日に至っている。

梯子を用いて

西陣という町は機業地としてさまざまなものを育んでもきた。さしずめ、「西陣の奥座敷」と呼ばれる花街の上七軒《かみしちけん》などもその一つであろう。その発祥は熨斗目の技法が生まれたとされる室町時代にまで遡り、「上七軒ハ往古ヨリ七軒茶屋ト相唱、足利氏武将之頃、北野社造営之　七軒茶屋モ残木ヲ以テ造作ニ相成候由、其後豊太閤秀吉北野右近馬場江遊覧之節七軒茶屋休所ニ相成」と伝え、京都で最も古い花街として、祇園や先斗町《ぽんとちょう》など他の花街に較べて地味さと古風さをその特色として、西陣の織元の旦那衆らに支えられて続いてきた。

お茶屋や置屋の家並が独特のたたずまいを示す上七軒の東の入口ともいうべきところに、西陣にのみ伝わっている梯子《はしご》絣という技法を駆使する、中村利栄さんの仕事場があった。

花街のはなやぎをよそざまに見るようにして、中村さんは、手括りの経絣で西陣ならではの絣を表現してきた。かつては三百数十軒の絣業者が従事していたというが、時代の趨勢はその数を激減させ、二〇年ほど前では約四〇軒、中村さんは「もう今では一五、六軒ほどしかやってはらへんのとちがいますか」という。

中村さんは昭和一一年生まれの六五歳。サラリーマンになるのが夢だったというが、仕事場の親の後ろ姿を見て育った身には蛙の子は蛙だった。二〇歳のときに跡を継ぐ覚悟を決めたというが、夢の残滓はまだあった。それが「親父の伝統工芸賞の受賞パーティーのとき、挨拶の中に『わたしはまだ半人前で』という科白《せりふ》があった。そのときに思った。ほな、わしはどうやろ、と。自分ではそこそこできるもんだと思ってたんですなあ」と述懐する。

それは一人の職人として西陣の絣にのめり込んでゆく契機でもあった。中村さんの絣織は「梯子」と呼ばれる道具を使って模様を自在に変化させてゆく、西陣独自のものである。

数多くの穴のあいた、いわば橋脚のような受け台に、表わそうとする模様に応じた数だけ、細い鉄棒を横に通してゆく。これはいわば梯子段の姿形である。

そして熨斗目にできた絣の糸を何本かずつ、梯子段の各一段の上から順次糸をかけてゆく。上段と下段では絣糸に勾配の違いがある。その勾配の違いは、下の絣糸よりは上の絣糸の方が余分に距離を通過するので、絣模様は、ずれることとなる。この梯子にかけた勾配の違いを利用して、いろいろと角度の異なっ

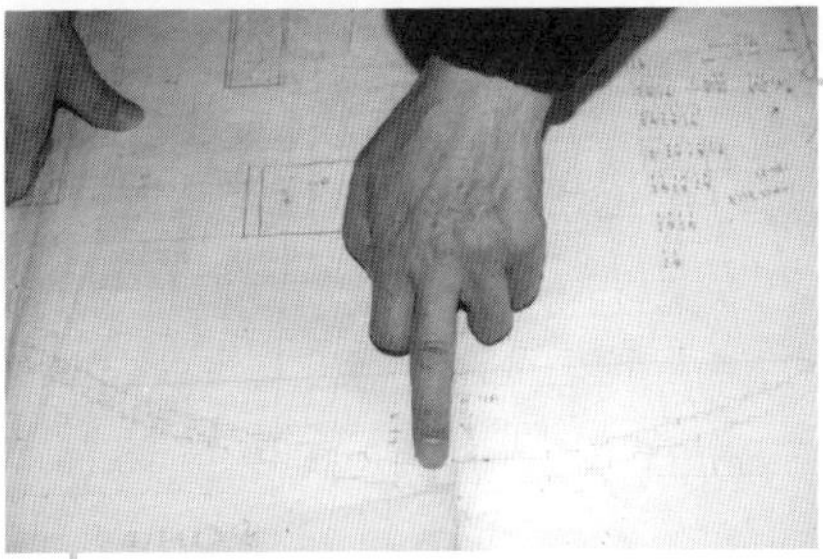

①括る位置と幅と織り縮みを計算して，図案を基に設計図を起こす。

②整経した絣糸を２本の柱にしっかり括りつける。

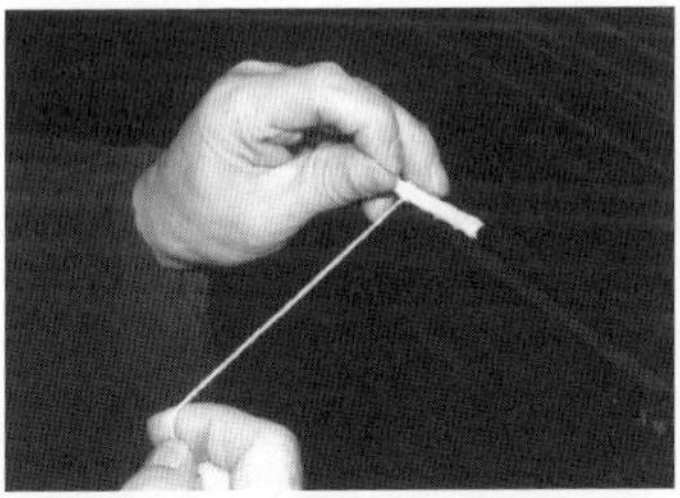

③位置を確認し括る幅に切った和紙をあてがい，均一な強さで糸を巻く。括り終えた絣糸はへそ巻にしておく。

た、矢絣、壺垂れ、鳥襷《とりだすき》、剣兵《けんぺい》、左巻などの模様を表現してゆくのである。

　中村さんは奥で、今まで織ってきた絣織りの端《は》裂《ぎれ》を一面に並べ広げた。さまざまな絣の模様や色彩はその時代その時代の嗜好を表わし、時代相と当時の人々の生活ぶりがしのばれた。「絣は常着、遊び着。地味なようでいて、派手でもある」という中村さんの言葉は現代にあっても絣織のきものの持ち味は失われていないと語っていた。

　梯子に架ける前に、表現しようとする模様に合わせて糸を手で括ってゆかねばならない。「絣括り」という作業である。色を止めるために糸を括る材料も和傘の渋紙であったり、竹の皮であったり、新聞紙であったり、サランラップであったりした。それらは同じ西陣でも各家によって千差万別なのだという。門外不出といった大げさなものでなく、各家各自が創意工夫するなかで、おのず

西陣梯子絣

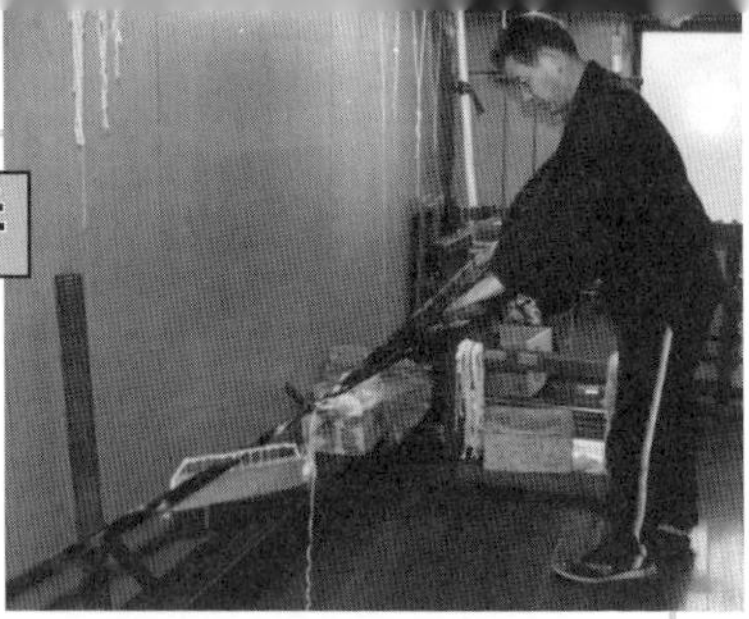

①片方の太鼓に巻きつけた絣糸を二つの束に分け，梯子台まで伸ばし，片方の男巻に巻くところに仮結びしておく。

②糸数本ずつを，竹の筬羽に挟み込んでゆく。

③梯子台の下部に収納しておいた梯子を持ち上げ，台の上に乗っかった状態で固定する。

④梯子の支柱には穴が無数にあけてある。穴へ鉄の細い棒を横に通しておく。

⑤竹筬に挟んだ糸束を，掛け違わないように梯子に交互に掛けてゆく。掛け違うと絣模様が乱れてしまう。（扉頁の写真も）

⑥梯子に掛けた状態で仮結びしておいた方向から引っぱり，絣模様が図案通りか確かめる。

⑧男巻に巻く動作に合わせて，機草を静かに差し込んで噛ませてゆく。1反目のところに朱墨で印をつけて完成。

⑦仮結びを解き，男巻にしっかり括りつけたら，モーターを操作して太鼓から男巻に向かって絣糸をゆっくり巻いてゆく。奥さんが太鼓側を，中村さんは最終チェックをしながら男巻側を担当。

上段右：先代作のビロードの可憐な文様の
下駄の鼻緒。
下段右：先代が復元した飛鳥時代の錦の一
つで，経糸を染め分けて模様を表
現した経絣の太子間道。
上段左：先代が手がけたさまざまな絣織。

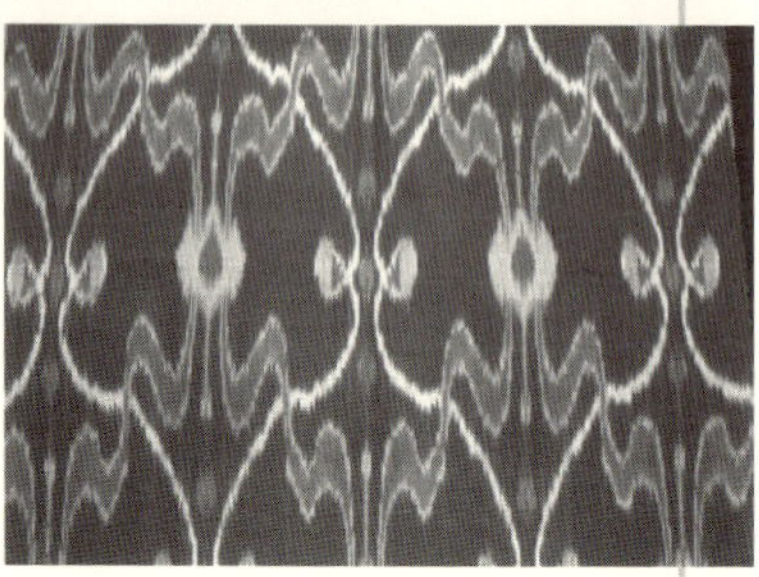

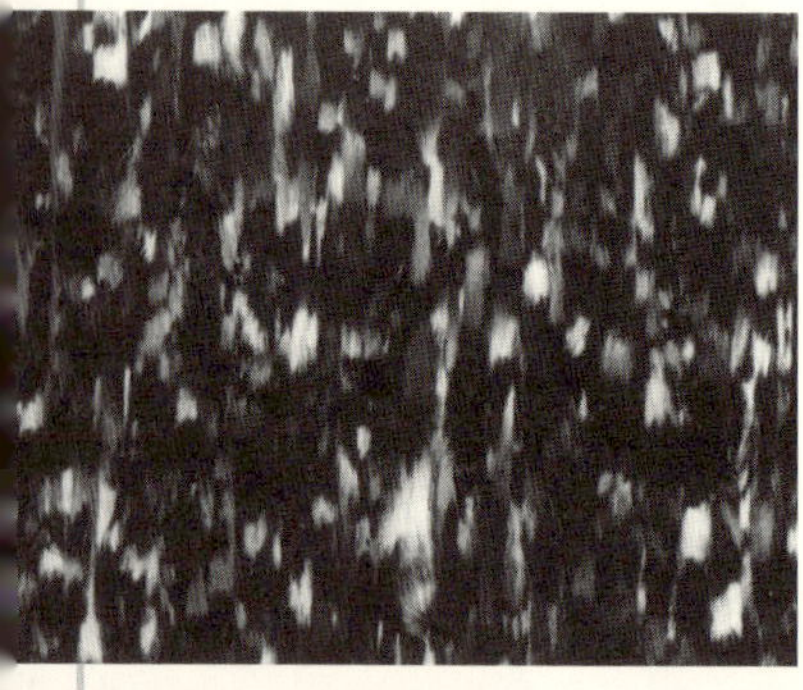

中村さんが考案した「やたら染め」（部分，
上段）と中村さんの絣織物（下段）。

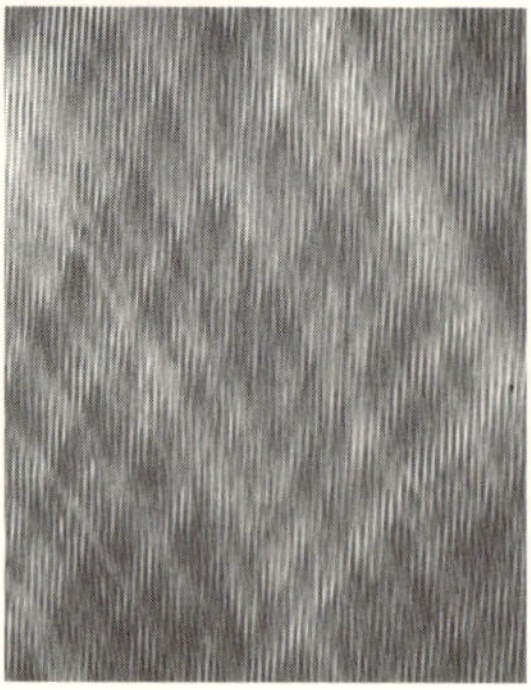

“夫婦鋏”は不可欠の道具。右は中村さんの鋏，左は奥さんの鋏。

中村さん夫妻。絣織は夫婦しての仕事。

とそうなったのだった。これも根気の要る仕事である。絣柄によって括る数も変わってくる。終えれば染めに出し、括りをほどいて整経となる。

「昭和三〇〜四〇年代にかけて、括りの柄ばっかりのときは、梯子の技法を知らん職人もおった」。中村さんはさらに続けた。「技術は一旦途切れたら、それでしまいになる」と。

小絣の亡び

何気ない中村さんの一言だった。同じ西陣絣織の技法に「板締め小絣」という技法がある。絣図案に従って摺り込み篦《へら》の先に布海苔《ふのり》を混ぜた染料をつけ、柄に合わせて、糸をこすって染料を摺り込んでゆく。それを同じ幅に彫られた溝を持つ絣板に挟み、ボルトで強く締めつけて染液に浸し、染液をかけながら染め上げてゆく。

「西陣で小絣をやってきたんも、一つは織り子が苦労せんと織れる小絣を考えたかったから」と、その技法を駆使していた吉田繁高さんはひとりごちた。美しさへの誘惑だけではなく、そんなきわめて人間

摺り込み絣

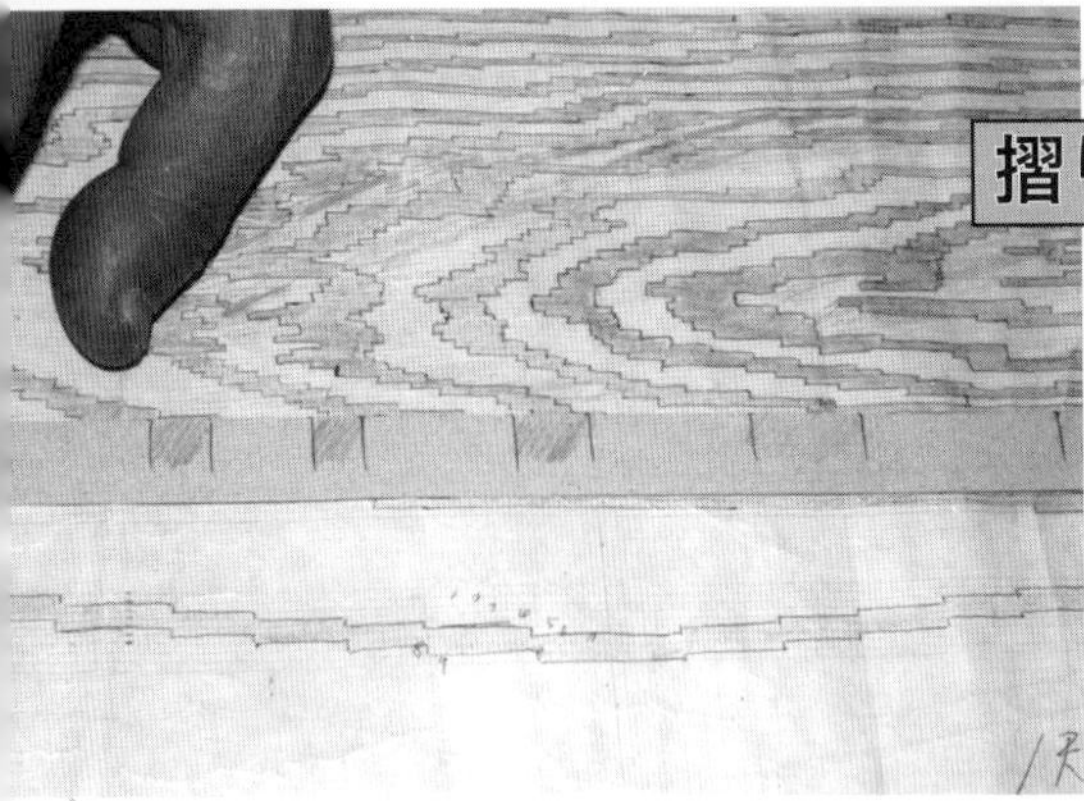

①糸をまず束にする。
②束にした糸を荒筬で割る。
③墨板を設計図にあてがって墨打ちする。

④枠に糸を巻き，ところどころ仮括りをして糸がばらばらにならないようにする。

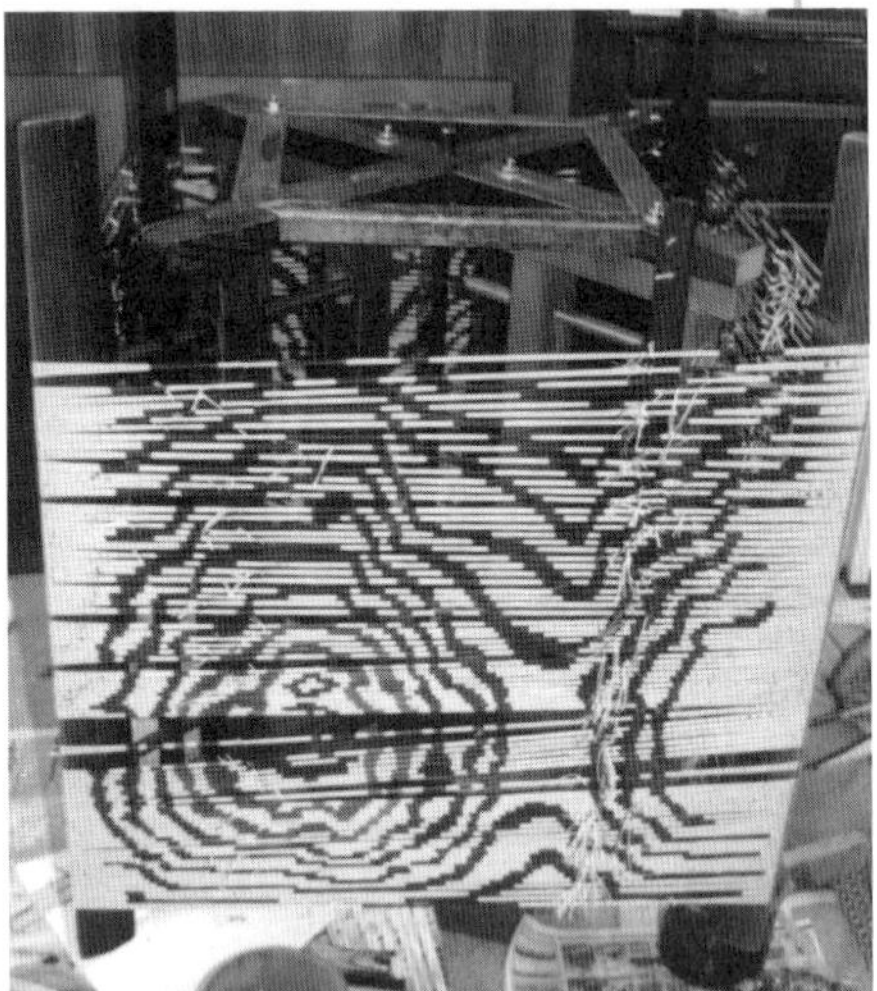

⑤摺り込むための染料，水，メイプロガムを練った糊を作る。

⑥摺り込みに使う篦は，護摩木を手に合うように刃物のような形に伐ったもの。刃にあたる部分には，糊が染みこんで滑らないように，木綿糸が巻きつけてある。

⑦枠に巻いた糸を挟むように，2本の箆に糊をつけてこすり合わせながら摺り込んでゆく。あまり力を入れて摺り込むと糸が弱くなったり，切れたりするので加減をする。終わったらガス釜で1時間蒸す。

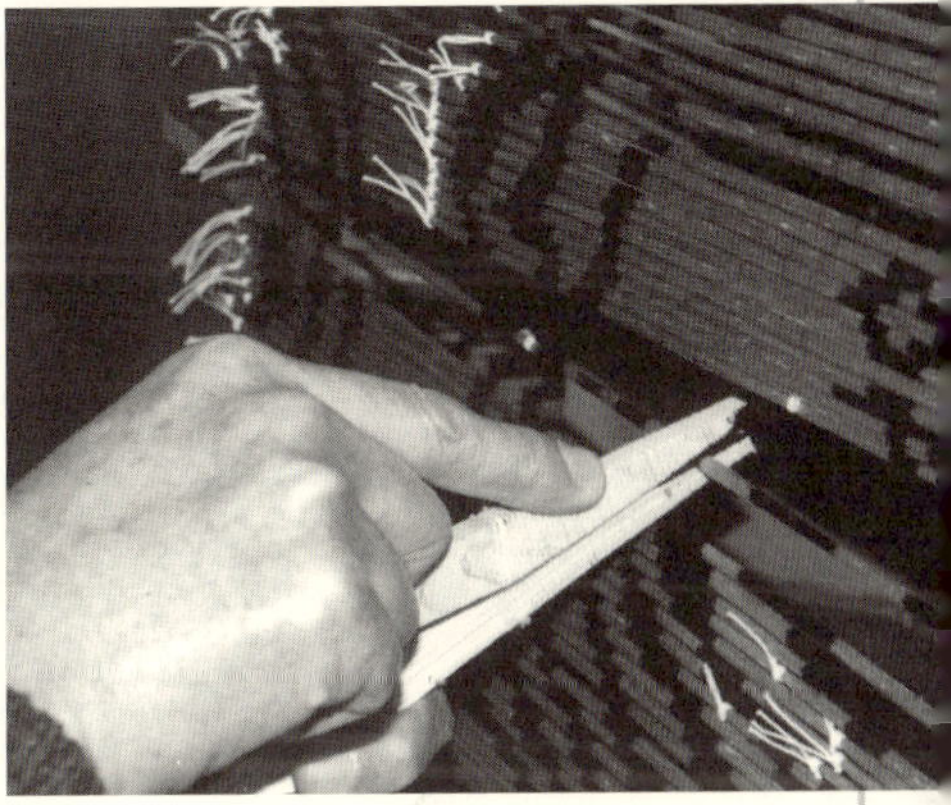

⑧大江さんの摺り込み絣。

摺り込み絣の技法を伝える大江嘉昭さん。

的な感情からも一つの技法が工夫され生まれるのである。

「小絣を染め上げるためには板締めの絣板として不可欠な「水なし桜」と呼ばれる山桜《みねばり》の木に出会うまで待たなければならなかった」とその人は語った。その木は「峰榛《みねばり》」、「斧折《おのおれ》」とも呼ばれるカバノキ科の堅い木である。染料を摺り込むときに混ぜる布海苔の応用にも、試行錯誤を重ねた道のりが必要だった。

そんな苦労を重ねて考え出された小絣の技術だったが、今、その命脈は尽きようとしている。もう吉田さんが現場に立つことはなく、後継者はいない。中村さんの言葉が甦った。

親子して

染料を摺り込んで絣を表わす技法は、上七軒のやや北で大江嘉昭さんが採っていた。戦後になって生まれたという「摺り込み絣」は今、西陣で二、三人しかやっていない技術だという。

図案に従って墨板に模様を墨打ちし、糸巻を大きくしたような木枠に絣糸を巻く(張る)。括るかわりに直接色を塗ってゆくことで、今までできなかった配色やボカシ模様が表現できるのだという。

摺り込みに用いる篦は手製である。仏法で護摩を焚くときに用いる護摩木を削り、染料の含みがよいようにヤスリで凹凸をつけ、糸を巻きつけ、二本の篦で上下から挟んで揉むようにして染料を摺り込んでゆく。

そして捺染《なっせん》の着抜法という技法で染める。薄い色なら三〇分、濃い色なら一時間ほど、摂氏一〇〇度で蒸して色を落とす。

仕事をする今年六七歳の大江さんの対面に、木枠に隠れるようにして、どこか覚束なげな様子で息子さんが篦を動かしていた。若さゆえの迷いもあったのだろうけれど、摺り込みの仕事を手伝うことになったのだと、大江さん夫妻はうれしさを押し隠すようにして語った。

「祖父は『絣は不景気に強い』と口癖のように言っていました」と大江さんは言う。それは息子さんに言い聞かせようとする言葉でもあり、自分もまたその言葉に納得しようとするものではなかったろうか。己の技術を継承してくれる者の存在は、仕事への何よりの励みであり、心の支えでもある。

日々新た

中村さんは「一度や二度話を聞いただけでは絣の技術はわかりまへんで」と言う。壁に掛けてあった絣の染糸に目をやると、「これはわたしの考え出した『やたら染』の糸。編んで染めるんです。斑々《むらむら》が面白いと思うているんやが、それはあくまでも偶然性。親父はテンから認めようとはしなかったな」と、父の存在と仕事を振り返りながら、「この仕事、同じもんの注文はそうそう来るものではない。だから自分の持っている技術をどう生かすかを考えて新しいことにも挑んでいかんと。それに『やたら染』のような絣は染屋の人とお互い気性も技倆も知ってるからこそできる遊びなんや」と語る。

一度や二度、見て聞いただけでは絣なぞわかるもんやない、という中村さんの言葉に促され、再訪した。

その前に、かつて織り上げられた絣とは別に、現代という時代の中で、中村さんがどんな西陣の絣を表わしているのか見たくなって金閣寺の西にある西川織物を訪ねた。

多彩な京都の織物を支えるのは発想力であり、デザイン力であり、時代の動向を見据える眼だという。それは織物をプロデュースしてゆく人の眼であり、考え方だった。それをみずからの技法を駆使して西陣ならではの絣織として表現してゆくのが中村さんであり、大江さんだった。

大江さんの摺り込み絣も、括りではできない柄の織物を見て、描法が皆目わからないというところから出発した技法だった。

「年いったら自分で柄を描いて、自分の絣の技術を用いて織り上げてみたい」という中村さんの言葉も、どこまで行っても果ての見えない、苦心と喜びが綯《な》いまぜになった染織の道のりを思わせるものだった。

それにしても、西陣の絣織の存在は、もっと世に知られてもよいのでは、と目の前に広げられてゆく織物を見て思うことしきりだった。

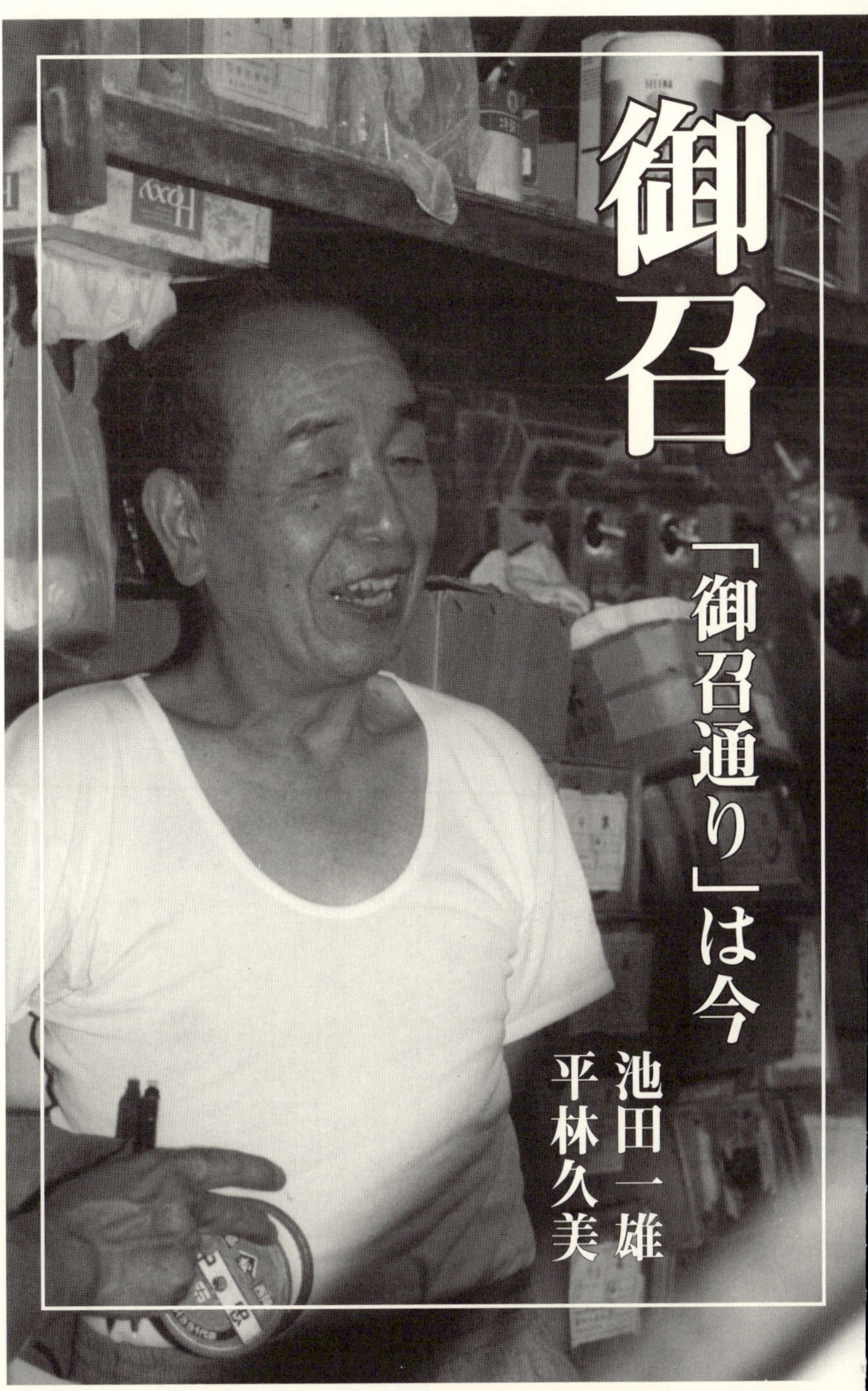

御召

「御召通り」は今

池田一雄
平林久美

御召縮緬の隆昌

織りのきもの、といえばつい身近な紬《つむぎ》を思ってしまうが、かつて、いや今も「御召《おめし》」と呼ばれる織りのきものがあった。

御召とは「御召縮緬《ちりめん》」を略した言い方で、同じ縮緬でも白縮緬は織り上げた後で精練し、後染めを施すが、御召は織る前に糸の状態で精練し、糸染めした、先練り先染めの織りの着尺である。

御召の持つ独特の風合いと深味のある美しさは、「しぼ」によって生み出される。緯《よこ》糸に強い撚りをかけた糸を用い、その右撚り糸と左撚り糸を二越ずつ交互に織り込み、織り上げた後、お湯につけて糊を落とすと、緯糸には撚りを戻そうとする力が生じて、裂《きれ》には「しぼ」と呼ばれる凹凸ができる。しぼは皺とも縐とも書く。このしぼが光を集め、乱反射させることで、ほかの織物とは違った味わいが生まれるのである。

御召という名称は徳川一一代将軍家斉（在位一七八七〜一八三七）が好んで着用し、専用の縞柄の使用を禁じてお止柄とした、将軍の御召物というほどの意味と伝えられている。家斉の治政は文化・文政の爛熟した奢侈《しゃし》の時代でもあった。わずか三〇数年後には明治維新（一八六八年）を迎える。幕末の風俗を誌した『守貞漫稿《もりさだ》』には三都（江戸・京・大坂）、男女ともに正装には「御召縮緬と云《いふ》上品を専《もっぱら》とす」とある。

御召とは上等の絹織物の謂となった。

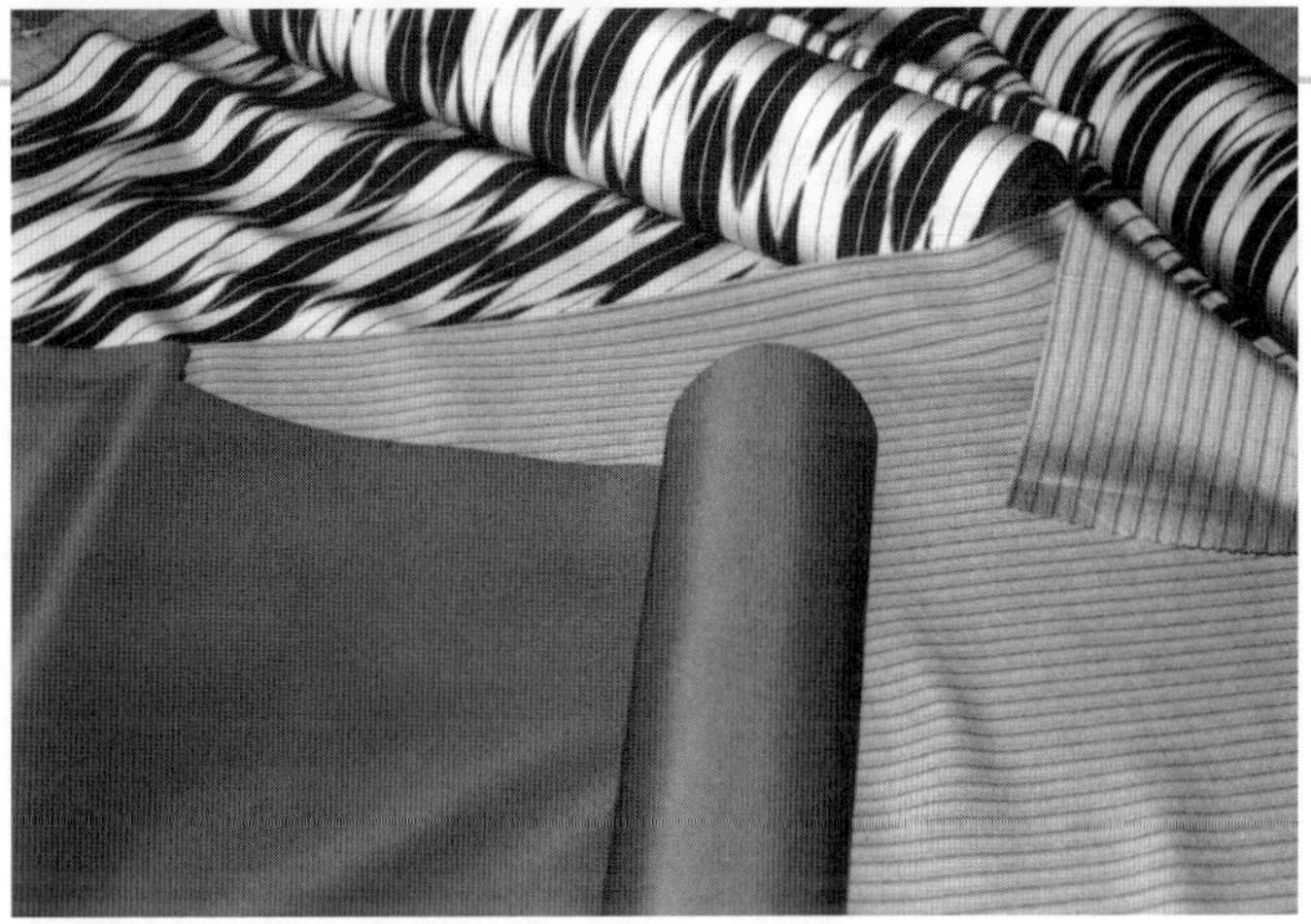

御召とは御召縮緬の略。独特の光沢と深みのある風合いが好まれた。

世相風俗の激変した明治期にあって、御召は広く人々の間に浸透していった。「士農工商・老若男女・賢愚貧富おしなべて、牛鍋食はねば開化不進奴《ひらけぬやつ》」として、文明開化の世相を牛鍋屋に集まる庶民を通して描いた『安愚楽鍋《あぐらなべ》』は、「とかく東京は繁花にすぎて、奢侈がつよいぢやから、裏店にすむしよくにんどもの、妻やむすめなどが、紡績の工は、すこしもこころえず、うたじやうるりや、をどりなどの遊芸のみをこのんで、びんぼうかくしとはいひながら、ちよつと出るにも、お召のはんてん織物やはかたのおびを纏」と、庶民といえどもちょっとしたよそゆきのきものとして御召を着ていたことを教えている。

大正期もまた御召は人々に愛用された。きもの好きな作家として知られた故森田たまは、「私の若ひ頃、大正のはじめは、縞お召の全盛時代であつた。いささか曲のない話だけれど、縞お召に縫ひ紋をつけて羽織にして、縞の着物の上に着ることすら流行つたのである」(『縞』)、「若ひ時にはお召を、よそゆきにもふだんにも、西陣お召ばかり着ていたもので、いまでも一番好きな着尺はお召である。ちりめんほどぽつてりとせず、結城ほどかたくもなく、一ばん着心地がよい」（『きもの歳時記』）と書き遺している。

御召の隆昌は昭和に入っても続いた。戦後いち早くきものとして復活してきたのも御召であった。風通《ふうつう》織の二重組織で模様を織りだした風通御召や、多彩かつ豪華な絵柄を織りだした紋御召、紬風の味わいを生かした上代御召などがあった。なかでも、絣御召は大正から昭和にかけて西陣ならではのさまざまな技術と意匠が凝らされて好評を博した。しかし、高度成長期をたどろうとした昭和三五年をピークに御召はなぜか衰退の一途をたどり、今、昔日の面影はまったくない。

御召の産地は京都の西陣、関東の桐生、越後の十日町が三大産地とされ、それぞれの歴史と特長を持っている。が、変転きわまりない時代相の中で、御召もまた栄枯盛衰の軛《くびき》を逃れられなかった。

六軒町通

かつて京都西陣に「御召通り」と呼ばれた通りがあったという。それは南北の通りの六軒町という町筋で、西陣織の、なかでも分業体制で御召を織り上げるために、それに関連する職の人々が多く住まいを構えていたからの通称だった。

歩を運んでみると、大きな通りの今出川通と六軒町通が交わったところに、昭和初期のモダニズムを感じさせる表構えの玉突場があった。かつてここの女主人に話を聞いたことがある。今は知らず、西陣はなやかなりしころ、西陣の織元の旦那衆が、花街である上七軒《かみしちけん》の芸妓さんを伴って玉突に興じていたものだ

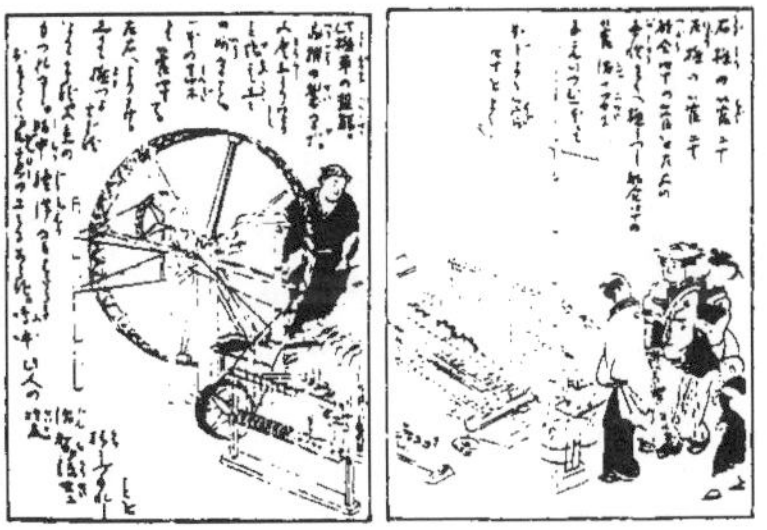

群馬県「日本絹の里」に展示されている木製八丁式撚糸機。平成９年までは現役だったが，需要の減少でその回転は止まったまま。右の図は明治初期の八丁式撚糸機（『京都近代染織技術発達史』より）。

という。女あるじがふと見せる含羞の表情は、古き佳き時代の女性のみが持つ人間味だった。しかし、今、店の前に立っても人の気配はない。

そこから六軒町の通りを南へとたどる。どこか下町的な匂いのする家並みではあるけれど、多くは新しく建て替わっており、かつて「御召通り」と呼ばれたという残り香を嗅ぎとることはできなかった。

御召の最大の特長である、緯糸に強い撚りをかける八丁式湿式撚糸機を操る池田一雄さんを訪ねた。その仕事場はやはり六軒町通にあった。途中、ふと遠い、以前に聞いたような、それでいて耳慣れた音が聞こえてきた。機の音だった。かつて、「どこからどこまでが西陣というわけやない。機の音の聞こえてくる範囲、それが西陣や」と得意然として話した人がいた。ずいぶん昔の話である。

池田さんの仕事場は京都らしい鰻の寝床と呼ばれる細長い家屋の奥にあった。一二坪、窓際では下撚りされた緯糸を綛《すが》に掛け、糸繰り枠に巻き取る「繰り返し」の作業を奥さんが、それを管《くだ》に巻き移す「管巻」の作業を職人さんが黙々と続けており、三台の八丁式撚糸機がさしたる音もたてずに高速で回っていた。

池田さんは昭和六年生まれ。撚糸を業として二代目という。戦前の御召の好況、そして戦後の復活、衰退を目の当たりにしてきた。「昔は忙しゅうて、市電の通る間中は仕事してたな」と振り返る。かつて京都には路面電車が走っていた。その始発電車から終電車まで、八丁式撚糸機は緯糸一メートルにつき二〜三千回もの強撚をかけるべく回り続けた。八丁式撚糸機は湿式といわれ、常に糸に湿り気を与えてやらなければならない。見ていると一台には左右に、それぞれ左撚り、右撚りに巻き取る二列三〇対の横向きに並べられた「錘《つむ》」が高速で回っている。三台目に如雨露《じょうろ》で水をかけ終えたころには、一台目が次の補湿を必要としている。乾けば糸は切れてしまうし、織り斑《むら》の原因ともなるから、特に夏場は息をつく暇がない。

錘を回す釣瓶縄（ベルト）は直径一メートル余はある大きな八丁車に連結されているが、この釣瓶縄は「はや緒《お》」と呼ばれ、八丁車と錘に8の字に襷《たすき》掛けされるが、驚いたことにはや緒はたった一本で、絡むこともなく錘を回し続けるのだという。綿とナイロンの混紡だが、ときとして切れることもある。

大径の八丁車を回すのは今はモーターだが、かつては屋外に糸を長く張り、「ズングリ」と呼ばれる機械で撚るという原始的なやり方で、手回しであった。そして水車を利用した八丁車が生まれた。水力八丁式撚糸機を発明したのは桐生の岩瀬吉兵衛で、天明三（一七八三）年のことだった。人力による撚糸機と比べてはるかに能率の高い、当時としては画期的なものであった。

長年，息の合ったこの3人で仕事を切り盛りしてきた。

天井八丁

明治に入るとイタリー式撚糸機が輸入され、洋式撚糸法が普及し、八丁式撚糸機にも改良が加えられていった。やがて動力にモーターが使用されるようになる。八丁車が錘台の横にあって「横八丁」と呼ばれる方式から、八丁車が錘台の上か下かに設置されるようになった。錘台の下に据えられたものを「地下八丁」、これは主に普通撚糸に用いられ、上にあるものは「天井八丁」と呼ばれ、強撚糸用に用いられた。池田さんのところはむろん天井八丁である。「京都で天井八丁を使うてるのは今はもう四、五軒ぐらいしかあらへん。たいがい奥さんとふたりでの仕事やな。この町内で織ってるとこいうたら、三軒ぐらいか」と呟くように言った。「昭和三〇年代半ばまで、うちでも木製の八丁式撚糸機を使うてた。昔は土間に据えていて、錘の位置も低かった」と思い出すように言うと、一枚の写真を取り出した。群馬で展示されているという木製の天井八丁だった。

そこは群馬県高崎市金古の「日本絹の里」で、平成九年までは実際

八丁式撚糸機。大きな八丁車からのびるのはまるで蜘蛛の糸のよう。

四つ枠から撚糸機にかける管に移す管巻の工程。

甘撚りのかかったかせ状の糸を四つの枠に巻き取る作業の「繰り返し」をする池田さんの奥さん。

左右に30対ずつ並び，高速で回転する錘からは，そのまま右撚り，左撚りとなる糸が正確に送り出される。

絶えず補湿することにより，甘撚りの段階で塗布された糊の粘りが戻り，糸切れや強撚をかけた後の撚り戻りを防いでいる。

糸が切れて静輪が落ちると，池田さんは糸端を口にくわえて，あっという間につなぎ合わせてしまう。ボビンはまたゆっくりと回り出した。

ドーナツのような陶器製の賤（しず）輪により糸の緊張度，撚り斑（むら）などの調整をする。音もなくぴょこぴょこと上下する様は愛嬌さえ感じさせる。

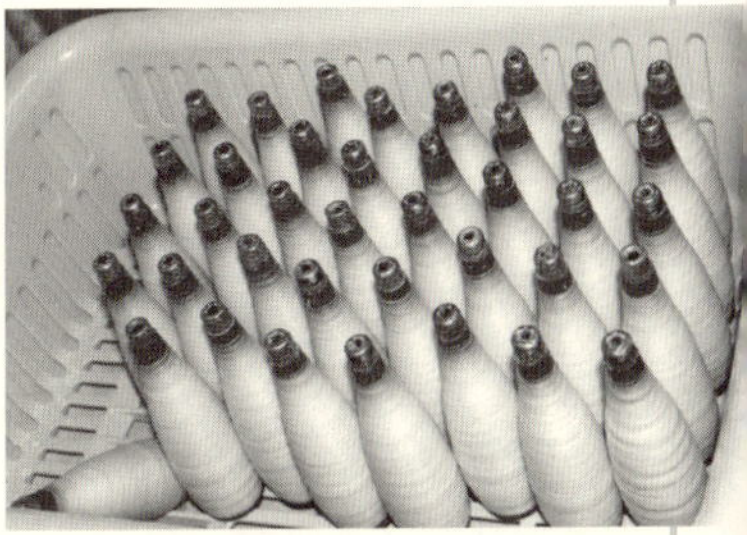

枠から移し終えた管巻。

に稼働していたが、今はそれまでに撚りをかけた御召糸で需要がまかなえるので、現役を引退して常設展示されているのだという。

丹後縮緬で知られる京都府与謝郡野田川町(現・与謝野町)の「丹後ちりめん歴史館」にも八丁式撚糸機が展示されている。聞けばまだ稼働しているものもあるという。

池田さんの仕事場に据えられた三台の「天井八丁」は今なお健在である。モーターのスイッチが入ると大径の八丁車が回り出す。八丁車の一回転は錘を二〇~三〇回転させる。池田さんは錘にすばやく糸を巻いた管を差し込む。糸は丸い陶製の静輪《しずわ》に通される。静輪は糸の振動で小刻みに上下しながら糸の緊張度を微調整する。糸の太さによって静輪の重さも違ってくる。突然、一つの静輪が動きを止めて下に落ちた。糸が切れたのである。池田さんはすぐさま糸の端を見つけだし、口にくわえ、湿り気をくれてつなぎ直した。どのような動きだったのか、傍目には見抜けない。あっという間の早業だった。

強い撚りをかける天井八丁では錘の消耗が早い。強撚された糸は管から錘に流れるように巻き絡みながら、その鋭い尖端からまっすぐに繰り出されている。見つめていると、なぜ高速回転しながら正確な働きをするのか感心してしまうが、それだけ錘の狂いや先の摩滅は撚りを左右する。「今はステンレス製だが、それでもじきに摩耗して糸道がついてしまいよる」と池田さんは嘆く。それはそれだけ撚りの強さをものがたる事実でもある。

八丁車の左右に錘が配され、撚りがかけられてゆくが、左右はまったくの対称になっており、右側が右撚りを行なえば、左側は左撚りを行なう。つまり同時に右撚りと左撚りの強撚糸が撚り上げられることに

川島テキスタイルスクールを卒業後，西陣織会館で週 3 日ほど
御召の手織り実演をしている平林久美さん。

織り上げた後，「しぼ出し」という糊を
落として撚りを戻す工程が加わることで
地が密になるため，その具合を考えなが
ら，緯糸は軽く打ち込む。

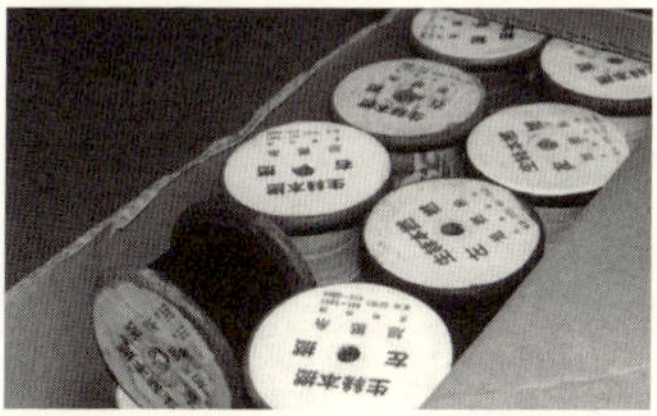

左右交互に打ち込むことで「しぼ」が
出る。ボビン二つ半ずつで着尺となる。

少しの湿気でも撚りが戻るので，糸に
は常に光を当てて乾燥させておく。

なる。

御召の風合いと美しさを生む「しぼ」は、生糸の経糸に、強い撚りをかけた右撚りの糸と左撚りの糸を交互に緯糸として打ち込んで織り上げ、糸の段階では撚りが戻らぬように、撚りをかける前に施された糊を湯につけて落とし、緯糸が螺旋形、あるいは波形になって撚りを戻すことによって生まれてくる。

西陣における御召にはさまざまな技術が駆使されてきた。御召はなやかなりし昭和一二年三月、禅の古刹・大徳寺の塔頭《たっちゅう》孤蓬庵《こほうあん》でひとつの展示会が開かれた。持てる技術の限りを尽くし、新しい御召を工夫して織り上げ、公開したのだった。「売り申さず、お賞めくだされたく」と。当時、業界では各自の作品は秘密として他人には見せない慣習だったというから、画期的な企てでもあった。西陣の御召機業六軒が集まって巧趣苑という会を持ったのだった。巧趣苑は戦後復活、現在は五軒でなお活動中だという。

西陣織会館で

池田さんは、千本通今出川にある古い喫茶店の「静」で、織りに携る人たちが寄っては情報交換や四方《よも》山《やま》話に花を咲かせていると教えてくれた。玉突場の東に「静」はあって、古色を帯び、かつて六軒町通が「御召通り」と呼ばれていた頃のノスタルジックな面影をとどめているようにも思えた。その古びた雰気が珍しいのか、観光ガイドブックなどに紹介されて西陣や織りとは無縁の若い人たちも訪れている。

さらに東の堀川通にある西陣織会館で、御召を手機で織っている人がいると聞いて足を向けた。途中、今出川通と大宮通が交差する場所で立ちどまって周囲を見回してみた。ここはかつて〝千両ヶ辻〟と呼ばれた糸屋問屋街で、毎日糸を買う金千両が持ち歩かれていたという。明治に入るとこの四つ辻には住友、第一、西陣、山口、大阪貯蓄、西陣貯蓄、商工貯蓄などの銀行が建ち並び、機音とともに、西陣の活況を象徴する場所だった。今、昔日の面影はない。

堀川通に面した西陣織会館で絣御召を織っていたのは平林久美さん。織るのはほとんどが経絣《たてがすり》の御召だという。御召を織るときは杼《ひ》のすべらせ方、杼を入れる角度に気をつけ、筬《おさ》は軽く打ち、経畝《たてうね》を生かすように織っているといいながら、糸を電熱器で温めている。その理由を問うと、湿気をとるためで、湿気で縮んだ糸は織り傷になるからとの答え。強い撚りがかかっていればなおさらのことだった。強撚糸で織る御召は幅が一尺六分で織っても九寸八分に織り上がるという。御召ゆえの特徴であり、それはのちに湯のしで整えられる。

西陣織工業組合の資料では、西陣織製品の出荷額は一九九〇年の二七九四億円に対し、二〇〇二年は六一三億円にまで激減している。西陣を歩いても機音を聞く折が少なくなったのも故なしとしない。そしてその中で御召の占める位置は、その渋さ、風合いや深味のある美しさにもかかわらず、決して大きくはない。それでも池田さんの「天井八丁」は、なお静かな音をたてて回り続けている。

綿

棉から綿へ、そして木綿へ

稲垣隆雄（稲垣機料店）
上田和子（大原工房）

一面の白い棉畑

かつてどこでも、季節が巡り来れば、ごく日常的に目にすることのできたさまざまな風景、いわば日本的な原風景が次第に消え去ってゆく。童謡や唱歌に歌われたような風景や生活、時間の流れはすでにして遠い。

春の一面の菜の花畑は、菜種油が生活に不可欠だったことから日本各地に展開した風景だった。また秋ともなれば、真っ白な棉畑《わた》が日本各地に現出した。そして収穫された棉は綿となり、糸に紡がれ、藍で染められ、織られて絣・縞模様を生みだし、各地方独特の染織文化を育んだのだった。木綿は庶民の哀歓を映した布だった。

棉は五月に種が蒔かれ、夏、たった一日だけの花を咲かせ、しぼんでゆく。棉は日照り草ともいわれ、夏の陽射しを十分に浴びて育ち、花の咲いた跡に固く小さな桃のような形をした綿桃（コットンボール）をつけ、やがて初秋、それは笑み、真っ白な棉の繊維を吹き出す。「名月の花かと見へて棉畠」とは八月一五日の名月、棉の実がはじけて月の光に照らし出された光景は、あたかも花と見まごうばかりだと芭蕉は吟じている。「生《き》棉取る雨雲たちぬ生駒山」という其角《きかく》の句は、秋、日本一の棉の産地だった大和、山城、摂津、河内、和泉という五畿内の、大坂から生駒山の麓まで一面に棉畑が埋めつくしたかつての風景を吟じたものである。

店先には所狭しとさまざまな機道具が並ぶ。

千本釈迦堂の斜め向かいにある稲垣機料店。廂にはいくつもの古びた機道具が飾られている。

とはいえ、芭蕉が活躍した元禄期（一六八八〜一七〇四年）に、一般庶民にまであまねく木綿が浸透していたかといえばそうではなく、それは江戸期も半ばを過ぎてからを待たねばならなかった。

木綿の出現まで、一般庶民は麻布、あるいは藤布などの原始布を身に纏って生活してきた。民俗学者の柳田国男は、働く男女にとって木綿のやわらかさと摩擦の快さは絹に勝るものであり、藍を基調にさまざまな草木によって染めが可能になり、かつ家々の手機で織り出すことができ、人々の生活に多大な影響を与えたとしている。

「木綿の衣服が作り出す女たちの輪郭は、絹とも麻とも又ちがつた特徴があつた。（中略）身のこなしが以前よりは明らかに外に現はれた。（中略）以前の麻のすぐな突張つた外線は悉く消えて無くなり、いはゆる撫で肩と柳腰が、今では至つて普通のものになつてしまつたのである。（中略）乃ち我々には裸形の不安が強くなつた。（中略）心の動きはすぐ形にあらはれて、歌うても泣いても人は昔より一段と美しくなつた。つまりは木綿の採用によつて、生活の味はひが知らず〳〵の間に濃かになつて来た」（『木綿以前の事』）と、木綿という布が日本人に与えた有形無形のものについて指摘している。

不思議な機械

棉が笑む、つまり実が割れれば棉の収穫である。摘み取った実は桃の形をなしていた殻を取り除き、実綿の繊維にくるみ込まれた種を取らねばならない。このときに活躍したのが綿繰り機である。

一つの実綿には七、八粒の種が含まれている。これを指先で取り除こうとして、爪に力を入れ、毟《むし》り取ろうと試みるが、綿の繊維が種を守るようにして絡み合っており、いっかな種まで辿りつけない。

それを綿繰り機はいともたやすく、早く、しかもきれいに種と綿を分離させてしまうのだった。上部に丸い二本のローラーがついており、下側のローラーに連結した取手をゆっくりと回すと、反対側のねじ歯車でかみ合っている上下のローラーは同時に回転し、その上下のわずかな隙間に綿の実を触れさせるとローラーは綿の花をしごいて、引き込んだ綿の繊維を向こう側に送り出し、種は手前に落ちこぼれてゆく。

綿繰り機の仕組みはごく簡単で、何も難しい機構はないのだが、先刻の指先での苦労を思えば実に呆気《あっけ》なく、不思議さと楽しさもあって綿繰り機をためつすがめつ、空回りさせ、また綿を繰ってみるのだった。そんなこちらの様子を、綿繰り機を製造販売している京都西陣の稲垣機料店の稲垣隆雄さんは、笑って見ていた。

西陣は歴史的にも日本最大の機業地である。しかしそれは、終始一貫して絹織物でのこと。庶民の布である木綿を西陣は一顧だにして来なかったはずである。事実、稲垣さんは「京都では、西陣では、木綿で

稲垣隆雄さん

加藤仁一郎さん

は商売にならない」と言う。

機の道具を扱う機料店の稲垣さんのところに、一台の綿繰り機が持ち込まれたのは二十数年前のこと。大阪府八尾《やお》市に住む寺尾和一郎さんからだった。八尾は昔でいえば五畿内の一つ河内国。河内木綿を特産とした地である。寺尾さんの祖父の代に綿作りを行なっており、記憶を手繰ってその復活をもくろんでのことだった。

稲垣さんは「轆轤《ろくろ》を使って木工品を作る〝西陣の丸もん〟の技術で作れないことはないと思って、機大工《はた》の人と一緒にとりあえず作ってみることにしました」と言う。かつて「ここに来れば機に関するものはすべて、何でも揃う。機料店とはそういうものなんです」と稲垣さんは語っていた。ごく簡単な仕組みの綿繰り機でも、いざ作ってみると意想外に難しかった。思ったように綿が繰れず、二人して八尾の寺尾さんのところまで出向いて、集められていたいくつかの綿繰り機を調べてみた。綿繰り機が使われていた地方によって、歯車の数や柱の止め方など差異があった。そして思うようなものが出来上がるまで数年かかったという。

作ったのは「丸もの」を手掛ける加藤仁一郎さん。仕事場でお会いできなかったこともあって仕事中の表情はうかがい知れなかった。六七歳。

「最初はローラーが細く、ギア（歯車）も細すぎて欠けたり、音がしたりした。作っていくうちにギアはあくまで補助的仕事をするものであって、ローラーとローラーが擦り合ってはじめて主要な仕事をする。新聞紙一枚の隙間が仕事をする。それを生み出す楔《くさび》の加減も難しい」と語る加藤さんは、「同じように作っても一台一台、微妙に性能が違うな」と、稲垣さんと顔を見合わせて付け加えた。

使う人の気持ちを考えて、ローラーに蠟を塗ったり、楔に滑り止めのゴムを張る工夫を新たに考えた。蠟を塗るのは加藤さんの奥さんの仕事。素材として木とは違うゴムは、外見上は見えない部分だから許されるだろうと考えたのだという。自分の作った綿繰り機に焼印など落款のようなものは残さないのかと尋ねたとき、加藤さんは一瞬真顔になって、「そんな横着なこと、おこがましいことはできません」と語気を強めた。ゴムという、木工とは違う異素材を付加することへのためらいもまた、良い意味での機大工として、〝西陣の轆轤師〟としての職人気質のなせるものだった。

稲垣さんのところに、注文した綿繰り機への礼状が届いていた。「フォルムも木の感触もとてもやさしい綿繰り機ですね。家族ともども、この不思議な機械に魅了されています」とあった。稲垣さんも加藤さんも目を細めている。最初のころに作った綿繰り機と今のとどこがどう違うかと尋ねたとき、二人で顔を見合わせ、「最初作ったもんなんか出てきたら青くなる」と言って口をつぐんでしまった。

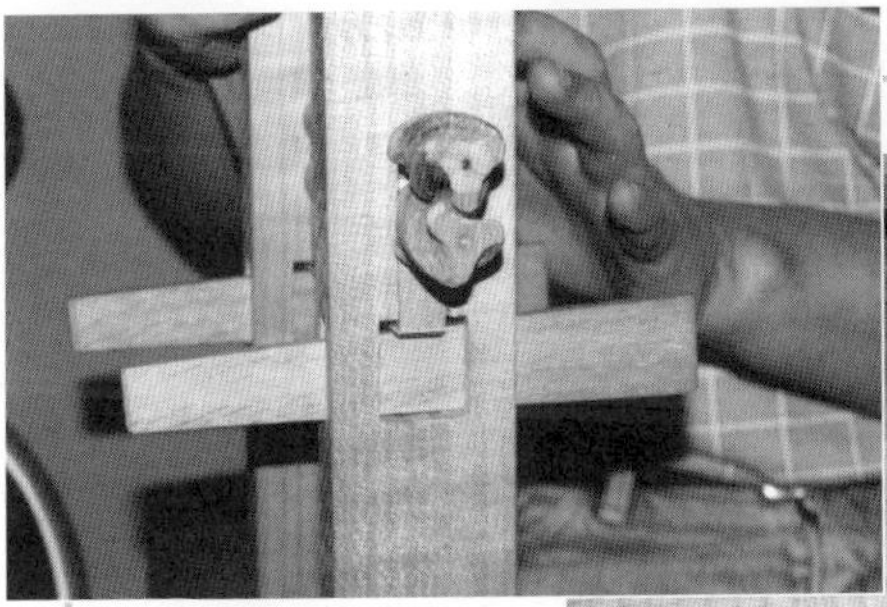

稲垣機料店製の綿繰り機。丸い２本のローラーは，先端についた歯車が互いに逆方向に噛み合うことで回転する。この独特の型をした歯車は各産地によって異なる。

回転させた２本のローラー部分に実綿を当てると，ローラーの隙間に吸い込まれるように繊維のみが向こう側に通り抜け，種は手前にぼろぼろこぼれ落ちる。

綿繰り

綿繰りの図。綿繰り機にはハンドルと共に大きな振り子のようなものがついている。遠心力によって少ない力でも大量の綿を繰る知恵だろう（『百人女郎品定』）。

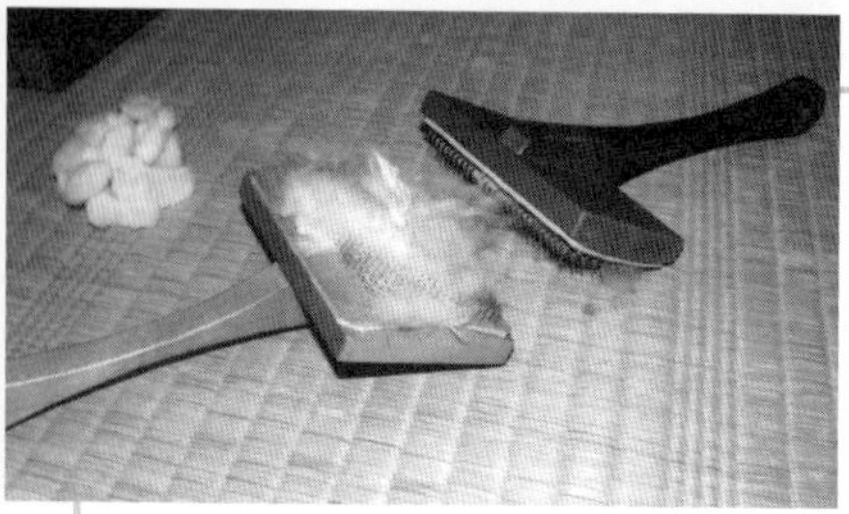

綿をほぐす道具。両面に金属の釘が打たれており，こすり合わせてほぐす。

海流と椰子の実と綿

人の指先が四苦八苦する仕事をいとも無雑作に片づける綿繰り機は、まさに「不思議な」道具だった。指先に残る疲れにふと不思議に思った。種は伝播して、蒔かれて土を得、水を得てはじめて生命がながらえ、種《しゅ》を維持できるのに、どうしてかたくななまでに綿の繊維は種に絡まりつくのか。

棉の実は笑んで下に落ち、綿の繊維に風を集めてころころと転がり、海や川に落ちて流れや潮流に運ばれて新たに生命を育む土地へ流れ着くのではないかという。

そんな由来に、島崎藤村の「椰子の実」の一節が思い浮かんだ。「名も知らぬ遠き島より流れ寄る椰子の実一つ　故郷の岸を離れて汝《なれ》はそも波に幾月」という。その椰子の実がはるか南海の島から流れ着いたのは渥美半島の先端、伊良湖岬。浜辺で見つけたのは柳田国男。それを聞いて想を得た詩人は「実をとりて胸に当つれば新たなり流離の愁い」とさらに続ける。

朝鮮半島から綿布や木綿製品が輸入され、種やその栽培技術も交易によって伝来し、日本各地に綿作が普及したのは文禄年間（一五九二～九五）のころといわれているが、それ以前に植物としての棉は一度伝来し、絶えている。

平安時代の延暦一八（七九九）年、三河国の天竹《てんじく》村に漂着したインドの崑崙《こんろん》人（天

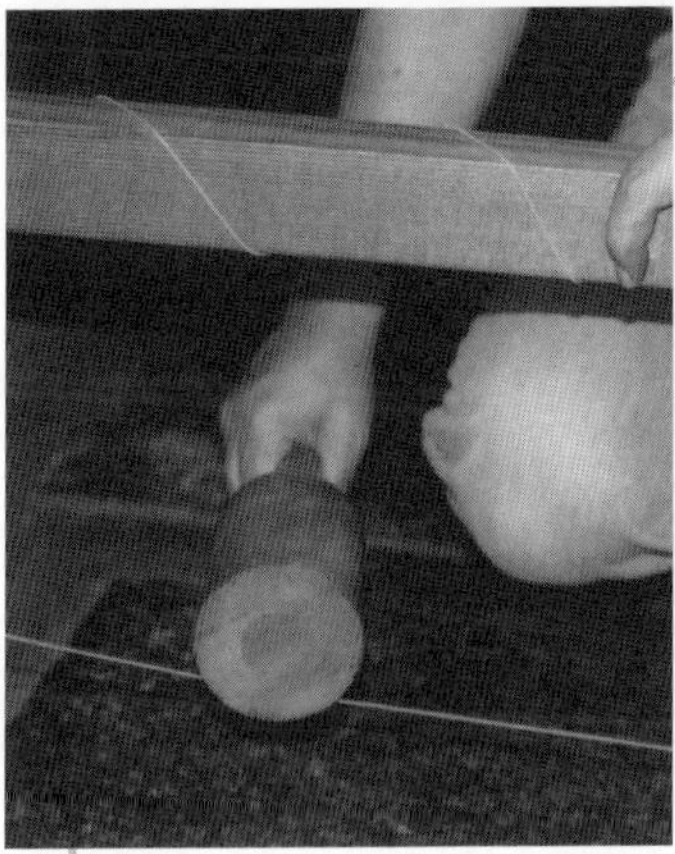

稲垣機料店の唐弓。使用する際は上部から弓を吊るして左手で支え，右手に握った木槌で弦を弾くようにして綿打ちをする。綿を弦に絡め，ほぐし，前に飛ばしてゆく。

竺人）が棉の種を持っており、その栽培法とともに紀伊、淡路、阿波、讃岐、伊予、土佐、太宰府などの各地に伝えたが、気候や地味が適さなかったのか育たず、そこでわが国における綿の栽培の歴史は鎌倉時代に絶えたとする説がある。復活を見るのは室町末期に入ってからのこととされ、慶長（一五九六〜一六一五年）のころには木綿はまだ珍しいものであった。

棉の実がうまく海流にのって伊良湖岬を回ることができれば、そこは三河湾である。椰子の実の〝流離〟の事実を考え併せると故のないことではない。綿は少し謎めいてくる。

棉の笑む初秋、タカの一種であるサシバという夏鳥が伊良湖岬から群れをなして渡ってゆく。紀伊半島を横切り、鹿児島の大隅半島を飛んで南西諸島の宮古島へ、さらに台湾そしてフィリピンへと渡ってゆくという。波と風の演出する〝流離〟。それは鳥にしても植物にしても生命の営みに他ならない。

棉の実を積んだ天竺船の漂着の故事を村名とする天竹《てんじく》村は現在の愛知県西尾市。三河国では明応年間（一四九二〜一五〇〇年）に綿作が行なわれていたとされ、のち知多木綿をはじめとする綿の大産地となる。

稲垣さんは「崑崙人の画像を綿神様として祀って天竹神社とし、毎年一〇月、古式にのっとって綿打ちや糸繰りの儀式が執り行なわれている」と教えてくれた。

綿打ち弓

だが、綿を紡ぐ前に、綿を打ってその繊維をときほぐし、同時に不純物を取り除かなければならない。稲垣さんは織りの道具をかきわけて重そうな唐弓《からゆみ》を取り出した。片手には木槌が握られている。武術の竹弓とはおよそかけ離れている。だが、この唐弓の出現はそれまでの手弓による綿打ちの能率を一気に数十倍も上げた。貞享五（一六八八）年刊の井原西鶴の『日本永代蔵』には、竹弓なら「やう〳〵一日五斤」のところ、「もろこし人の仕業を尋ね、唐弓といふ物はじめて作り出し、世の人に秘して、横槌にして打ち解けるほどに、一日三貫目づつ、雪山のごとく」綿を打って大金持ちとなった話が載っている。

かつてこの重さが二キログラムほどもある唐弓による綿打ちを見たことがある。左手に弓を水平に近い形に持ち、右手で槌を握って弦を弾く。二、三度弦を弾いて綿を絡め、次にまた二、三度弾いて綿をほぐし、前に飛ばしてゆくのであった。弦はブンともビンともいえぬ音をたてて鳴った。弦はガット弦。昔は鯨の筋を割き、撚ったものが用いられ、後には牛の筋だったという。

稲垣さんが兵庫県の丹波篠山《ささやま》に行った折、土地のおばあさんに「西陣の機はゴツすぎて怖い」「こんないいいいてんこつなもんかなわん」と言われたという。丹波木綿を織る地機《じばた》を、おばあさんに合わせて作った話を

工房裏の畑ではたくさんの棉が栽培されている。収穫時期は初秋。

コットンボール

大原工房の上田和子さん

した後、「木綿の面白さはその土地土地の人や道具を正直に反映するからでしょう」と語った。京都の東寺の朝市で「京都を訪れる度に、私の眼を異常に引いた一種の布があった」と丹波布を発見した柳宗悦は「その色に乱れはない。奢りはない。いつも静かである。ひかえめがちである」と評して、佐治《さじ》木綿、縞緯《しまぬき》、丹波木綿が甦る契機を作った。その布は山峡《やまかい》の地である丹波の人と風土を映して、地機で織られたものであった。布が人と土地への思いを誘う。

唐弓のいかつさにいささか怖れをなして、今度は竹弓を訪ねて、鄙びた面影の残る京都洛北の大原の里へ。

山間《やまあい》の地である大原で綿を栽培し、紡ぎ、周辺で採れる草木で染め、そして織る。そんな木綿の染織にこだわるのは大原工房の上田和子さん。「地綿は絹を超えると思います」と言い切る。草木染と出会ったのは一七年前、絹に負けない色を出せたのは八年前という。おのずと綿の栽培、綿繰り、綿打ち、糸紡ぎは自分の手で行なう。

それらにも上田さんならではのこだわりが反映する。

上田さんは大原の地での綿作りの歴史と痕跡を探ったが、得られなかったという。明治三五（一九〇二）年、大原の地を訪れた俳人の高浜虚子は「綿を干す寂光院を垣間見ぬ」の句を吟じている。虚子が見たのはどんな綿だったのだろう。

綿の種は山陰は鳥取県西部の半島にある弓ヶ浜のものが大原の気候風土に合うという。弓ヶ浜で育った綿は他の土地で採れる綿にくらべて強さと艶があるという。その綿畑は砂丘地である。栽培は水やりの大変さから「嫁殺し」と言われさえしたという。人の手が綿を育てたのだ。弓ヶ浜の地は一大木綿産地となった。弓ヶ浜は糸紡ぎ、手括り、手織りの木綿絣である。

大原工房の弓は唐弓とは似ても似つかない、かわいらしい小さな弓だった。タイを訪れたときに偶然入手したものだという。華奢で細いその竹弓は、使い手が女性だったことを想像させた。上田さんの仕事を手伝う二人の女性が交替しながら弓で綿を打った。それぞれ弦に掛ける指や弾き方、強弱が違い、当然、発する音色も違った。「わた弓や琵琶になぐさむ竹のおく」とは大和の当麻寺《たいまでら》近くで綿弓の音を琵琶を弾じた音と聞いた芭蕉の句で、綿弓塚の碑が建立されている。

弦に絡んだ綿が前に飛んで、ふうわりと宙に浮かび、静かに落ちて、降り重なってゆく。綿雪のように。

大原ののどかな風景に、ふと晩年、故郷の北信濃に暮らした江戸後期の俳人・小林一茶の句が浮かんだ。「新綿や子の分のけてみんな売る」。家族的には恵まれなかった一茶だが、だからこその父としての情愛が透けて見える。一茶の生地、雪深い北信濃にも綿作りは広まってきていたことがわかる。綿の仕事はほと

綿打ち

竹弓による綿打ち。一カ所に固めた繰り綿に弦を当てて何回も指で弾くと，綿が次第にほぐれ弦に絡む。次に，宙で綿が絡んだ弦を弾くと，ふうわりとほぐれる。

糸紡ぎ

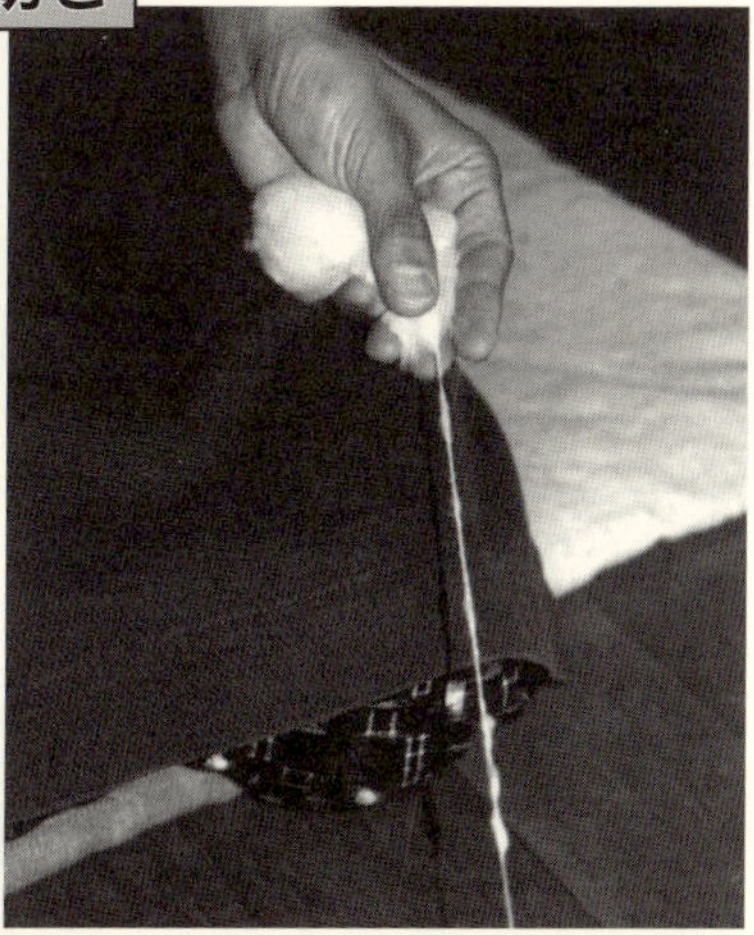

糸車に対して約 30 度の角度で坐り，右手で竹車を回しながら，左手に持った「よりこ」から糸を紡ぐ。「よりこ」を指先で軽く支えながら腕を斜め後方に引いて，均等な太さになるように粗糸を引き出していく。引き出した粗糸に親指の爪を立てて糸をぴんと張り，糸車を回して撚りを掛ける。

んどが女性の仕事。母親なればこその思いもまた、綿は映し出してきた。

唐弓は男手でなければ使いこなせない。かつてどんな小さな町や村にも綿打ち職人の二人や三人はいたという。木綿は庶民の衣服として不可欠のものとなっていた。

上田さんは「秋に綿を収穫して、寒い大原の冬はひたすらみんなで綿繰りです」という。三台あった綿繰り機のうち、古ぼけた一台は、ねじ歯車が稲垣さんの作ったような三枚ではなく四枚あった。道具が人と風土を映し出すという言葉が甦った。この綿繰り機はどこの誰が使って、どう流れてこの京都の大原工房へ来たのだろう。タイの竹弓とて同じである。道具が思いを誘う。

綿打ちを終えれば、くるくると糸車が回って、握った「綿筒」とか「篠巻」とか「よりこ」と呼ばれる繰り綿からスルスルと糸が紡ぎ出され、錘《つむ》を回して撚りがかけられてゆく。

なんとはなしに郷愁を誘う作業である。以前、そのようにして女性たちは家族や思いを懸けた人のために糸を紡ぎ、染め、織ってきた。そしてそれを纏ったときの温もりが、潜在的な記憶としてあるからだろうか。栽培から布になるまで「綿は百人の手間」といわれるほど人の手を経、その思いを映す。

それにしても実際に糸を紡いだことのない身には、あのふうわりとした綿から一本の糸が生まれるのが不思議であった。むろん、綿の繊維が自然な捩れを持ち、だからこそ綿繰り機が必要なのだ。ほどなく、初めて母親となるという三〇歳前後の女性に問うと、糸車への郷愁など感じるようすがはまったくない世代です、という答えが返ってきた。そのとき、棉から綿へという、そして糸への、布への思いなくば、木綿はたんなる植物繊維であり、布にしかすぎなくなる。椰子の実への思いもまた。

機のまち西陣

空引きさんならちと思案

以前、京都の上京《かみぎょう》にある西陣織会館に空引機《そらびきばた》（花楼機《へだな》）が復元展示されていた。今は解体して格納されており、三階の資料室でこの機の模型を見ることができる。

経《たて》糸が地面に対してほぼ水平に張られ、織り手は腰を掛けることで自由になった足で何本かの踏木を踏み分けて綜絖《そうこう》の開口運動を行ない、より複雑な組織を織り出すことのできるのが高機《たかはた》である。この高機に発展する前の段階の機が、居座機《いざりばた》とも呼ばれる、結城紬や越後上布などを織る平織りの地機《じばた》である。

空引機は経糸を自由に上下させるために、高機の上に櫓《やぐら》を組んでそこに〝空引き〟と呼ばれた人がのぼり、花楼板《いた》の上に座って模様に合わせて身体を弓なりに反らせて、鳥居あるいは天神と呼ばれる木組みに吊った綜絖の通糸《つうじ》を引っ張り、経糸を引き上げる。一方、下にいる織り手は、その間に杼《ひ》で緯《よこ》糸を通し筬《おさ》で織り進んでゆく、という二人がかりで織る機である。西陣では明治初期までこの空引機が使われていた。巧緻な紋織物を織りだして機業地・西陣を支えてきたのはこの空引機に他ならなかった。

森鷗外は安永元（一七七二）年に成立した神沢《かんざわ》貞幹の随筆集『翁草《おきなぐさ》』所収の「流人の話」というわずか一頁ほどの挿話をもとに『高瀬舟』を執筆した。寛政（一七七九〜一八〇〇年）のころ、流罪人喜助は空引きを職として、北山の掘立小屋同然のところに寝起きして織屋に雇われていた。わずかな賃金で、粥をすすって露命をつなぐ、決して経済的にも身分的にも恵まれた職種ではなかった。戦前までの機織り歌に

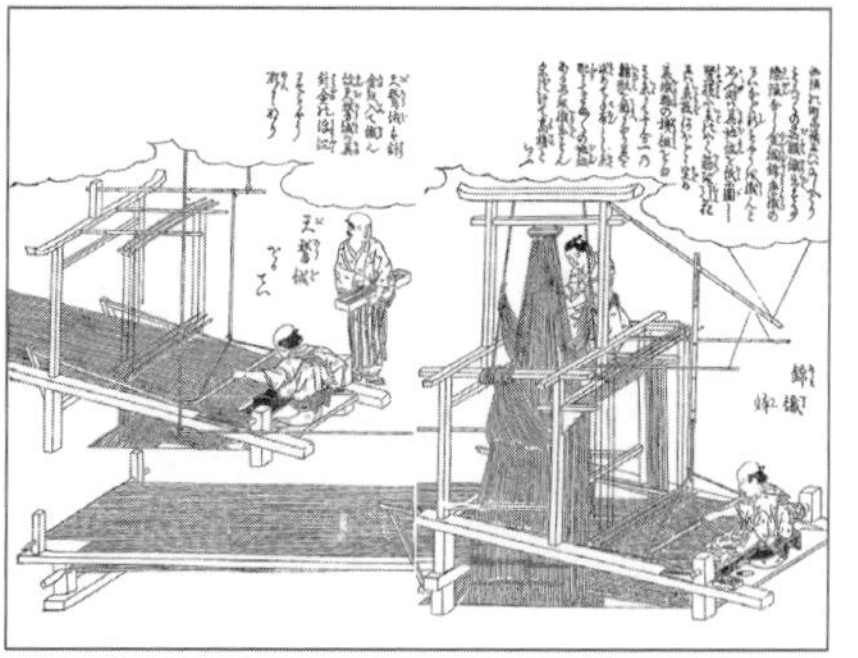

秋里籬島編『都名所図会』より，「空引機」の図。

「空引き」に代わって，西陣織に新たな革新をもたらしたジャカード機。

「織り手さんなら今言うて今よ、空引きさんならちと思案」があるが、空引きの社会的地位を物語って余りある。鷗外はここで「財産というものの観念」（『高瀬縁起』）と「兄弟は西陣に傭《やと》われて、空引ということをしていたが、給料が少なくて暮しがたちかねた。そのうち同胞が自殺をはかったが、死にきれなかった。そこで同胞がしょせん助からぬから殺してくれと頼むので、殺してやった」という「ユウタナジイ（安楽死）」の問題を描いた。陸軍軍医総監に任ぜられ陸軍省医務局長として地位を昇りつめた時期の鷗外らしい創作活動ともいえた。

　この空引機を一人で操作できるようにしたのが、引き手の代わりに紋紙にあけられた穴によって経糸が一本ずつ上下する、ジャカード機である。明治維新によって打撃を受けた機業地としての西陣は、新たな時代を生き抜くために、明治五（一八七二）年、絹織物が盛んだったフランスのリヨンに三人の職工を派遣し、技術導入を図った。翌年に帰国した彼らによって、西洋の模様織り技術がもたらされ、西陣は甦ることとなった。その中心にはジャカードがあった。

「西陣の大工荒木小平は舶来鉄製ジャカード機を大部分木製としての模造に志し、其製作に日夜心を砕くこと二年、遂に明治十年百ノ口二百ノ口各一台を模索スルを得て我国における最初のジャカード製作に成功したのであった」と、『西陣史』は誇らかに記している。

昔の機は人力によるしかなく、思うだに、その労力と時間を考えるとそら恐しい気さえしてくる。

「釘抜きさん」への信仰

機の町西陣の人々がごく日常的に詣でる地蔵尊がある。千本通上立売《かみだちうり》を少し南へ下がった東側にある石《しゃく》像寺《ぞうじ》というお寺なのだが、道ゆく人に寺名で尋ねると一瞬怪訝な顔をし、「ああ、それは〈釘抜きさん〉のことや」と教えてくれる。いつ訪れても線香の手向けが絶えず、普段着姿の人が祈りをささげ、お千度を踏んでいる。心の、そして身体の苦しみを抜き取ってくれる苦抜《くぬき》地蔵は、その縁起の由来ともなった釘抜きにちなんで「釘抜きさん」として西陣の人々の心の拠り所となったのだった。この寺が織りの町、機の町である西陣にあることが心から納得でき、またほっとする。

日々、買物のついでに立ち寄ったというような風をした人が数えの齢の数だけお堂を廻ってはお千度の竹を箱に投げ入れてひたすら歩を運んでゆく。お堂の壁をびっしりと隙間なく八寸釘と釘抜きを打ちつけたお礼参りの絵馬が覆っている。お堂の前の等身大ほどの釘抜きはお参りに来た人の一撫で一撫ででつるつるに光っている。吊り下げられた大小の提灯が風に揺れる。「ありがたや苦抜き地蔵のみあかりを　絶やすまいぞえのちのみ世まで」とは信者の五十枝作の献歌。この寺に寄せる庶民の信仰の篤さがしのばれる。現実の苦痛と悲惨からの救済を切実に乞い願い、極楽往生を求める庶民の祈りは、現世の苦しみを代わりに受けて救いへと導いてくれる地蔵信仰を生んだ。

御詠歌に「世々ふとも　ゆるぎもやせじ　怨み釘　仏のみ手に取るぞかしこし」とある。

室町時代も末の頃、油小路通上《かみ》長者町に店を構えていた紀ノ国屋道林は順風満帆の日を送っていたが、ある日から突然両手が痛み出した。そのたまらない痛みに耐えかねて、霊験あらたかという石像寺の地蔵尊に平癒を祈願した。満願の日、道林の夢の中に地蔵尊が現われ、「汝は前世において人を怨み、人形を作ってその両手に八寸釘を打ち込んで呪いたることあり、その罪障によって苦しみを受く」との夢告を受ける。地蔵の手には二本の釘が握られており、道林の両手の痛みは失せていた。

以来、病気平癒の願をかける時は身体に釘が刺さったとして祈ると霊験があるとい

お堂の前の等身大の釘抜き

お堂の壁をびっしりと隙間なく
八寸釘と釘抜きを打ちつけたお
礼参りの絵馬が覆っている。

西陣に限らない。洛中の町々には必ず守り本尊として地蔵が祀られ、往き交う人は立ち停まって手を合わせ、頭を垂れてゆく。祠は姿、形、材質もさまざまだ。

地蔵尊の祠。タイル製（左）と木製（右）

竹の緑をとどめたものや
飴色になったものなど，
さまざまなお千度の竹。

釘抜き地蔵に奉納された
一段と立派な絵馬。

う信仰がひろがり、願いが叶ったあかつきには二本の釘と釘抜きを板にはりつけ、絵馬として奉納する風習ができたのだった。その無数といっていい御礼絵馬の数は、現世の苦をものがたっていた。

数え年と同じ数のお千度の竹を握って一回りごとに一本を箱に投げ入れてゆく。緑の鮮やかさの残る竹もあれば、もう飴色を呈している竹もある。お参りの人は京都の底冷えに耐えかねて、休息所に用意された熱いお茶をすする。湯気が何よりのご馳走であり、満願のその日まで幾度、地蔵堂を回るのだろう。

西陣の地で機を織る織り子さんたちは、何を願うよりもまず日々の重労働の苦しみが少しでも和らげられることをこの地蔵尊に祈ってきたのである。絢爛豪華な西陣織を下支えしてきたのは、名もない織り子さんたちに他ならなかった。

しかしまた一方で、織り子さんのことを今は「ウェーバー」と呼ぶというが、かつては「おへこ」と呼んだ西陣ことばがあって、「夜も昼もおへこは涙／錦のつづれに血がにじむ／下《しも》は極楽の本願寺さまよ／上《かみ》は地獄の西陣よ」という機織り歌を機音の中で口ずさんだものという。

織りの道具としての機の進化は、より複雑な、より美しい織物を、より早く織るためであり、また織り手の肉体的苦痛を和らげるべく、遂げられるべきものであった。

報恩寺の〝つかずの鐘〟

たった一人残っていた絹筬作りの故・北岡高一さんの工房のある西陣の東のはずれ、小川通寺之内下ル辺りは京都には珍しく幅の広い道で、昔ながらの織屋の建物が美しい線の構成を見せていた。綴織の家だった。その西向かいにある報恩寺には西陣の織り子の哀しい話を伝える〝撞《つ》かずの鐘〟がある。ある織屋に奉公する丁稚と織り子が報恩寺で撞く暮れ六つ（午後六時）の鐘がいくつなるかと諍《いさか》いをした。丁稚は八つと言い、娘は九つだとお互いに譲らなかった。他愛のない子供の口喧嘩だったが、はしっこい丁稚は報恩時の寺男に頼み込んで、今日だけ暮六つの鐘を八つだけ撞いて欲しいと頼み込んだ。虫籠《むしこ》窓、紅殻格子の西陣らしい屋並みが茜色に染まり、暮れなずんでゆくと報恩寺の鐘が鳴った。瓦屋根の下で日がな一日働く人々にはその日の厳しい労働の終わりを告げる時の鐘であり、誰もが心待ちにする鐘でもあった。鐘は八つで鳴り止んだ。

翌早朝、明けの鐘を撞きに来た寺男は、鐘楼に帯を掛けて死んでいる織り子を発見した。娘の幼いが一途な気持の果てだった。以来、暮六つの鐘を撞こうとすると寺男は誰かの視線と気配を感じて、振り返ると暮れがかった闇の中で娘の白い顔がじっと見つめていた。娘を供養する法要が営まれ、以来、報恩寺では暮六つの鐘を撞かないことにしたという。

丁稚奉公をする者たちには毎日は長く苦しい労働だった。「下は極楽の本願寺さまよ」とは、下（南）の、今の京都駅近くにある浄土真宗の東・西本願寺があって、極楽浄土へ行けるという浄土信仰のことだった。機織り歌に「死んでしまいたい霜月師走、生きて戻りたいお正月」がある。一一月、出雲に集まった神様が帰ってくる。そして大徳寺近くにある今宮神社への朝参りが始まると仕事は夜の一〇時まで延びる。夜、西陣の町に「茹《う》で豆ーッさや豆」と豆を売り歩く声が聞こえ、主人から「さ、豆食べや」とこの豆を食べ

報恩寺近くの綴織の織屋の構え。

報恩寺の「撞かずの鐘」。
鐘楼前にあるのは発掘された石の地蔵群。

させられると翌日から夜なべ仕事が続くことになる。その売り声はやりきれなさと底冷えの厳しい京の冬の到来を告げるものだった。これは、〝西陣の泣き豆〟と呼ばれた。北野天満宮界隈の八百屋に〝泣き豆〟とはどんな豆かと聞いたが、一様に首をかしげるばかりだった。西陣にも時は流れ、そんな風習もいつかなくなっていた。

師走にはいると正月用の織物の仕事で、しゃにむに徹夜をして仕上げることも一再ではなかった。これを〝しら〟といった。夜が白むまで夜もすがらに仕事をした。

時を告げる鐘の音の切実さは奉公人にはまた別のものがあったはずである。

西陣遠近《おちこち》

今宮神社の境内に織姫神社が祀られている。七夕伝説の織姫に機織りを教えたとも伝えられる栲幡千千《たくはたちち》姫命《ひめのみこと》を祀っている。江戸時代、氏子の西陣の機業家が創祀したものという。その左右には杼の形をした灯籠が建ち、織物にまつわる顕彰碑がいくつか建立されている。毎年七夕には七夕祭が営まれ、一一月一一日を「西陣の日」と定めて神事が執り行なわれている。これは京都を灰燼に帰し、西陣という名の起こりともなった応仁の乱が文明九（一四七七）年一一月一一日に終熄したことに因むものという。応仁の乱が勃発したのは文正二（一四六七）年正月一八日。西陣の東にある上御霊《かみごりょう》神社でのことだった。この神社の祭神は平安王朝の政争に敗れて非業の死を遂げた人々である。

今宮神社
本殿

洛北の大徳寺近く，今宮神社境内にある織姫神社の燈籠は杼の形をしている。七夕伝説の織姫に機織りを教えた祖とも伝える。

やすらい祭

今宮神社に奉納された空引機を描いた絵馬。

「鉾参道」で見つけた紋紙を生かした行灯（左）と杼を利用した花生け（右）。

今宮神社のやすらい祭は桜の咲き染める四月の、疫病を払う花鎮めの祭である。米の風流傘をさし、赤毛・黒毛の〝鬼〟たちが鉦や太鼓笛に合わせて「やすらいや、花よ」と踊り狂い、紫野一帯を練り歩く。

西陣の氏神様らしく、以前、絵馬舎に三台の空引機と立ち働く九人の人物を描いた横長な絵馬が奉納されて掲げられていた。絵の具は剥落、褪色しているが、かえって西陣を支えてきた空引機のありようと、奉納した織元の気概のようなものが伝わってきた。『翁草』の「此者西陣高機《たかはた》の空引に傭れありきし者」という条《くだり》が重なる。

今宮神社から千両ヶ辻へ向かおうとして大宮通を南へととった。何気なく道端を見やると「鉾参通」と記した標《しる》べ板があった。もともとは名もない通りなのだが、今宮神社へ供奉《ぐぶ》する鉾が町内にあり、〝猫寺〟と通称される称念寺への参道にあたることによる命名だという。表構えにも西陣の町屋の面影が揺曳している。綜絖店や西陣紋紙穿友会会員という表札を出した家などがあり、ジャカードに用いる紋紙を用いて行灯とし、穿たれた穴から漏れる光を生かしたりしていた。杼を利用した花生けも見かけた。そうした動きは職人の町・工房の町である西陣の特長を生かした町起こしにもなっていた。

大宮通をさらに南へ。五辻《いつつじ》通の辺りはかつての「千両ヶ辻」。一日に千両の荷が動くといわれていたが、その生糸の荷を動かしたのは糸問屋だった。糸屋町八丁だけで「西陣数百軒の織屋ならびに組物、糸商売へ売り捌く」という仕組みだった。糸問屋は織屋の生命である生糸を握ってその死命を制していた。

今出川通と交わる辺りはかつては銀行が林立して千両ヶ辻の栄光を物語っていたが、今、昔日の面影はない。辻を入った路地に打ち捨てられたように積み上げられた紋紙は象徴的でもあった。この千両ヶ辻の辺り、何かしら現代の時の流れとは別の、得体の知れなさのようなものを感じたのはその歴史を重ね合わせたからだろうか。

足踏みをせずにはいられないほどの、疼痛さえ覚える京の底冷えを、西陣の人々が詣でる北野天満宮の梅が追いやり、桜の花びらの中を今宮神社のやすらい祭の鬼が花の御霊を鎮めて練り歩く。そんな春、小糠雨の中、千両ヶ辻界隈を歩く折があった。

「陰鬱な京の小路の家列《やなみ》に瀟々と濺《そそ》ぐ。渋のやうに燻んだ色の格子造りが軒を並べ、家の中は孰《いず》れも真暗で、何百年の昔の匂が瓦や柱に沁み込んで居る」(『朱雀日記』)とは明治の末、若き谷崎潤一郎が初めて京都を訪れた時の印象。春のその日、しのつく雨が降っていた。昔も今もないまぜにして、辿り歩く西陣の眼前の風景に重なった。ふと杼のすべる気配を感じ、筬音を聴いたように思ったのは、空耳だったのだろうか。

篦

型友禅を支える駒篦

橋本勇蔵
隆之
（橋本商店）

祇園祭の下支え

京都に梅雨明けと酷暑の訪れを告げる祇園祭。宗教行事でありつつも、観光的側面が強まってきているこの長い歴史を誇る祭りは、多く洛中の「町衆《まちしゅう》」と呼ばれる鉾町に住まいする人たちによって担われてきたと喧伝されている。だが、京の祭りを象徴する祇園祭もまた、染めや織りの美しさと同様、それを下支えする多くの人々やものによって成り立っている。

たとえば、七月一三日、長刀鉾《なぎなたぼこ》に乗る稚児《ちご》は五位、一〇万石と同じ格式を受けるため、東山の麓、祇園にある八坂神社に社参するが、その日の午後、洛外の南区久世綾戸《くぜあやと》から神幸祭と還幸祭に供奉する二人の駒形稚児も社参する。その首には綾戸国中《くなか》神社のご神体（素戔嗚命《すさのおのみこと》の荒御魂《あらみたま》）である駒形（馬の首）が懸けられ、稚児は神様そのものの扱いを受け、乗馬のまま境内に入る。駒形稚児は平安期以来の「馬長童《うまおさわらわ》」に由来するといわれる。「久世駒形稚児社参」である。誇り高い町衆たちだけによって一カ月に及ぶ祇園祭が担われているわけではないのである。

駒篦と型紙

染めの型付けは、丸刷毛を用いる摺り友禅をのぞいて、すべて篦《へら》を用いて行なわれる。その型友禅に不

橋本勇蔵・隆之さん親子の仕事場。二人は向かい合うように坐って仕事をしている。

篦作りの要ともいえる大小さまざまの鉋。

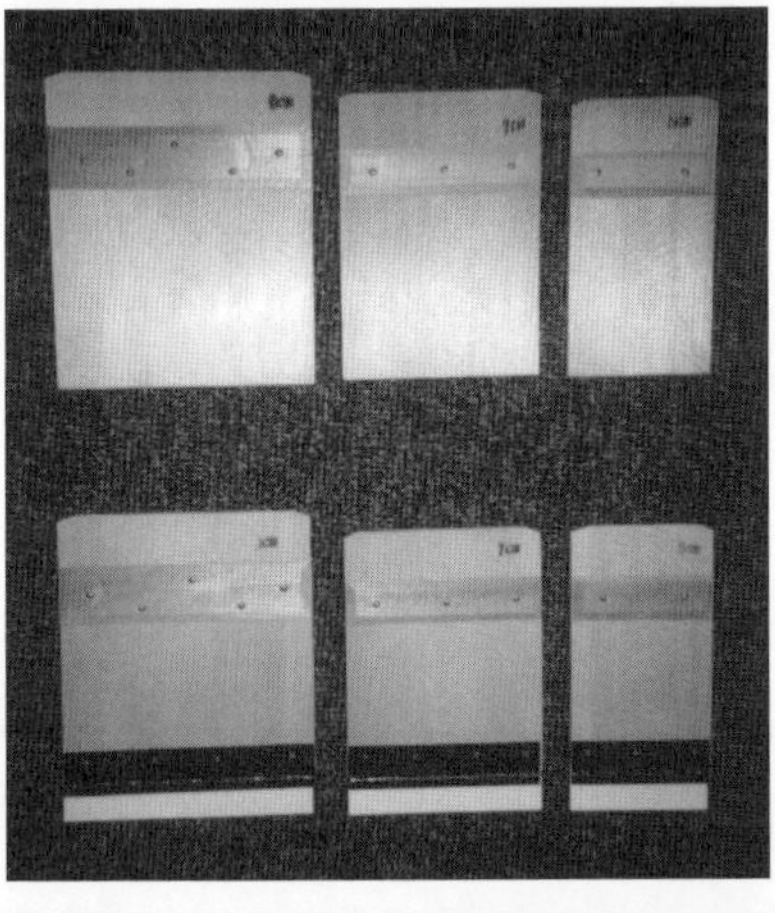

駒篦。上段は生駒。5cm, 7cm, 9cm の 3 種類から用途に合わせて選ぶ。下段はゴムつき。

出刃篦。駒篦と同じく 5cm, 7cm, 9cm の 3 種類がある。関東方面ではこの形が主流。

可欠な箆を作る橋本勇蔵・隆之さん親子の仕事場は駒形稚児を送り出す綾戸国中神社に踵《きびす》を接するようにしてあった。おりしも取材の日は七月一七日、祇園祭が最高潮に達する「動く美術館、生きた博物館」と呼ばれて、豪華な染織品で飾られた山鉾が都大路を練る巡行の日であった。

箆は型の種類によって出刃箆、竪がき、駒箆などがあるが、型友禅で用いられるのは、駒箆がほとんどである。出刃箆は文字通り出刃包丁に似た檜製の箆で、小紋や中形などの柄物などの型付けに用いられ、竪がきは出刃箆をさらに大きくしたような形をしており、縞柄に限って用いられている。

駒箆は手にすっぽりと納まるような長方形で、糸目や線などの模様には檜材が、飛白《ひはく》模様には桜材が用いられ、木部の先端には板状のゴムがつけられている。

木の箆が出現する前には竹箆が用いられていた。細長い竹片の先端部を薄く削ぎ、さらに尖らせたもので、明治二〇年ごろまで使用されていたという。現在のようなゴムをつけた駒箆が考え出されたのは京都で、昭和に入った戦時中のこと、そして一般に普及したのは戦後のことだった。友禅の型紙に紗《しゃ》張りが施されることによって箆の掻き方が変わり、木だけだと糊が置きにくくなり、いろいろ工夫した結果、ゴム板を嵌《は》め込むやり方が生まれた。

橋本勇蔵さんが箆作りの道に入ったのは一六歳の時。ゴムつきの駒箆を考案したといわれる京都の「いせ駒」に徒弟制度がまだ残るなか、弟子入りして修業に入った。今では少なくなった箆作りの店が、いせ駒のある黒門通四条上ルあたりにはズラリと並んでいたという。すぐ東には堀川通に沿って染色にかかわる人々が数多く住んでいた。職住一致で形成されてきた京の町なので、今でもその残映はある。

鉋屑から生まれる「篦」

砥石の水替えや洗い出しなど、下働きから始めて、手取り足取り教えてもらえるはずもなく、勇蔵さんは自分の眼で、身体で仕事を覚えていった。

六軒ほどあった界隈の篦屋それぞれが作り出す駒篦は、出来上がりは同じようでも、作り方が各店によって違うので、面の取り方などを見れば、どこで作られたものかわかったという。

原木を購入して、七〜八分乾きを、五・五ミリの厚みに製材する。この時点で四割近くが無駄になる。寝かせて乾燥させ、鋸で一枚一枚挽き落とし、腕の見せどころである鉋がけに入る。仕事場には大小さまざまの鉋が並んでいるが、それぞれの鉋には削ろうとする目的に合った機能がある。

「名人鉋」と呼ばれる一枚刃の鉋で表、裏と粗削りをかけてゆく。無雑作に見えるが、板の中央部分がかすかなふくらみを持つようにすきあげる。これも手間の一つ。

木口に鉋をかけて刃先をこしらえる段階になると、橋本さんの動きに一瞬の間が生まれ、鉋のすべりは慎重に、しかし鋭くなった。ひと削りしては木に触ってその木のかたさ、やわらかさを確かめ、厚みを加減してゆく。　木目がまっすぐでないと、駒篦としては腰が弱すぎる。鉋をかけるたびに小気味のよい音が響き、薄い鉋屑が舞うように周囲に落ちてゆく。「原木で買うてもほとんど鉋屑ですわ」と苦笑する。

横削りに削って、仕上げで縦に削る。駒篦の刃先のように薄いものを縦目に削るには腕と、道具である

木とゴムの相乗

①鉋で粗削りしたあと，木面の中央（刃先にあたる部分）を少し膨らませるように細かく削り，篦の基本形を整える。表面の削り具合を手で確かめながら進める。長年の技と勘が要求される。

②駒篦の上部に２枚の桟を，篦を挟むようにして取り付ける。篦に固定させるよう端から順に真鍮の釘を打ち込む。

③桟を取り付けたところで，さらに鉋で面取りをして全体の形を整える。

④あらかじめ篦の幅に調節してカットしておいたゴムをプラスチックで両面から挟み，上から一直線上に機械で穴を開ける。プラスチック部はゴムを本体に取り付ける際，挟むように取り付けるので隙間を作っておく。

⑤穴のあいたゴムとプラスチックを重ね合わせて，テグスで一針ずつ手縫いしてゆく。

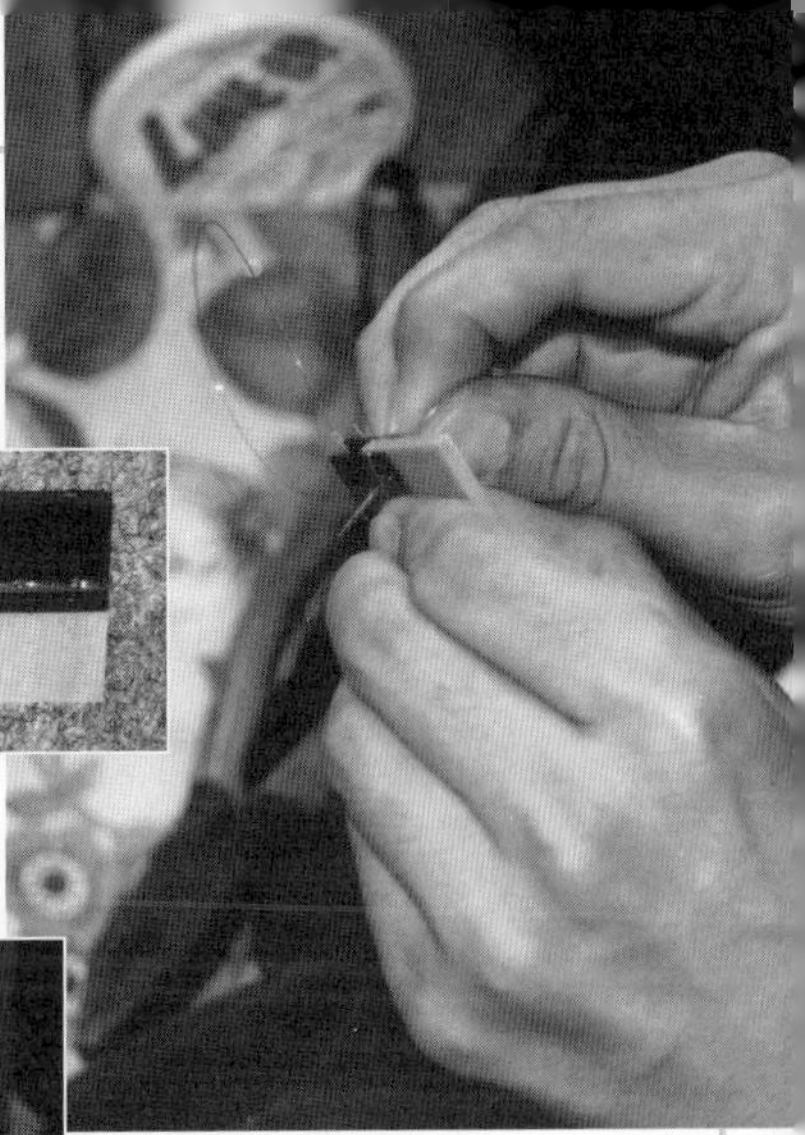

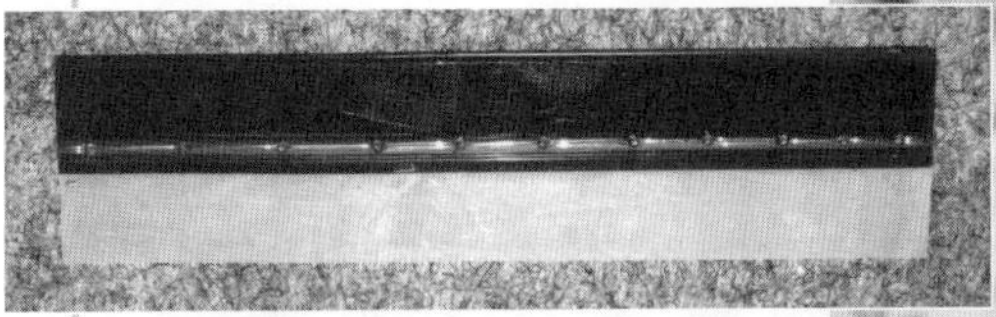

⑥生駒に取り付けるゴムの部分が完成した状態。

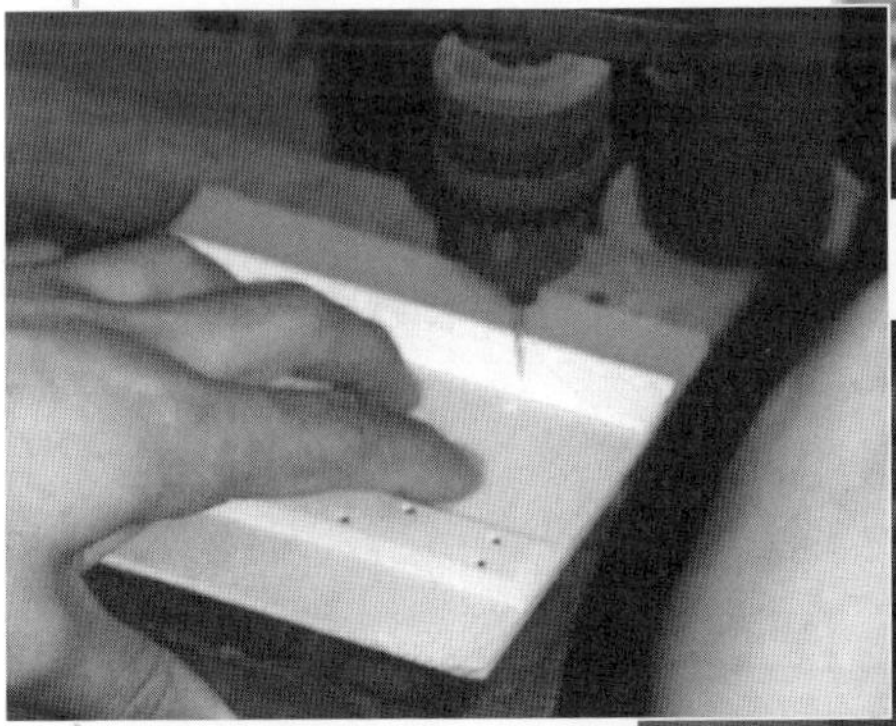

⑦簀の木部に⑥のプラスチック部をはめこみ，穴をあける。

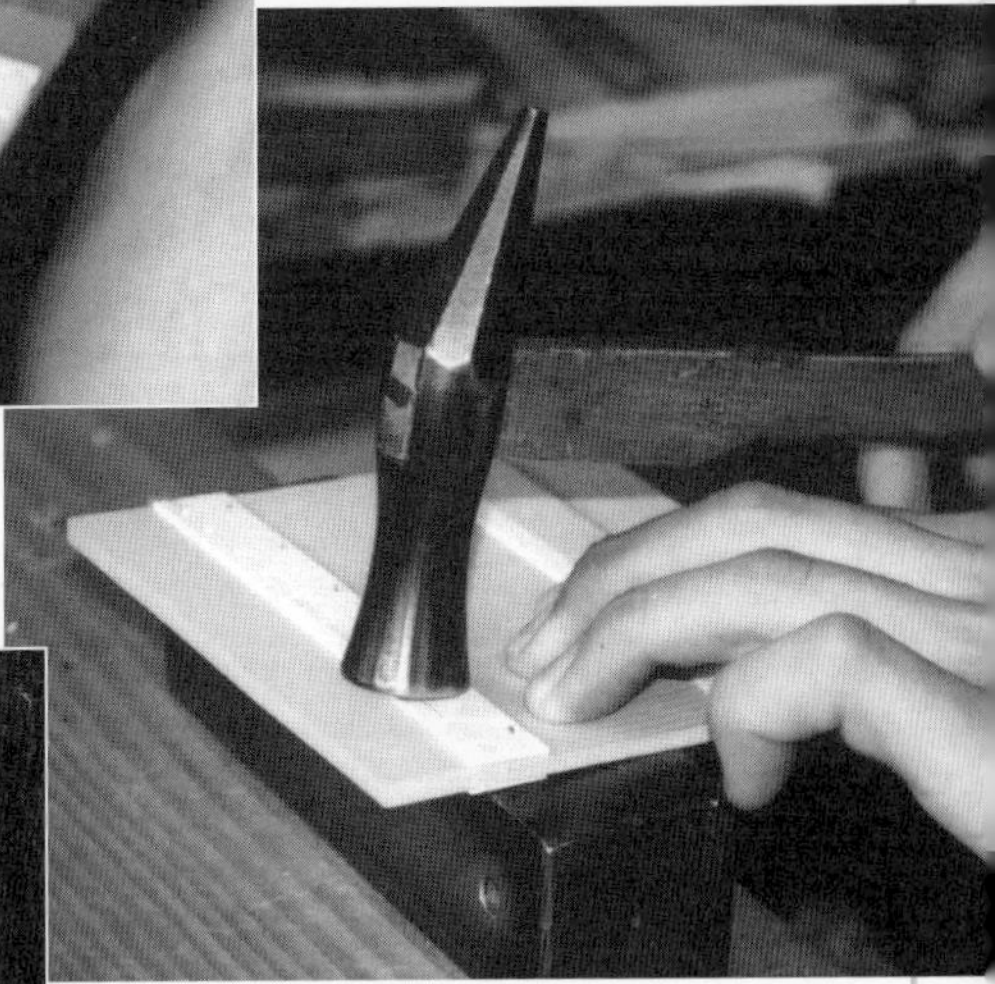

⑧銅釘を打ち込んで，木部とプラスチック部をしっかり固定させる。

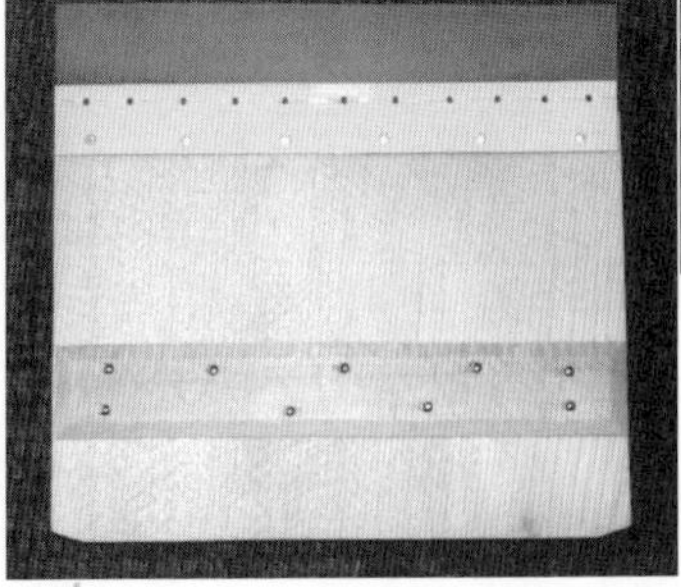

⑨完成したゴムつきの駒簀。

簓は「どれほど手間かけて作っても道具，商品です」と橋本さん父子。

鉋の改良が不可欠のものだった。削り上がった駒簓は白木の柾目が美しい。

駒簓の大きさは一寸から六寸が基本で、八寸ぐらいまでは作れるという。反らないように両面を薄い桟《さん》で挟み、金色に光る真鍮の釘を打ちつけて固定し、さらに鉋で全体の形をととのえて、ゴムを嵌《は》め込む。

駒簓の材料は尾州檜、しかも総柾目などと理想を言えば限りがない。駒簓はたかが糊を置いてゆく型友禅の道具である。しかも消耗品である。現実的にはアメリカ産の外材を使うしか単価的には合わないという面もある。「どれほど手間かけて作っても、作品やのうて道具、商品なんや」と、勇蔵さんはひとりごちた。

それでも、ゴムの付け替えなど、修理に持ち込まれたとき、焼印などの「落款」はなくとも、自分で作った駒簓はすぐわかるという。やはり面の取り方が他とは違うのである。

白ゴムと飴ゴム

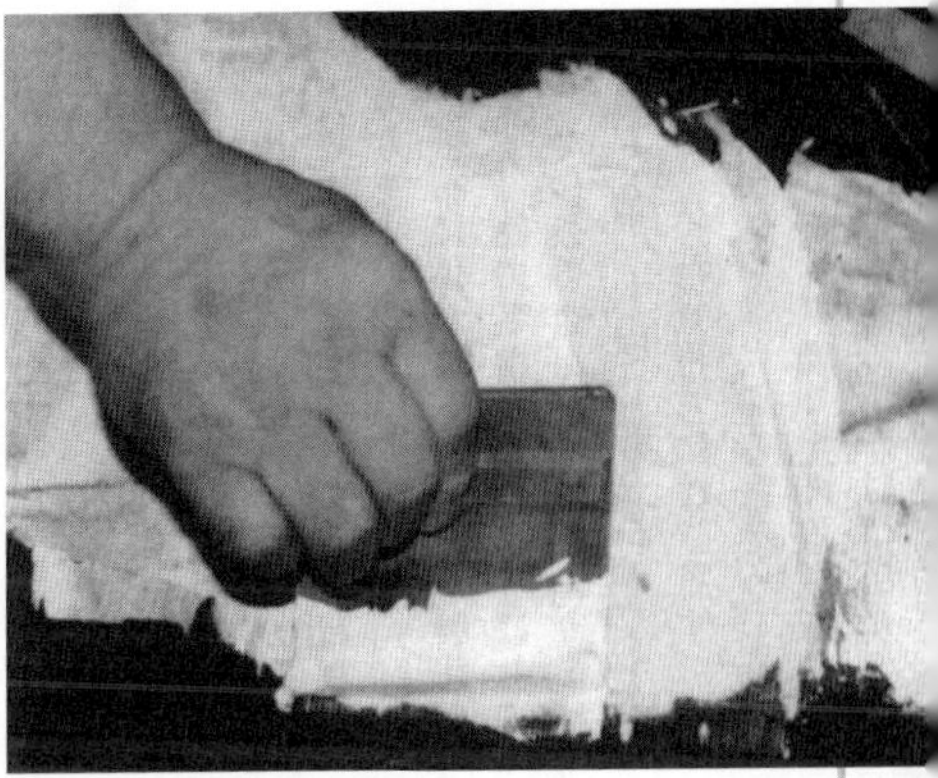

駒篦で糊置きする。使い古されて飴色を呈した篦は，さらに手に馴染みはじめる。

糊置きを終えたようす。駒篦という道具を介して染め物は染め上げられてゆく。

駒篦につけるゴムにも時代は映る。昔は再生ゴムを使っていた。やがて印判などに用いられるゴムよりも品質の良いものを使うようになった。

駒ゴムには白ゴムと飴ゴムがあって、白ゴムは飴色のゴムよりは質は劣るが、型紙の上の滑りがよく、おのずと手が早くなり、関東の駒ゴムには白ゴムが用いられた。京都では飴ゴムが多く用いられた。京都では、道具である駒篦は「職人持ち」。身銭をきらねばならず、いきおい長持ちのする飴ゴムの駒篦を、となったようである。

今ではその駒ゴムも多彩になってきた。シリコンゴムは硬度がちょうどよく、使い勝手もよい。ウレタンゴムは油性のものに強いなど、ゴムの特性をうまく利用した用途が工夫されだしている。

ゴムの厚さは三〜四ミリ、目的に合わせて使いわける。勇蔵さんが削り上げた木の部分に、ゴムを取り付けるのは息子の隆之さんの仕事。

木を削るには鉋と腕がものをいったが、ここでは万力やドリルなどの機械が幅をきかせている。しかし、駒篦のために作られた専用の機械というよりは、従来ある機能をうまく生かして駒篦製作に活用してゆくという、目のつけどころがものをいっている。

ゴムを固定するのにプラスチックやテグスなどが用いられている。こうした補助材も加工のしやすさや使い勝手など、時代を映して、これからもどんどん変化してゆくことだろう。

駒篦を使い分ける

桂川に近い京都西方の西京極にある京都友禅文化会館では、京友禅にまつわる資料が展示されているだけでなく、館内に設けられた手描き染め工房と型染め工房では実際の作業が行なわれており、見学することができる。

四条通をゆく祇園祭の山鉾。

型染め工房で糊置きをやっていたのが、井関染工の井関義治さんと職人の小西末信さん。

型紙を使った糊置きが、駒篦を用いて行なわれていた。糊を型の上に適宜取ってのせ、駒篦で手前から向こうへ、向こうから手前へ、そしてその逆と、リズミカルに軽やかに、糊を平均にしごいて置いてゆく。

簡単で単調なようだが、その実、型紙の文様に合わせた駒篦の使い方があるのだという。駒篦も「生《なま》」と呼ばれるゴムのついていないものを用いる型紙の種類もある。ゴムつき駒篦だと型紙の口がきれる（型紙を送っていったときに次の柄がつぶれる）ことがあり、また、柄が太くなり、糊が裏にまでまわってしまうからである。小紋の糊置きは幅二寸の「生」で、鮫小紋のようなこまかいものになると一寸の「生」を用いるという。

そのようにして駒篦を使い分け、糊の置き方に微妙な腕をふるっても、どんな名人でも「駒ムラ」が出てしまうという。どうしてもきつくあたるところと、ゆるくあたるところがあるからである。だからこそ、道具である駒篦にさまざまな形が生まれ、材質にこだわり、ゴムの素材にも変化が生まれてきた。さまざまな時代状況は駒篦一つにも映っている。

かつて、妍《けん》を競うように軒を並べていた駒篦を作る店も、京都では橋本さんを入れても三軒ほどになってしまっている。昭和四〇年代をピークとして、その生産量は漸減してゆくばかりで、今では月に四〇〇〜五〇〇枚を作るのがせいぜいになってしまった。それは現在の染色界の現状の投影でもある。

そんななか、橋本さんは「染屋さんの使うものなら何でも作るし、作れる」と駒篦のみに拘泥するのではなく、駒篦作り一筋に磨いてきた技術を他のものにも応用して、活路を開こうとしている。

一階の製材工場で夏の日の照りつける外を見やった勇蔵さんは「あ、今日は祇園祭の山鉾巡行の日やったなあ」と呟いた。

筆

面相筆が生む線の表情

吉井又造

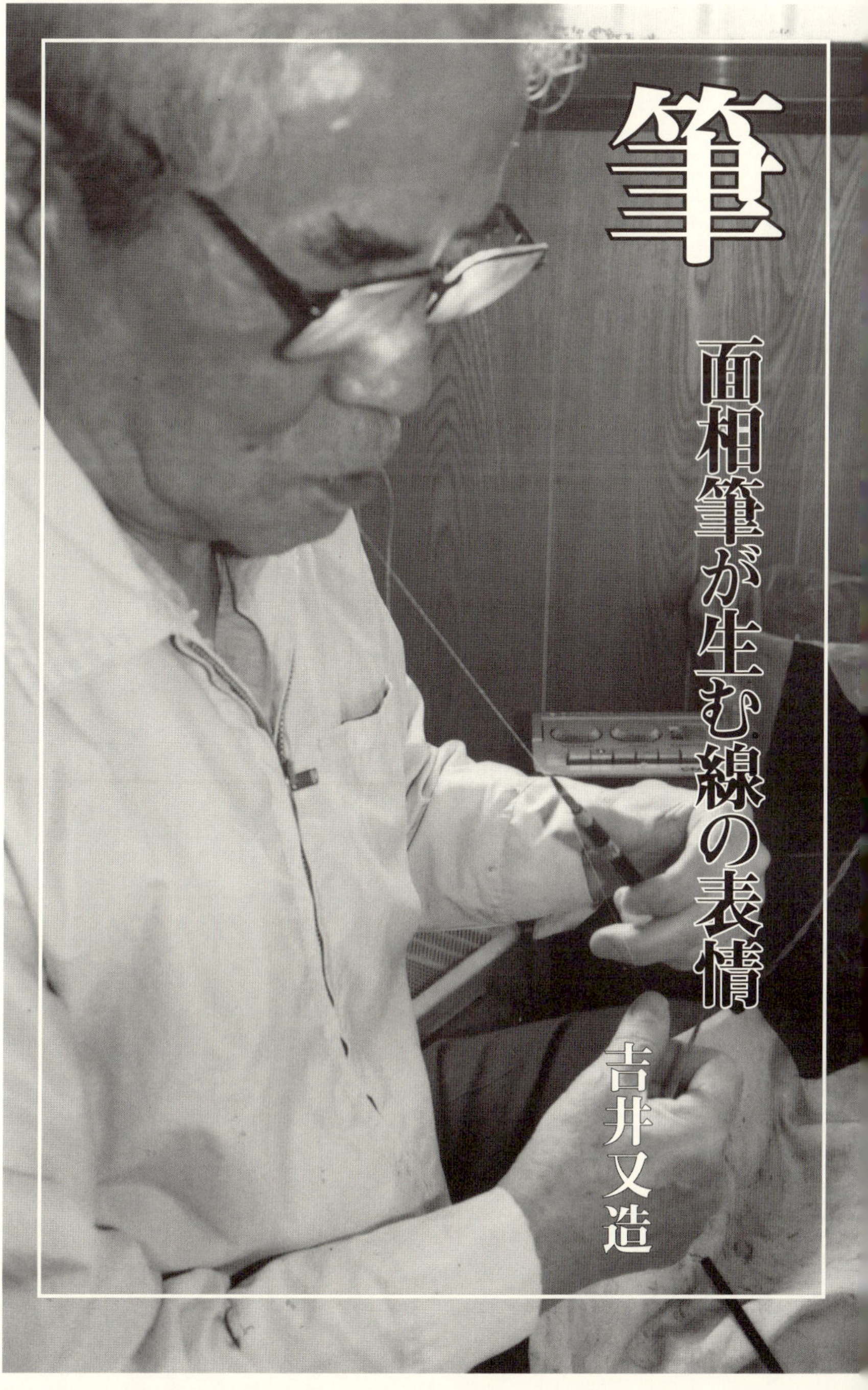

天平筆から水筆へ

秋、奈良では毎年「正倉院展」が開催され、その御物《ぎょぶつ》に施された巧緻な技法、洗練された意匠が生み出す美しさには、ただただ息を呑み、瞳を凝らすしかない。

その正倉院御物の中に、「天平筆《てんぴょう》」といわれる、一九本の筆がある。日本に現存する最も古い筆で、筆の穂はまず芯毛を麻紙のような強い和紙で巻き締め、その芯に薄く毛を巻き、先端部分を残して芯毛に厚く毛を何段か巻いて、その根を漆紙などで巻きくるんだもので、使用するときは先端のみを崩して書くという「巻筆《まきふで》」であった。「風信帖」などの名蹟を著した空海が用いたのも巻筆であったといわれる。

そしてこの巻筆から変遷を重ね、現在のような芯のない「水筆《すいひつ》」と呼ばれる筆にかわったのは、江戸は元禄期（一六八八―一七〇四年）のことであった。水筆は芯のない筆で、糊を落とせば穂全体に水墨を含ませることができたから、書法、描法もまたおのずと変化してゆくこととなる。

水筆を完成させたのは学者であり書家であった細井広沢という人物で、「練り合わせ」といって、数種類の獣毛を適宜に混合する。その練り合わせの仕方によって硬軟の差、そして弾力の差が生まれるが、その差異を予想計算して毛を配合することを「毛組み」といった。広沢のこの製筆法は現代においても踏襲されている。

安永8（1779）年の銘のある瓢箪形の秤。当時から原毛は高価なものだったのだろう。

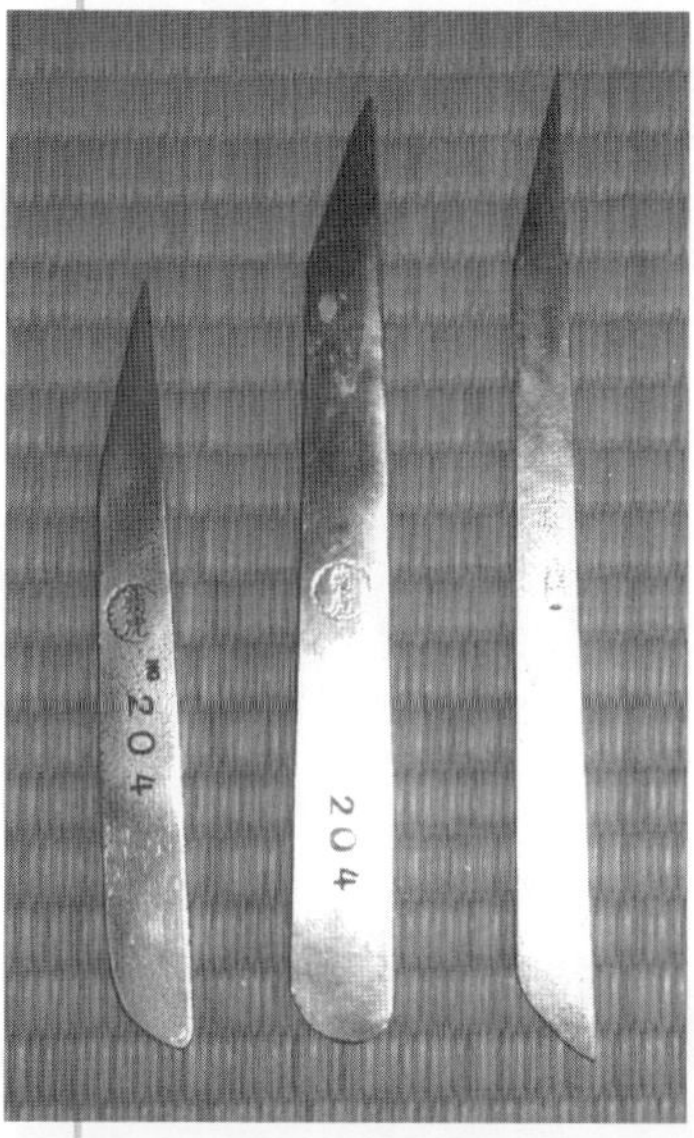

筆作りに不可欠な道具「半さし」。切出し型のこの小刀を巧妙に操って毛束，毛先を整えてゆく。

毛の種類によって歯の詰まり具合の異なる櫛を使い分ける。

染色の筆

染色における筆もその用途に応じてさまざまな獣毛が用いられている。ローケツ染めには、馬毛では熱で縮んでしまうことから、使うほどに弾力性が増す羊毛が用いられている。以前は羊毛の質が良かったから筆一本で五反は染められたという。三〇年ほど前、ローケツ染めのブームが起こったときに多く用いられた。この筆なら線描きもできたし、穂先が切れてもなお使い続けることができたからである。

鹿毛は産地によって毛の弾力性が異なるが、筆の腰毛として、友禅染用引染め、ぼかし用刷毛などに多く用いられる。タイやビルマから入ってくるカモシカの一種である振り山馬《さんば》の雄鹿のたてがみに生えている毛を使った筆は、ローケツ染めやかすれ模様などの、変わったタッチを生む染色筆として用いられている。

細い線を描くための面相《めんそう》筆には鼬《いたち》の尾の毛、玉毛と呼ばれている猫の背筋の毛（他の部分の毛は綿のように細くて筆には不可）が用いられている。

いずれも「毛組み」「練り合わせ」の技術が駆使されて、用途に合った筆が作り出される。

五十余年ひとすじに

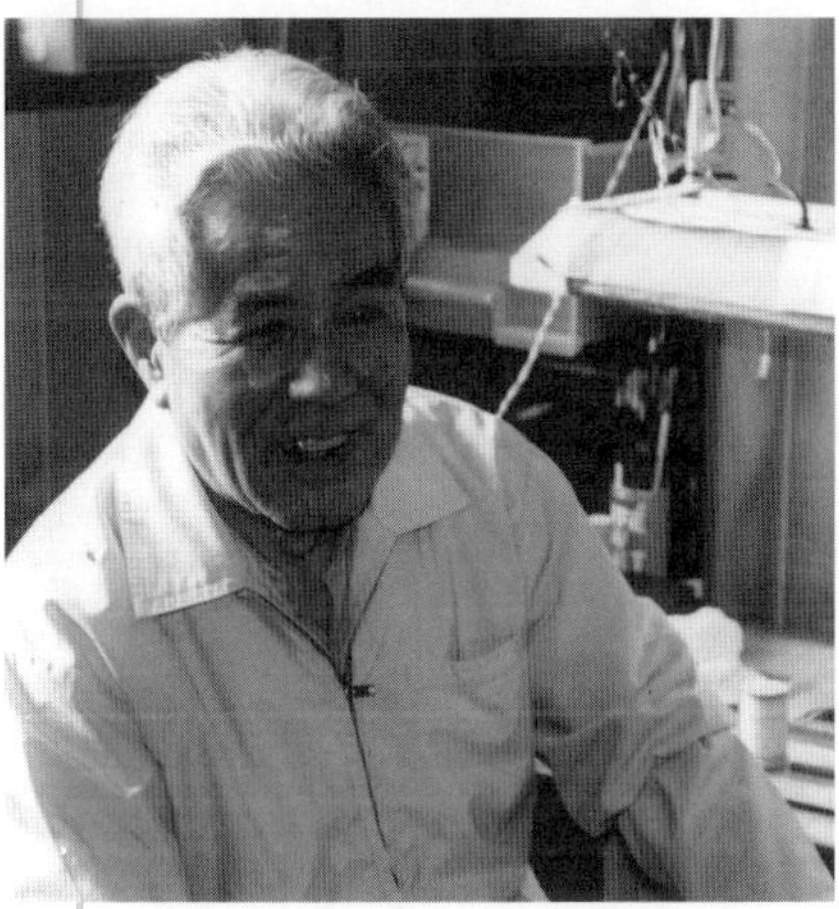

「一生懸命作るだけ」と吉井さん

そんな筆づくり一筋に歩んできたのが吉井又造さん。大正一〇年生まれ、七九歳。生家が筆づくりを家業としていた。一二人兄弟の八男坊。他の職業に就くことなど考えもしなかったし、今まで一度も筆づくりを嫌だと思ったこともなかったというから、根っからの筆職人といえよう。筆の産地の一つでもある広島の熊野町に修業に出るはずが、先方の突然の死去で、他人の釜の飯は食わず、父の仕事を見て盗みながら覚えた。

昔の人は決して手取り足取り、また言葉で教えてなぞくれなかった。どんな仕事でもそうだった。ひとすじに、愚直に仕事を続けてきた人は、その辛さや口惜しさ、それゆえに身体が、手先が仕事を覚え、前へ進むことができたのだと一様に語る。もうこれでできたと思えば、そこで「手」はとまる。それをみずからに許さないからこそ、仕事の難しさもおもしろさもまたあって、続けることができたのだった。

吉井さんもまたそうだった。そのようにして八〇歳になろうとする今も、黙々と筆を作り続けている。筆づくりには基本的に二一の工程があるという。大まかに追ってゆくと、筆の卸問屋が現地から原毛を輸入する。原毛もどの土地のものかによって品質が大きく異なるから、それを見抜く眼力も要求される。

筆に使われる毛は鼬、狸、馬、鹿、猫など多彩である。剛

毛の変容

①筆に使われる原毛。

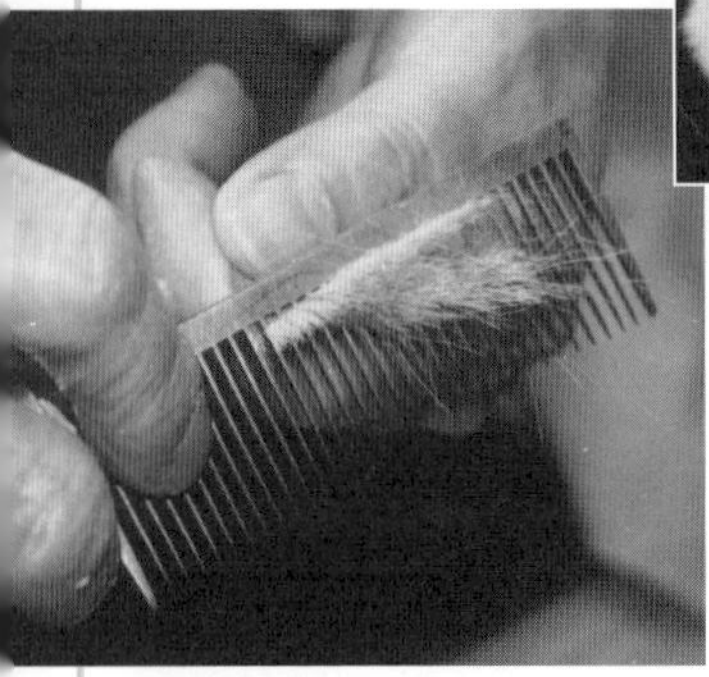

②原毛の毛先の方を握り，金属製の櫛で根本に向かってとかし，綿毛を取り除く。

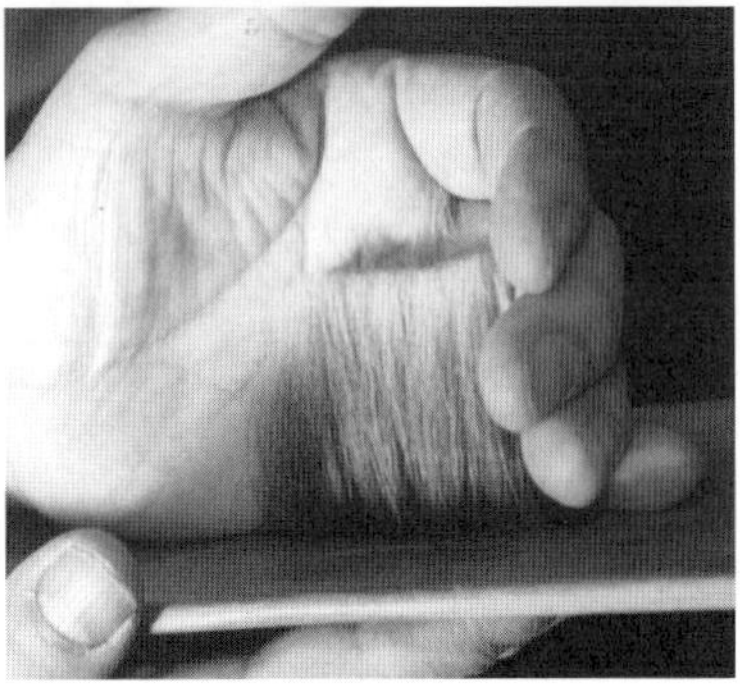

③桜材の寄せ板を利用して毛の根元を揃え，櫛でとかす。

④煮て乾燥させてから，藁灰でよく揉んで毛の脂分を取り除く（灰揉み）。

⑤布海苔をつけた後，毛を広げ，半さしで先のない毛や逆毛を丹念に浚う。

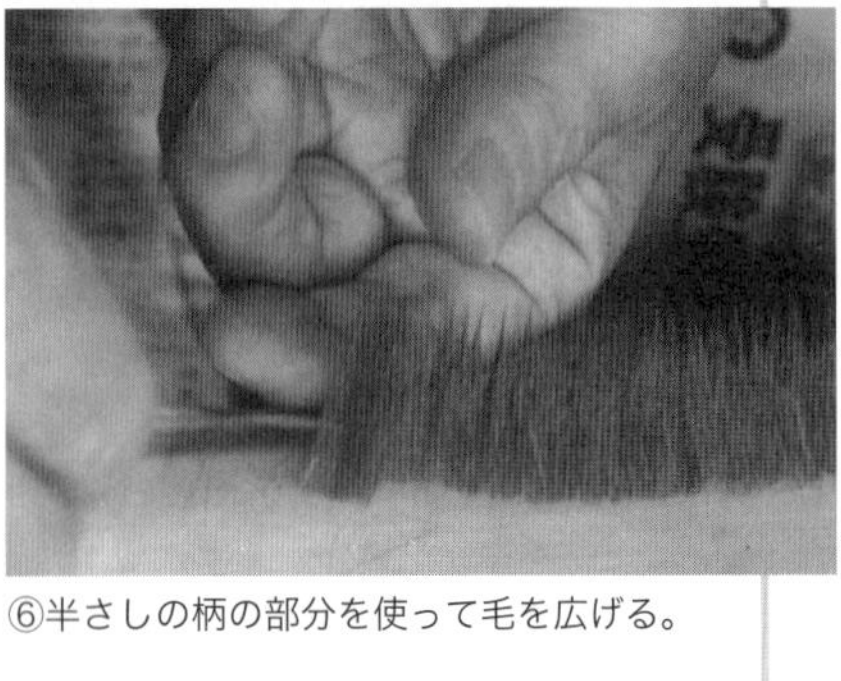

⑥半さしの柄の部分を使って毛を広げる。

⑦広げては畳むを繰り返して，毛を均一に練り混ぜる。

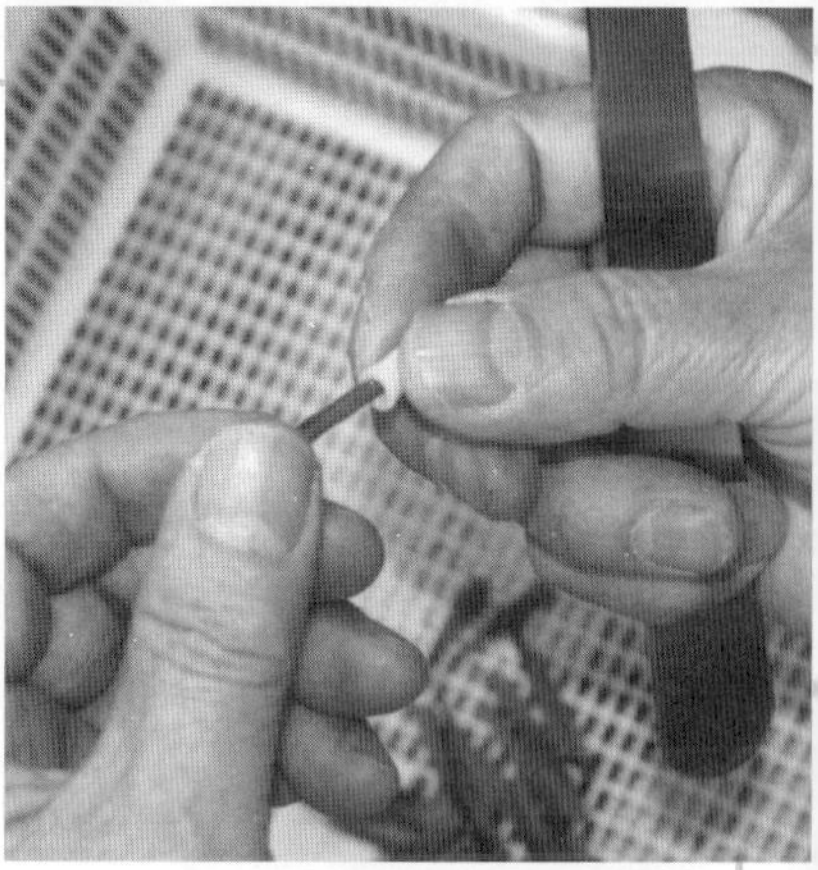

⑧練り混ぜた毛束から筆１本分ずつに分け，円筒形の駒に入れて仮に筆の形を整えてみる。

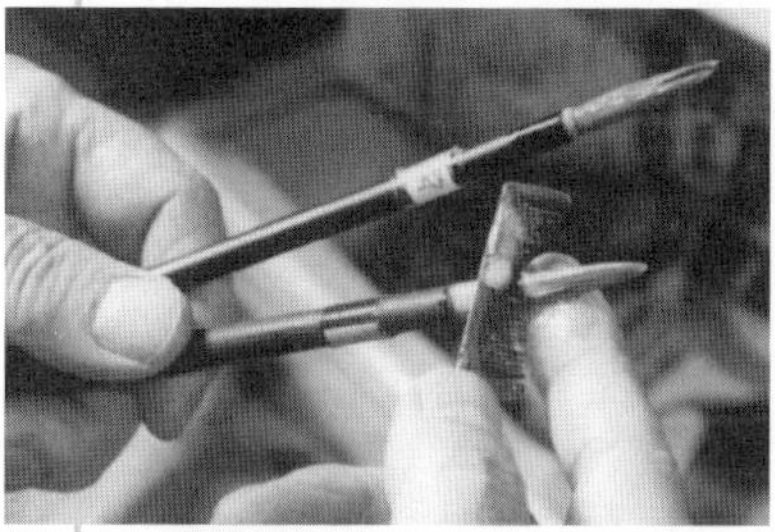

⑨布海苔をたっぷり吸わせて櫛でとかし，穂の形にまとめる。

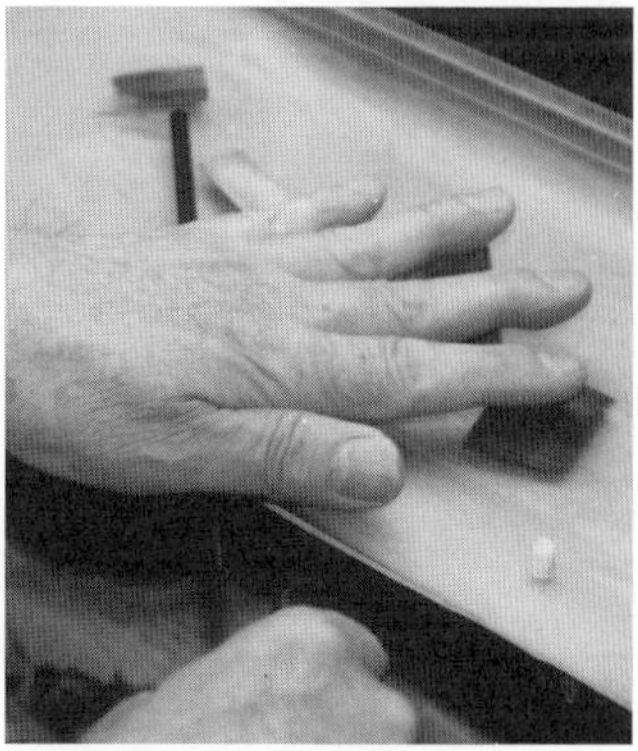

⑩軸の小口を台の上で転がし，小刀を使って軸の直径を調整する。

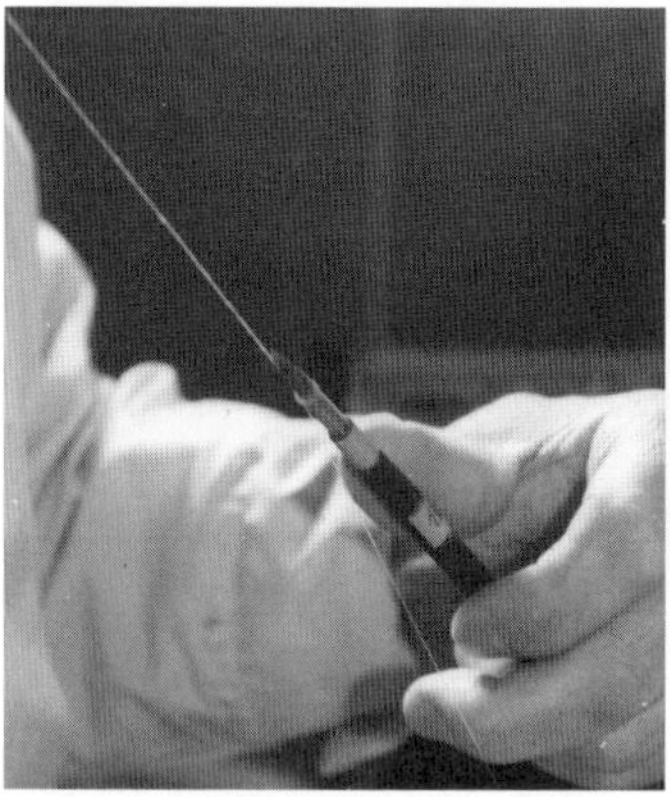

⑪口と手を巧みに利用して，軸を回転させながら麻糸を巻き，余分な布海苔を搾り取る。

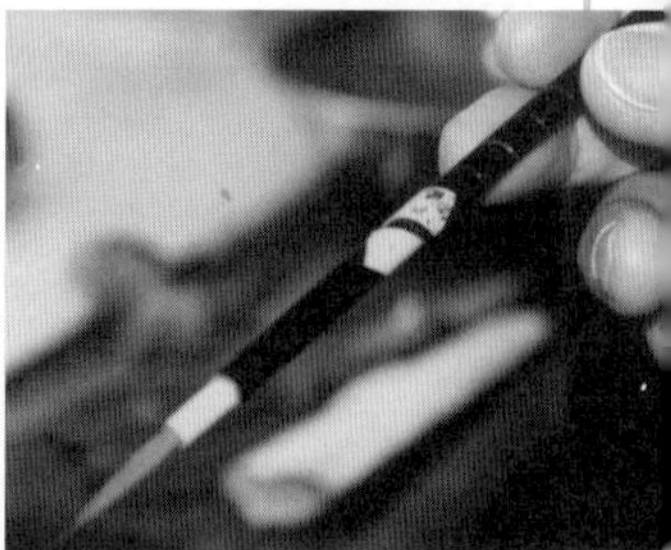

⑫最後に軸に装飾かつ，滑り止めになる螺旋模様を刻む。

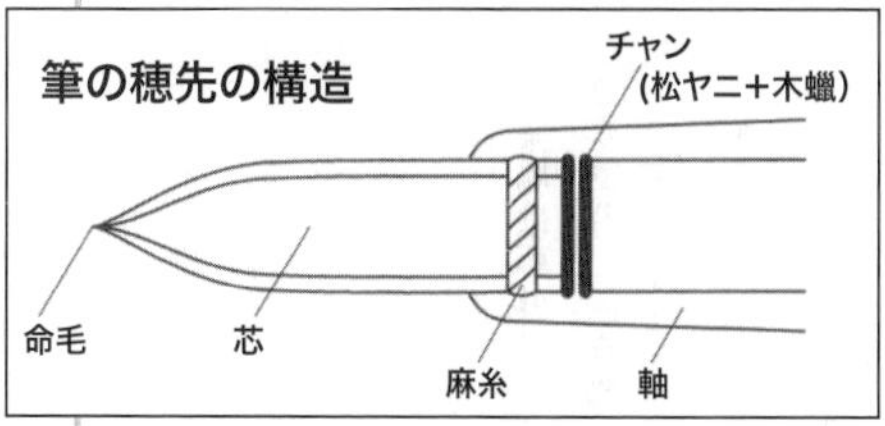

毛、硬毛、柔毛、軟毛とあり、穂先によっても長鋒《ちょうほう》、中鋒、短鋒とに分かれ、それに応じて毛組みをしてゆかなければならない。原毛がすべて筆の素材になるわけではない。悪い毛は丹念な作業のその時々の工程で抜き取ってしまうからである。

今、吉井さんが手がける仕事は面相筆のみである。それは吉井さんの筆づくりの技術が一番生きるからでもあった。面相筆の素材は鼬の尻尾の毛である。原毛を乾かし、櫛目の荒い金櫛で梳《す》くようにして、根元近くに生えている下毛である綿毛を抜き出した後の毛を、煮沸すること中火で三時間。脂分を抜き、柔らかくするためである。それを乾かし、さらに脂分を取るために藁を燃やした灰にまぶして揉む。この揉む作業がつらいのだという。

「どうしても灰を吸うから、灰に酔ってしもうて。これがしんどいんやな。若い者はよう辛抱せん」、と言う吉井さんの語気が少しきつさを帯びたような気がした。無趣味を通し、取引き先の人が「吉井さんの趣味は奥さん」と言うほどの良き伴侶を亡くされ、わが子は娘三人とあれば、みずからの技術を伝えるべくもない。

灰を揉む作業場は戸外にあって畳一畳ほどの広さがあり、灰を吸わぬよう換気扇が取り付けてあった。

「娘の婿が作ってくれたもの」と少しうれしげだった。

藁を燃やした灰を活用した染色法に、きものの胴裏に使われている、美しい光沢と色彩を持つ紅絹《もみ》があることを思い出した。京都市中にたった一軒残った「練《ねり》」と呼ばれる灰汁つけ加工をする人も、灰汁をとるために燃やす藁縄の入手が難しくなったと語っていた。一つのものを生み出すためには、実に多くの目に見えない人やものの下支えが不可欠であることを、こんなときにも思い知る。

灰揉みした後、一週間、天日で乾かし、「半さし」と呼ぶ独特の切り出し型の小刀でさらに綿毛や先の無い毛を抜き出し、除去してゆく。なぜ無数の毛の中から先の無い毛が抜き出されるのか不思議だったが、刃とも呼べないような半さしの刃をあてる角度によるのだという。指先の感触もものをいう。

やわらかな手の表情

吉井さんはなんとも無駄のない、やわらかな、美しいとさえいえる手の表情を作った。手のひらをすぼめ、掌《たなごころ》で毛をつつむようにして毛を寄せ、板にやさしく打ちつける。こうすることで毛先を飛び出させ、毛先を揃えるのである。その打ちつける音で、その人の技倆がわかるという。音は知らず、吉井さんの手の表情がそのことを教えていた。その寄せ板も桜材が木目がこまかくて適しているという。しかも、骨董市などに出かけてゆき、桜材を使った箱などを求めてきては解体し、自分でヤスリをかけて作ったものという。

毛先を揃えてからも、櫛で邪魔な毛を除き、水で濡らした毛を台の上に平たくのばしてゆき、なおも擦れ毛や飛び出した毛を除く。そして「練りまぜ」といって、毛を何度もすくいとるようにして畳みかえてはムラのないよう練りまぜ、布海苔《ふのり》を加え、さらに練りまぜる。吉井さんの手の動きは実にリズミカルである。

毛先が一直線に揃うまで繰り返すこと五、六回。櫛で均一に割るが、芯立駒《しんたてこま》の直径に合わせて毛の量は違ってくる。ここで穂先の形がととのえられ、芯の立てようで太くもなれば細くもなる。

根元を麻糸でしばってひと連なりとし、穂尻をコテで焼く。獣毛には膠質《にかわ》が含まれており、これを利用して焼きしめるのである。その臭いがこもらぬよう、吉井さんの仕事場には二基の換気扇があった。

穂首をすげ込む軸（筆管）は多くは竹が用いられるが、正倉院御物の筆の中には、華麗ともいえる装飾が加えられた装飾管もあった。だが装飾に実用性はなく、あくまで鑑賞用、愛玩用のものである。今では竹も太さが揃い曲がりのない竹が入手できるようになったが、かつて曲がった竹を矯正するには火で焙りながら角材に溝を彫り込んだ道具にはめ込んでまっすぐにした。

その矯正台を取り出してきた吉井さんは、次から次へと筆づくりに必要な古い道具を引っ張り出してきた。手製の面取鉋や、なかには安永八（一七七九）年との墨書きがある秤《はかり》があった。原毛は高価なものだったから、わずかな重さにも気を配らざるをえなかったのだった。鼬の尻尾一本からはわずか〇・三匁（一・一二五グラム）しか取れないのだから。

机もまた道具

昔からの年代物の道具もさることながら、吉井さんの仕事机はその年季をものがたって、抽出《ひきだし》などは原形をとどめず、ただの一枚の板となっており、あまつさえ木口は擦り減って凹凸になっていた。奥さんの

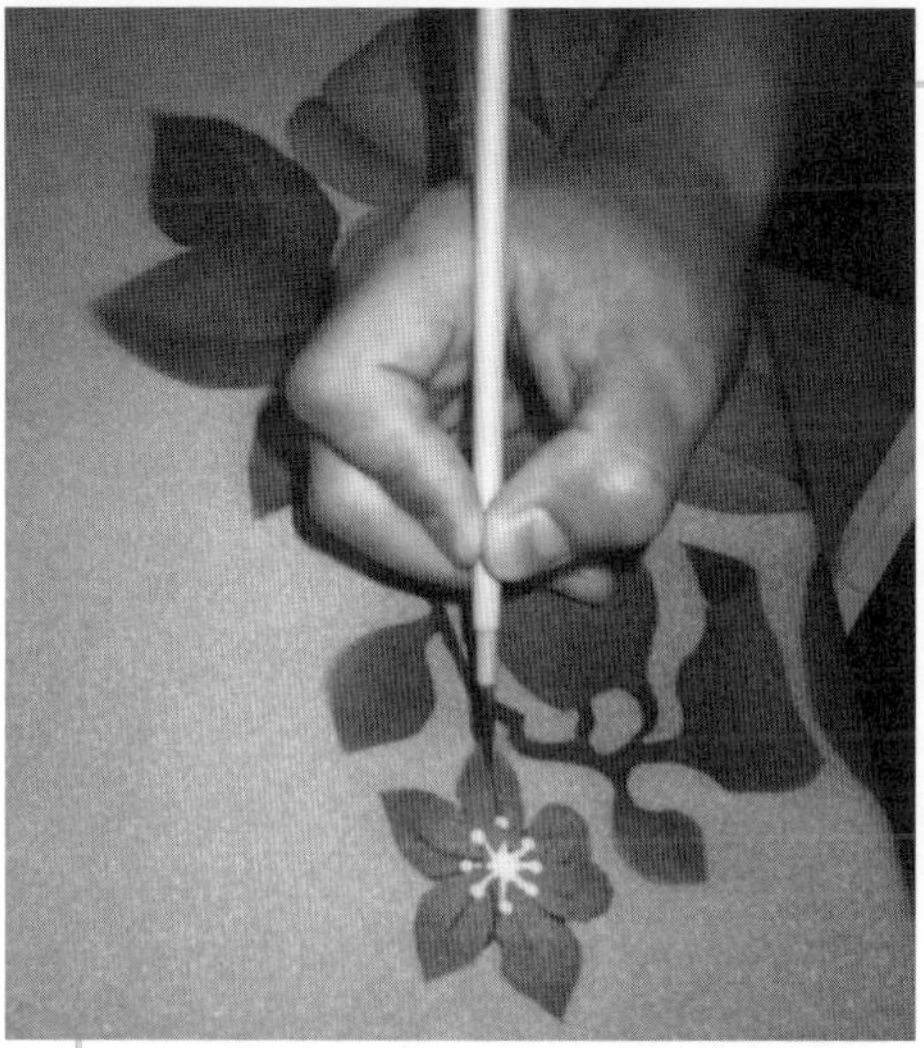

筆は美しい染色を生み出すための大切な道具。

父上が使っていたものだというから、二代にわたるものだった。机もまた大事な道具の一つに他ならない。

筆の一大産地である広島県の熊野町のように分業体制で筆を作ってきたわけではないから、吉井さんの手元にはすべての工程に応じた道具が揃っている。当然のことながら、それを使いこなす技術もまた。

軸は机の上をころがすようにして、一端に刀をあててえぐり、そこに穂首をすげ込んで接着剤で固定する。これで筆の姿ができたことになる。最後の仕上げとなるのが穂先に布海苔をつけ、余分な糊はまず櫛撫でして除き、次に麻糸を口にくわえて穂先に巻きつけ、軸を回転させながら締めて絞り取ってゆく。まだ柔らかいのだから太い穂先でも曲がったり外れたりしそうなものだが、細い面相筆でも完成時そのままの形を保ったまま糊が絞り取られてゆく。これを陰干しして完成する。

かぼそくとも強さを失わない線

製法、技術は基本的にはどの産地でも同じようなものだが、南都七大寺の御用筆師としての歴史を誇ってきた奈良には奈良の、熊野町には熊野町の、戦前気を吐いた越後筆には越後の、そして京都には京都のやり方がある。まして染織の筆となれば、おのが技術を生かしてくれる筆を求めて、口うるさい職人には事欠かない。

吉井さんの仕上げた面相筆を見つめていると、きものの上絵描きである紋を入れるときに面相筆以外の筆は考えられないのだが、そのときの張りつめた筆の動きを彷彿させる。紋には厳密な古来からの約束事があって、花弁や葉脈などの曲線、円弧の曲率、果てはその筆順などが定まっており、ごくかぼそい線でありながら勁《つよ》さを失わない線は、先のよく効く面相筆以外では描くことはできない。

吉井さんの作った筆に銘が入るわけではない。唯一、すべり止めでもある、軸に刻まれた螺旋状の線が装飾なのだが、それがかろうじて吉井さんが作った筆の証しである。どこで、誰が、どのように自分の作った筆を使うかを、吉井さんは知ることもなく、筆を作り続けている。そのことを問うと、吉井さんは「私は筆を一所懸命作るだけ。評価は他人様が、使う人がするものと思っています」と返ってきた。

さまざまな歴史の波に洗われてきた筆は今、要らざるものをこそげおとして、紛れもなく端正で美しい姿を見せている。それを作り出す、吉井さんの手もまた筆を作っているときが一番美しかった。まるで筆を慈しんでいるような手の表情だった。

刷毛

お客が師匠、技の相伝

新庄 保
博（刷毛新）

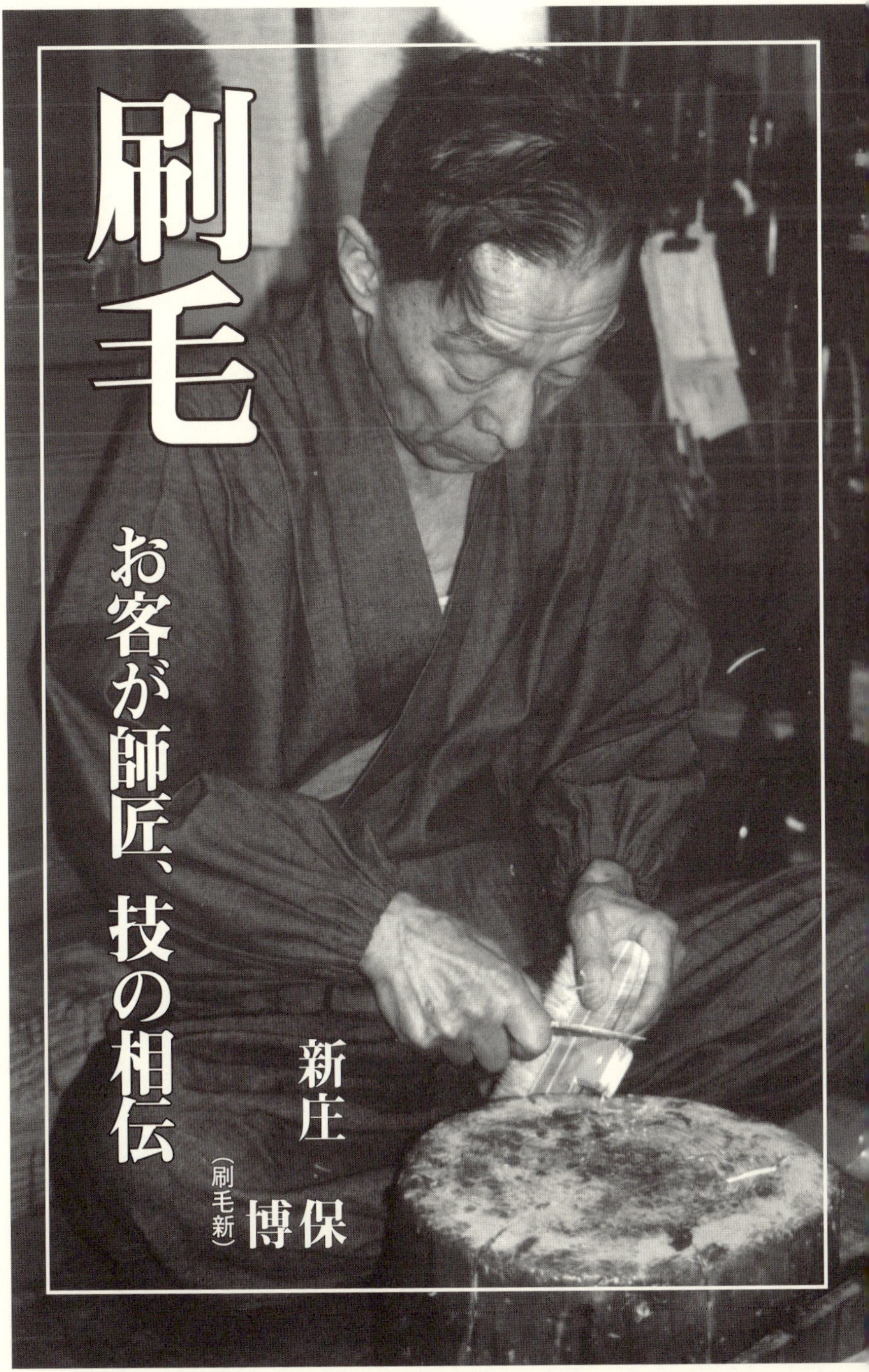

この店のこの刷毛

刷毛《はけ》と一口にいっても使用目的に応じて、形や毛の材質、大きさなど、じつにさまざまなものがある。染色に携わる者にとって、自分の技術を生かすためにも「手」に合った刷毛は不可欠な道具である。

西陣が「織りの町」ならば、京都を南北に貫く堀川通は「染めの町」を形づくっている。通りに沿うように染色にかかわる多くの人々が生きてきた。表構えや往き交う人々の在りようにそれがまだ残っている。そんな道をゆっくり辿ると、変貌を遂げてゆく京都にあってもなお、華やかな京の染織文化を下支えしてきた人々の息づかいや哀しみというべきものが、町のたたずまいのあちこちから今なお伝わってくる。

今は暗渠《あんきょ》となり、川筋さえ姿を消し、水のない川となっている堀川だが、かつてはこの川でも友禅流しが行なわれていたのである。

中心部ともいえる堀川通四条。少し南の道を東に辿ると、やはり染色関係の看板が目につく。堀川通からすぐ東のところに通るたびに、ガラス戸越しに一心不乱に刷毛を作っている一軒の店と人の姿があった。西陣で杼をつくる長谷川杼製作所の場合もそうだったが、ものを作りだす道具をつくる人がその人生の大半を費やしてきた仕事場というものは、その人の気迫が堆積して、独特の存在感を放っている。思わず知らず立ちどまって、その仕事ぶりを垣間見、飾るともなく並べられた道具に魅入られてしまう。

大小、形もさまざまな刷毛には、作った人と店の矜持を込めて、㋐（やまか）という屋号が焼き込まれ

戦前には 30 軒からあった刷毛屋もいまでは 10 指に満たない。

ていた。

戦前までは京都に三〇軒はあった刷毛屋も、時代の波の中で現在一〇軒あるかないかにまで減ってきているという。それでもこの店のこの刷毛でなければとこだわる人が少なくない。刷毛という道具へのこだわりは、そのまま自分の染色技術へのこだわりにほかならない。

「私らにとってはお客さんが師匠のようなものです。いろいろと注文をつけるお客の方がつきあいが長く続いています。毛先の片方を丸くとか、両方を丸く、毛の長さも人によっていろいろですが、あらゆる注文に応じることができます」、と語るのは堀川通の少し南、仏光寺通に店を構えてきた刷毛新の新庄保さん。古き佳き時代の職人の風貌をたたえた八〇歳。現在でも刷毛作りの仕事場に立つ。

引染刷毛の駆使

使用目的に合わせて毛が選ばれ、機能的な形が生まれてきたわけだが、その刷毛をまったく違った染色技術に用いて独自の染色

引染刷毛のつくりかた

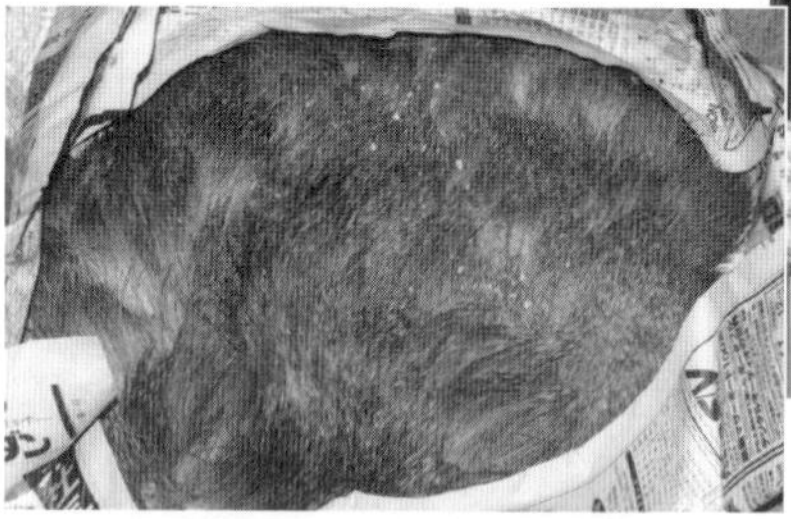

①新聞紙に包まれた鹿毛。北と南の気候によって毛質が違うため，配合の割合を変えている。毛は防虫保存している。

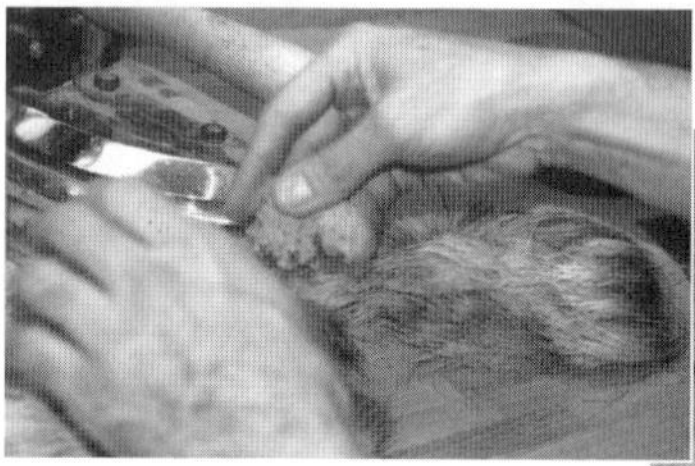

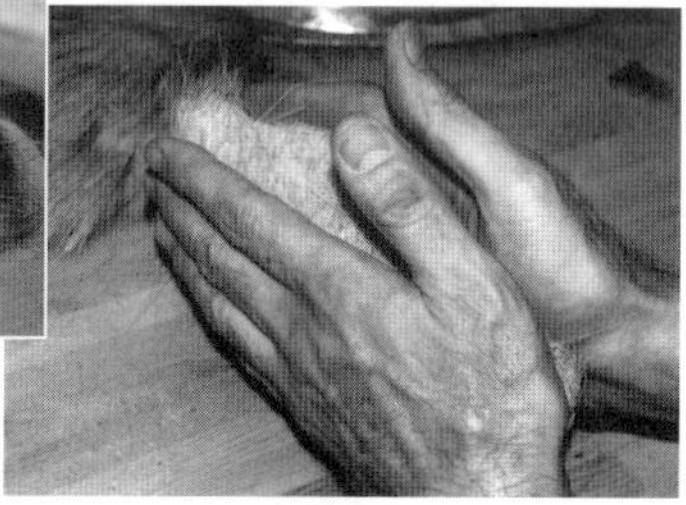

②毛束から勘で刷毛ひとつ分の毛をとり，米の籾殻をいぶして作った灰を全体にまぶす。

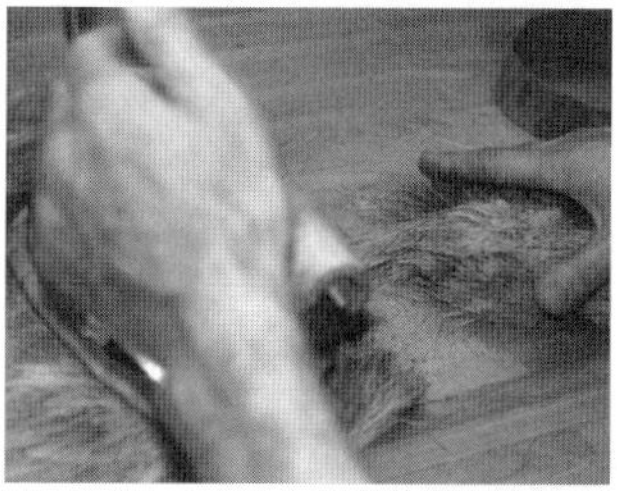

③アイロンでしばらく押さえて加熱し，毛をまっすぐにする。

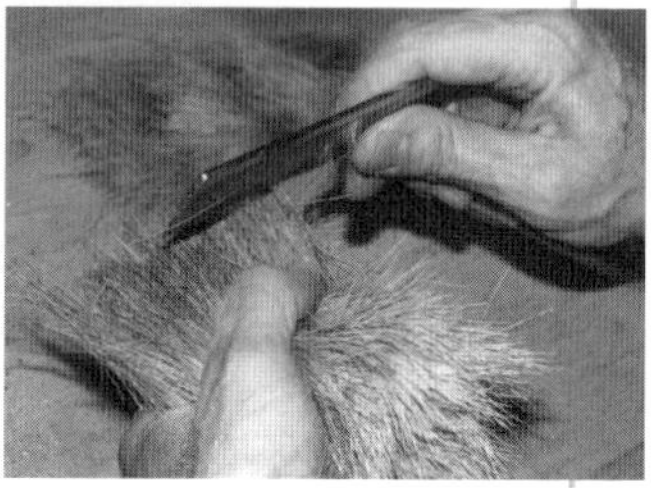

④洋銀製の櫛をかけてむだ毛を取り除いたあと，剃刀で逆毛を抜き取り，毛を整える。

⑤整えた毛束に紙輪をかける。

⑥木製の柄で毛束を挟む。

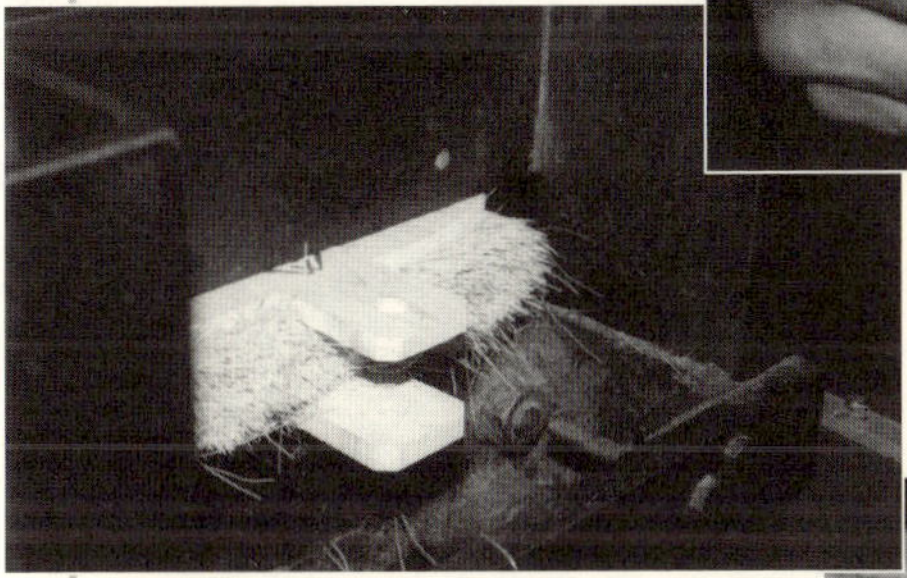

⑦機械に挟み，油圧式ジャッキでしっかり締める。

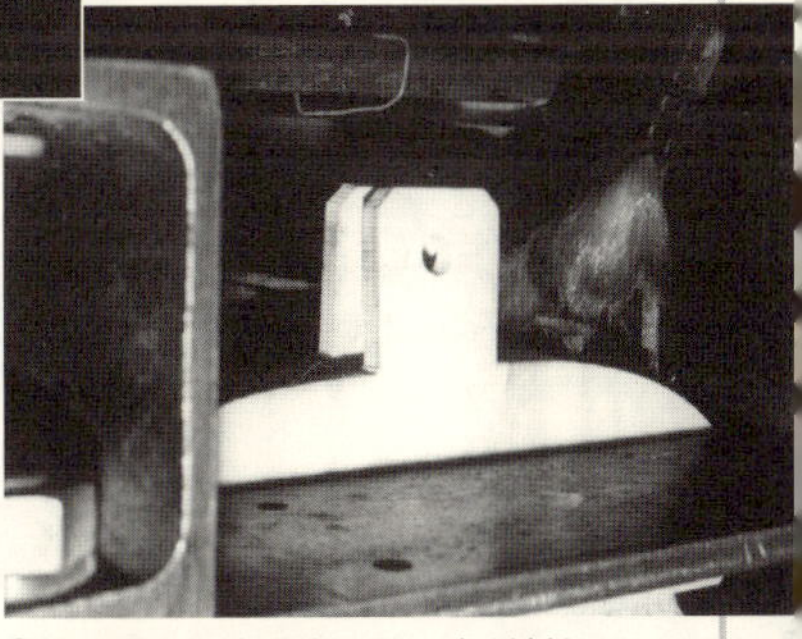

⑧柄の肩口に水を含ませ，木が割れるのを防ぐ。

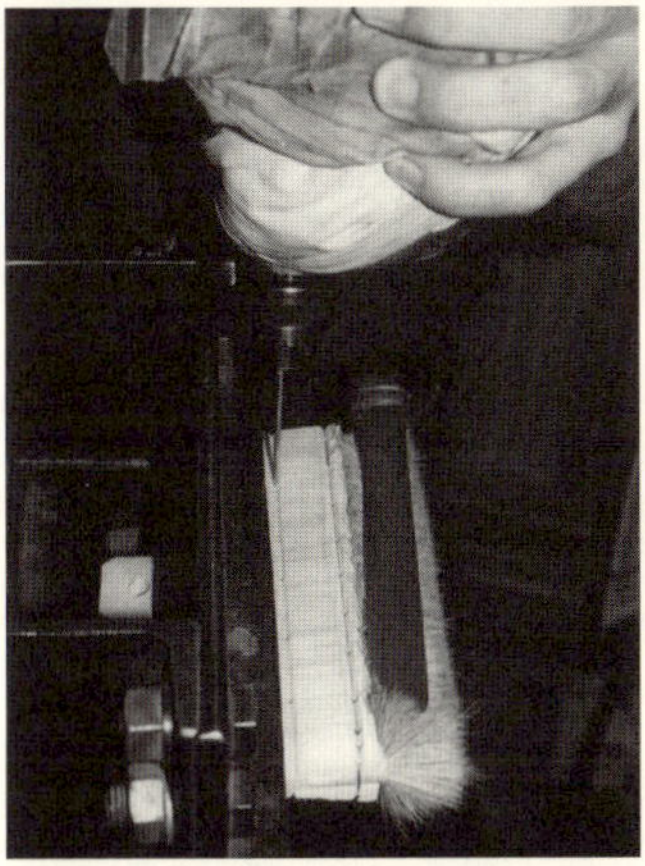

⑨溝にドリルで穴をあける。

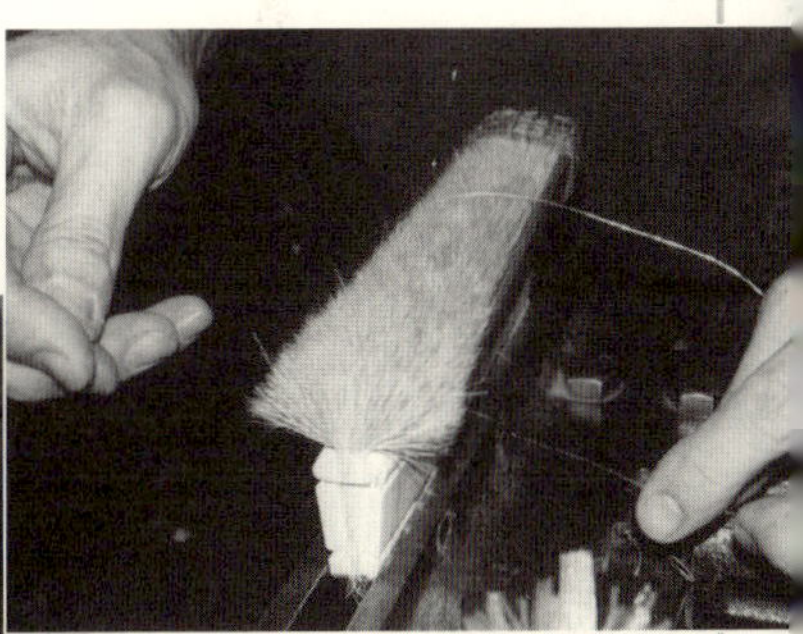

⑩あけた穴にステンレスの糸を通しかがってゆく。

⑪水で湿らせた柄の肩口を削り，表面を滑らかに仕上げる。

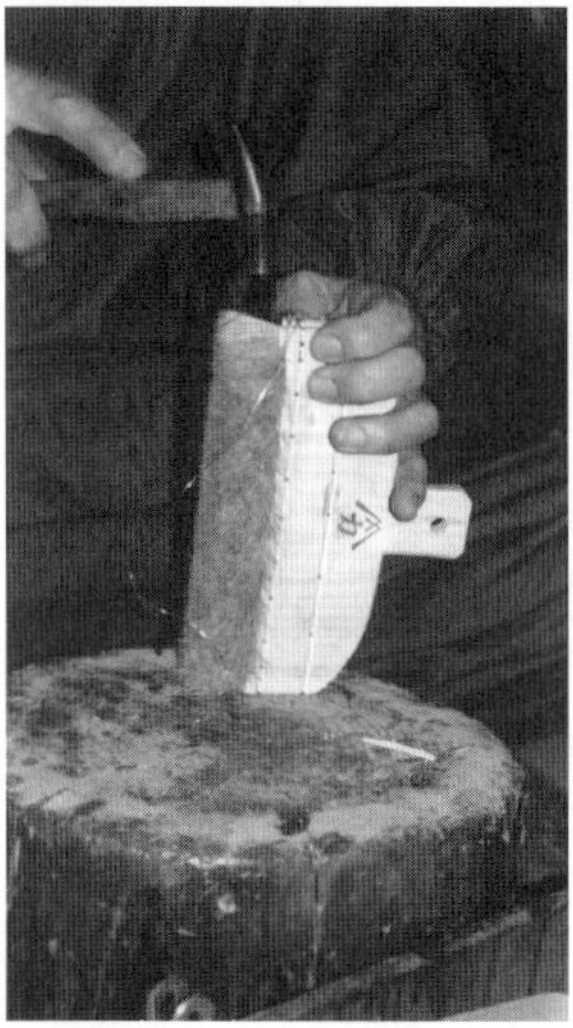

⑫刷毛の両端に釘を打ち込み，固定する。

⑬完成した引染刷毛。

引染刷毛・丸刷毛・木刷毛など用途に合わせた種々の形がある。

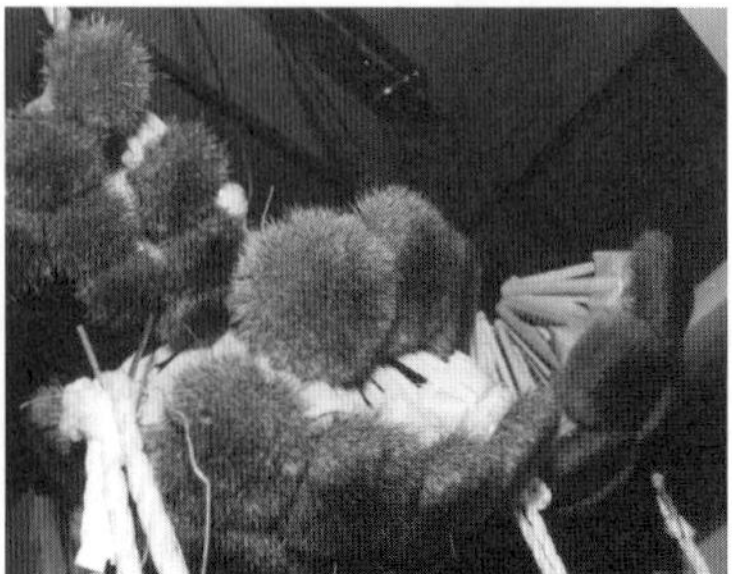

代々家風としてこだわってきた丸刷毛。

世界をひらいていた人に会ったことがある。

地染めに用いられる引染刷毛と、引染めの技術を用いて、刷毛だけでボカシを生みだし模様として染めあげる、いわば刷毛染め友禅ともいうべきものだった。その人は「鹿の毛の刷毛です。わりに柔らかいんです。刷毛を買う店も決まっています。当然、刷毛をつくる人も。直線を染めるときは刷毛を寝かすようにして刷毛の先を使い、曲線のときは、刷毛の幅の半分ほどを生地にあてるようにして染めるんです」と語っていたが、刷毛の動きを見ていても、傍目にはさだかにはわからなかった。理屈ではなく、染める人のみがわかる道具の使い方であり、感覚なのだった。

当然、道具である刷毛に求めるものは、自分の感覚と技術を完璧に生かしてくれる仕上がりだった。その一点で刷毛を使う者とつくる者の気迫と意地と技術がぶつかりあう。新庄さんの「お客さんが師匠です」という言葉を反芻した。

「幕末、加賀から京都に出てきて、初代、二代までは造り醤油屋を営み、刷毛作りを業とするようになったのは三代目からなんです。紋章としている山が二つ入り組んだ形の入山に力は、そんなうちの系譜を象徴しています」。

老いを感じさせない矍鑠《かくしゃく》たる新庄さんの話をうかがっていたとき、その表情が和んだ。跡を継いで暖簾《のれん》を護っている長男の博さんが入ってきたからだった。

引染刷毛を駆使して「刷毛染め友禅」ともいうべき世界を追求している人の話を聞いた博さんは、「その人が使われていた刷毛は、うちでつくった刷毛です」と言う。心なしか、その口調は誇らしげであった。

帰って往時の写真を仔細に見ると、使い込まれた引染刷毛からは∧カの焼印が判読できた。

丸刷毛が家風

∧カのもとで代々刷毛屋としての技倆を発揮してきたのは丸刷毛なのだと新庄さんは顧る。男兄弟二人、二人とも家業に就いた。「兄は丸刷毛が得意だった」というが、跡を継いでいたその人は病に倒れ、新庄さんが∧カと刷毛作りの技術を担うこととなった。小さいときから仕事場には出入りしていた。手取り足取り仕事を教えられたわけではなく、見て盗んで、おのずから覚えた。

「私の場合もそうだったですね」とは博さん。

また別の機会に丸刷毛を自在に使いこなしてボカシの妙を生み、南画風の風景を描き出す人にも会った。刷毛に染料を含ませるや、生地に押しつけ、まわし、こする。刷毛は踊るように、はねるように、なめるように動いて、山水や草や花が描き出される。刷毛は毛先から根元まで、縦横に活用されてあますところがない。

「勢いが必要なんですわ。気合いで描いてゆくんです」というその人には、筆という染色道具では、みずからが思い描く模様が生み出せないのだった。刷毛、それも丸刷毛でなければならなかったのである。

「刷毛にも自分の手に合ったもんとそうでないもんがあって、新しい刷毛は微妙な調子が要求される図柄には使えません。手に合った刷毛は捨て難くて、自分でもう一度巻いて晒して使うんです」と語ったその人が使っていた刷毛は、丸刷毛とはいっても、ボカシ用のものではなく、大小さまざまな、馬毛を使った摺込《すりこみ》刷毛に近いものだった。

刷毛の勢いで何本もの線が生まれ、それらが交わり合い、重なり合って、南画風なやわらかなボカシが生まれてくる。刷毛でなければ自分の世界が表現できないのだというその人が呼ぶ「丸刷毛」は、その人にとって唯一無二の道具なのだった。

新庄さんが代々、刷毛作りの技術を相伝しつつ得意としてきた丸刷毛は刷りボカシ用の刷毛で鹿の毛が用いられている。鹿毛は中が空洞になっている。染色に用いられる刷毛にはやわらかさと染料の吸い込みが求められ、ボカシの技法を駆使するには鹿毛が最適なのだった。

引染刷毛をつくる

新庄さんは「うちでは馬の毛は使いません」という。東北・北海道の鹿の毛は牡は太くて長く、牝は細くてやわらかい。そんな鹿毛が二階の仕事場の一隅に新聞紙にくるまれ、無造作に保管されていた。開けるとかすかな獣臭さと、防虫用のナフタリンの臭いがした。そっと手の甲で撫でるようにして触れてみると、それぞれの包みで毛の感触が異なっていた。

どの毛とどの毛を組み合わせ、どのように配合するかはいわばそれまでに培った〈勘〉である。

米のもみ殻をいぶした灰を毛にまぶし、アイロンを乗せてしばらく加熱し、毛をまっすぐにしたら、洋銀製の櫛で、綿毛や無駄毛を丹念に取り除き、さらに剃刀で逆毛を抜いて丸めてゆく。このとき、手のひらに伝わってくる毛の感触で、すでに刷毛の仕上がりは見えてしまっているのかもしれない。

刷毛が仕事をするのは、あくまでも毛である。その毛を支える柄の部分の木はといえば、尾州檜が最上だという。

「若い頃は刷毛用の板も、電信柱より太いものを輪切りにして、製材までやったものでしたが」と新庄さんは振り返る。

柄は毛を挟みつけて固定するものだから、木がやわらかすぎては毛の圧力に耐え得ない。さらに両側の木の強度が異なってはこれも用をなさなくなってしまうから、胴引きした一枚の板をナタで割って二枚とする。いわば貝合わせの貝の蛤《はまぐり》のように、木の質がピタリと合わなければならない。違う部材を組み合わせることはできないのだった。

まとめておいた毛を二枚の柄で挟む段になって、博さんは思い出したように毛に灰をまぶした。その理由をたずねると、「むくらんように」と答えが返ってきた。「むくる」は剥る。

丸刷毛を逆さにすると、かすかにパラパラと砂が落ちてくるが、それは細かい川砂を毛の間に詰め込んで締めてあるからで、いわば砂が楔《くさび》の役割をして毛が抜けないようにしてあるのだった。同じ原理で、灰に楔の役割を課したのである。手のひらで毛をまとめてゆくとき、毛の配合の具合などから灰をまぶすことは予見されていたのだろう。掌《たなごころ》もまた道具なのだった。

柄で毛を挟み、油圧式ジャッキで圧力をかけて締めてゆく。新庄さんは「ジャッキを導入するまでは木

矍鑠と刷毛作りに専念する新庄保さんと，跡を継ぎ暖簾を護る博さん。

製の枠に、木の楔をかましながら締めたもんです」と棚の奥から欅材とおぼしき、飴色になった締め道具を出してきた。

柄と毛を締め上げる時間や圧力は、これも勘に拠るしかない。博さんは柄の肩の木口に濡らした刷毛で水を与えた。木の割れを防ぐためである。

締め上げられて、毛先はゆるやかに円を描くように、花が開くように拡がってくる。「ここできれいなラインを出すんです」。そういえば、仕上がった引染刷毛は円をなすように拡がって、毛先は美しく、そしてじつにやわらかな感触を伝えていた。思わず手をのばして触れたとき、新庄さんは「女の人の化粧のときに頬紅をはくのにかて使えまっせ」と声をかけてきた。

しかし、仕上がった姿が美しかろうとどうだろうと、刷毛は使われてこその刷毛——道具である。染色のために繰り返し繰り返し使われた刷毛は、やがて無慚とも思えるほどに、仕上がりの姿とは似ても似つかぬ姿と化してしまう。

だが、無慚であればあるほど、それは道具としての役目を立派に果たしたことなのだから、そんなことは傍観者のたんなる感傷にしか過ぎぬことであった。

惚れぼれするような線が出れば、あとはそれを毛挟みで挟んで拡がりを押さえ、刻まれた溝にドリルで穴をあけ、針金でかがって固定してゆく。穴の数は毛の質によっても変わる。

「穴をあけるのも昔は錐《きり》でした。手のひらから血が出たときもありました」。一体、どれだけの数の刷毛をつくったのだろう。染色の都として活況を呈していた往時がしのばれる。

かがり方は和綴じの本と同じやり方だった。上下二カ所、いずれも一本ずつの針金で固定する。今はステンレスだが、それ以前は銅、さらにその前は亜鉛メッキの鉄線だったという。

新庄さんは、かがり終えた博さんの手から刷毛を受け取ると、仕上がりを確かめるように見つめた後、柄の肩の部分の木口に小刀を入れ、角を削った。そして両端に釘を打ち込んだ。最後の一打ちを終えたとき、新庄さんはかすかにため息をもらした。たぶん、そのようにして㊌という暖簾に賭けて刷毛作りは連綿と続いてきたのであろう。

木口を小刀で削ったとき、木の香が匂った。そして白木に黒々と押された㊌という焼印が目にも鮮やかだった。それは紛れもなく新庄さん親子の刷毛屋としての矜持を象徴するものだった。

友禅板

樅の木から合板へ

前田良一（前田製作所）
大箭秀次（栗山工房）
杉本繁樹

「染色の町」

京都駅からJR山陰線（嵯峨野線）の二条駅までわずか二駅だが、高架線路の車窓から見る沿線の風景は鈍色の瓦屋根が連なり、多く、染色に携わる人々が住まいする地域だとされており、変貌の如何を見ようと京都駅から電車に乗ってみた。

機《はた》の町・西陣に昔日の殷賑はなく、職住一致の織屋建と呼ばれる京の町家らしい瓦屋根の家々は次々とビルへと建て替えられて、家並みの連続性は失われてゆきつつある。室生犀星は「或る意味では京都は瓦の都であるかもしれなかつた。どこを見ても瓦が薄墨のやうにくすんでぎしぎしと押し合つて見えるからである」（『京洛日記』）と見た。犀星の故郷である金沢でも、やはり瓦屋根の下で加賀友禅が染められていたのだった。

一駅目の丹波口駅を過ぎて、眼下に中堂寺《ちゅうどうじ》・壬生《みぶ》界隈の家々が広がる。かつては一面、京の伝統野菜である中堂寺大根や壬生菜の畑であった。東側の堀川通を含めて、「染色の町」と聞いてそれらの屋根を見つめればそのように見えてくる。しかし、西陣ほどではないにしろ、ビル化の流れは加速しつつあるのも事実である。

型友禅に不可欠な道具に友禅板がある。樅《もみ》の木の一枚板で、長さ七メートル前後、幅四五センチ余、厚さ一・五センチのものが昔から使われてきた。樅はマツ科の常緑樹で、日本の特産樹種である。

前田良一さん

その友禅板を作ってきた前田製作所は壬生の山陰線高架近くにあった。近くには京友禅蒸水元《むしみずもと》協同組合が事務所を構えていた。三階建のビルの一四〇坪もある一階が友禅板の仕事場だった。わずかに埃の匂いがした。往時ならば、むせるような木の香だったろうか。がらんとして、かつて職人を八人ほど使って樅の一枚板を削っていたという盛時はしのぶべくもない。

前田良一さんは片隅に積み重ねられた友禅板を撫でながら、「昔は友禅板を扱う業者も市内に六軒あったが、今はうち一軒になってしもうた。樅は直径一メートルはある丸太から四つに割って柾目で挽《ひ》かんならんから何枚もとれん。今はそんな新しい友禅板を挽くことも無《の》うなった。なんせ三〇年はもつ。使うてるうち柔らかい部分がすり減ってきて堅い木目の部分が出てきたら、凹凸を削って平らにすればまた使える。それも一〇年に一度くらいなもん。今ではまあその仕事がたまにあるぐらいやな」と語る。

脂《やに》が出ないことから使われてきた樅の木も、宮崎産の内材は入手しがたくなり、アラスカ産のノーブルやアメリカ産のスプロースなど外材を使うようになったが、やがて一五年ほど前からはベニヤの合板のものが使われるようになった。樅なら一枚七万円もするものが、合板なら二、三万円、重さも三分の一ほどというのだから無理もない。しかも、ベニヤにはポリタンを敷き、両面テープの役割を果たすフィルムを貼

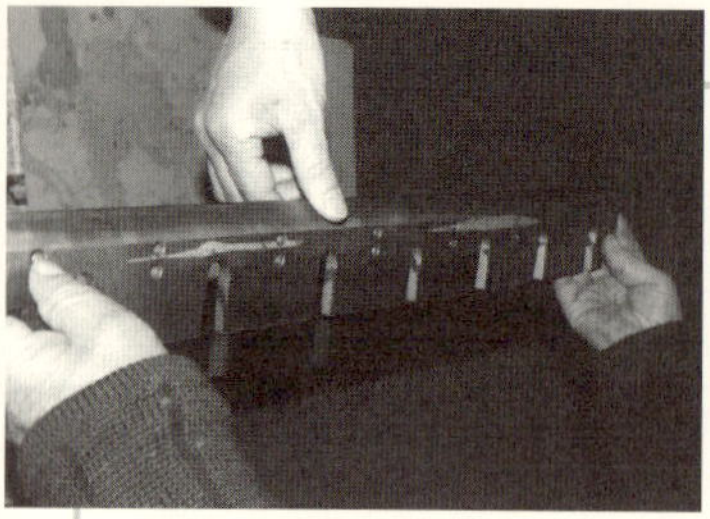

板の流れる両側に，粗削り用と仕上げ用の２台の削り機が据えられている。削り機の刃は幅広く，ひんやりと冷たく光っていた。

友禅板の一方の先端は剣先と呼ばれ，刃のように尖っている。張った生地を折り返して裏面へも連続して継目なしに型置きするためである。

２枚の板がぴたりと合うように切ることができるこの機械は前田さんたちが開発したもの。

背筋をぴっと伸ばし，ゆっくりと板を押す前田さんから笑みが洩れた。

るから、生地を張るときに必要な敷き糊を塗布する必要もない。

友禅板の一方の先端は剣先と呼ばれ、文字通り刀剣の刃のように尖っている。着尺一尺の長さは約一二メートル（幅は四五・六センチメートル）だから、その形ゆえに張った生地を表から連続して裏面へも続けて生地を張ることができ、継目なしで型置きできるようになっている。

「剣先の部分は堅い朴《ほお》の木。友禅板を扱うとき、どうしてもぶつけたりすることがあるから」。

以前の染色界の隆昌は前田さんに、職人が手仕事で鉋を掛けるのではなく、機械を導入する方向に向かわせた。昭和三〇年代のことだった。壁際に今はほとんど使われなくなった削り機があり、一隅から前田さんが取り出してきたその刃は冷たく、白く、分厚く、金属の光を放ってまだ生きていた。

すでに削りだされた友禅板が三〇〇枚は保管してあるという。今の時点では需要を補って余りある数というべきかもしれない。

道をはさんだ向かい側の建物も作業場で八〇坪はある。息子の恵さんを伴って案内する前田さんは、「加賀友禅の金沢の方なら仕事はまだあるのだが」と言いつつ、「ここの二階はカラオケ屋に貸してある」と苦笑する。

案内された作業場には、前田さん自身の工夫を凝らしたさまざまの木工工具が据えられていた。その機能を説明する前田さんの表情が生き生きしてきた。白眉は、製材した板をさらに幅を合わせて機械に切らせるときだった。ピタリと腰が据わり、前へと歩を運びながら板を送ってゆくさまは、まるでファッションモデルが品《しな》をつくって歩くように、優雅で楽しげだった。七八歳という年齢はその姿からは遠かった。

「一直線に足を運ばんと。板を受け取る『鼻取り』役も難しいんや、呼吸が合わんと」。弾んだ声で話した後、一瞬、沈黙が訪れた。嵯峨野線の電車が通り過ぎてゆく音がかすかにした。

板の現場

友禅板を扱う糊置き友禅の現場は、ここ洛中を北へ離れ、紅葉の名所として知られる高雄への周山《しゅうざん》街道の途中にあった。その栗山工房は沖縄の紅型《びんがた》の技法をきものなどに応用して「栗山の紅型」との評価を得て、図案から型彫り、地入れ、彩色、糊伏せ、地染め、蒸し、水元という友禅の工程を工房内で行なっている。

八年ぶりの訪問だった。六五年間、ひたすら糊を置いてきたという由井外次さんに会えるかと思ったが、八九歳という高齢ではそれは叶わぬことだった。

前田さんのところで作られた友禅板は、地張りの準備段階として、板に生地を張りつけるための接着剤の役割を果たす敷き糊が塗布される。

敷き糊を塗布された友禅板は、糊を置く作業場の上方に設けた「櫛」に板揚げする。まず剣先部を上げ、櫛に挿し入れ、次に板尻部を鉄製のTの字を逆さにした吊り下げ金具の支木にかける。友禅板を持ってみた。素人には意想外に重く、かつしなって、板に翻弄される感がある。

工房を案内してくれた大箭《おおや》秀次さんは、いともたやすく櫛から友禅板をおろし、板尻から「馬」と呼ば

栗山工房・大箭秀次さん

持ち上げた板を一気に剣先から櫛にかける。ここが一番力を必要とするところ。剣先をかけたらそこから板尻に移動し，板尻部を支木にかける。

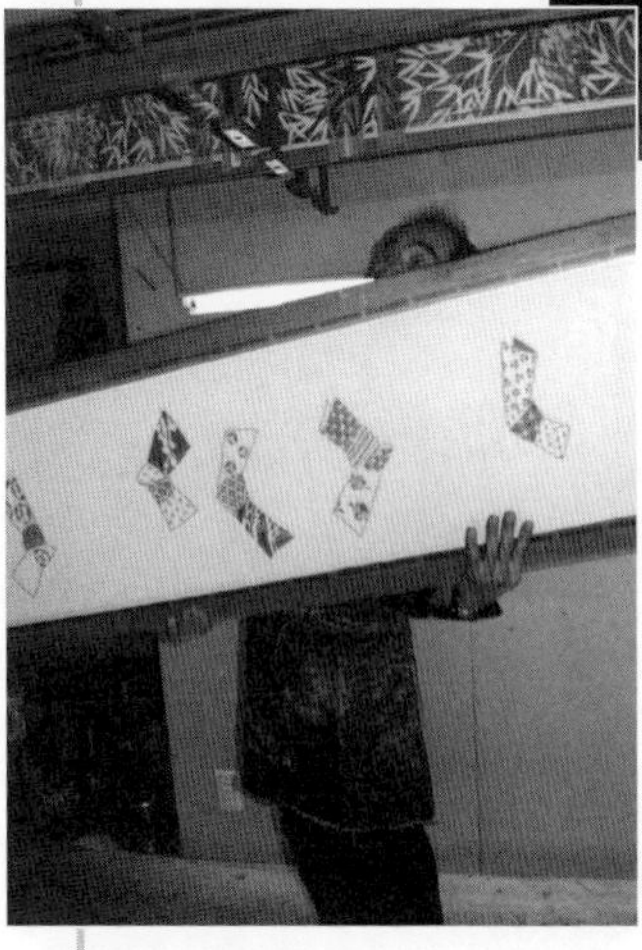

3 台の馬のうち中央は他より少し高く，上部が湾曲している。その湾曲に沿って板の縁を滑らせ，腰で押し出すようにして板を立てる。

糊置き

壬生にある杉本繁樹さんの仕事場。ここには 50 枚を超す友禅板があったが，昔はもっと多かったという。

とろ糊を友禅板に敷く。能率上，幅の広い二つの刷毛で均等に伸ばしてゆく。

少しのゆがみ，ひとつの皺が致命的になる。慎重かつ手早く生地を張ってゆく。

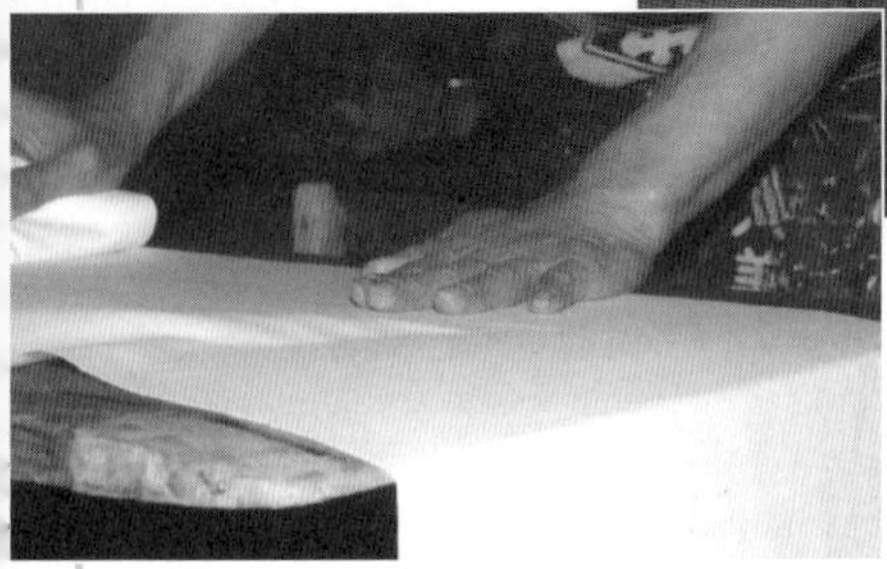

敷き糊を敷いて生地を張りつけ，剣先から裏側へ連続して生地を張ってゆく。

剣先の箇所では特に何度も型紙を上げて確認する。星を合わせて突き針を刺す。

型紙の上を滑るように篦が走る。型紙をはずすと，そこには均一でむらのない糊が置かれていた。型紙の端に見える小さな 2 本の針は先に置いた色糊が型紙を汚さぬようにする縁針。

板を立てるため馬を滑らす際に傷んだ板の縁は新たに埋め木をする。

れる台の上に載せた。馬は剣先、中央、板尻の位置に三台並んでいる。

地張りする場合は、敷き糊の接着力を回復させるためにとろ糊を塗布する。新しい友禅板を用いる場合は板が水分を吸ってしまうので加減が必要となる。

友禅板を板揚げしたり、裏返す場合、力まかせではなく、独特のコツがあり、また馬に工夫が凝らされていた。裏返す様子を見ていると、まず友禅板の中央の馬よりやや剣先寄りに立ち、剣先の方を向く。そして右手を友禅板の向こう側の縁にかけ、左手を手前の友禅板の縁にかけた。次いで右手に持った板縁を手前のほうへ引きながら起こした。中央の馬に友禅板の横腹をあて、滑らせて一気に立て、手前へ倒す。中央の馬は左右の馬より少し高くなっており、中央の馬だけで友禅板が支えられているので容易に裏返すことができるのだった。

さらに、中央の馬は湾曲しており、友禅板はこの面を滑って立つのだった。

板揚げする場合は、支木の間隔が狭いので、挿し入れる際は支木の出っ張りに注意して、友禅板、さらには地張りした生地を傷めぬよう慎重な動きだった。

由井さんの不在もあって、糊置きの作業を見るべく栗山工房を出て、再び洛中へ。栗山工房の仕事をしているという杉本繁樹さんの仕事場は「染色の町」にあった。前田製作所の南西。所は同じ壬生である。

杉本さんがこの仕事に入ったのは一八歳のとき。父は誂《あつらえ》友禅の四ツ身の子供のきものの仕事を主に手掛け、七八歳までは現役で糊を置いていたという。

杉本さんが使っている友禅板は、内材の樅の木のものもあれば、外材のものもあった。外材の友禅板は木がやわらかいから一度削ったが、内材のものは「もう三〇年から使うとるけど、まだ一ぺんも削ってない」という。

友禅板に型紙をあて、当然のことながら糊を置いてゆく杉本さんの姿には動きにまったく無駄がない。糊を置き終えれば外に出して乾かす板出しとなるが、仕事場が二階にある理由のひとつがわかった。友禅板を立てた櫛全体をそのまま中空を滑らせるようにして干し場に移動させる。一階部分は空スペースであり、風が流れる。友禅板を移動させるのに力も要らず、一括して枚数も運べて無駄がないし、ぶつけたりするリスクも少なくて済む。

友禅板は決して表に出ることはない。道具として使いこまれ、使い手の身体の一部と化すわけでもない。むしろ、変化・変容は拒まれる。

そして、大箭さんが指摘するごとく、スクリーン捺染《なっせん》の技法が出てきた今、型友禅の分野で友禅板が往時のような活気に包まれることはあまり期待できなくなってきている。

気のせいか「染色の町」にひそやかさが漂っているように思えた。前田さんの工場内に漂っていた索漠感が甦ってきた。

整経の丸辨製作所の近くに、緑色の桜〈御衣黄《ぎょいこう》〉の咲く〝西陣の聖天さん〟と呼ばれている雨宝院を訪れたとき、すぐ近くに織成館《おりなすかん》という織りにまつわる資料などを整えた見学施設があった。何気なく天井を見上げたとき、どこかで出会った、見た記憶があって足を止めた。瞳を凝らして見つめていると、特に両端に針で突いたような夥しい穴の跡がある。型紙で連続して糊置きしてゆく場合、型紙を正確に置くための目印が直径一ミリ足らずの合わせ星と呼ばれる穴である。ここに突き針を刺すが、その針跡なのだった。当然鉋はかけられたのだろうが、合わせ星の深さまでは削りとられなかったと見える。案内の女性は「これ、友禅板だったんですか。知りませんでした。でもいわばリサイクルですから」と無表情、というよりこちらの沈黙を訝しげに返すばかりだった。しかし、天井板として新たな役割を果たしているとはいえ、友禅板の現場を見てきた者には、ふと、前田さんや杉本さんの顔が浮かんできて、暗然たらざるをえなかった。そういえば、ジャカード機に用いられなくなった紋紙を窓のブラインドとして用い、新しい生活提案とした雑誌の記事もあった。西陣の或る町では行灯として活用されていた。それが現実でもあった。染めの世界でも織りの世界でも、不要になったものはうち捨てられ、あるいは〝リサイクル〟されてゆく。

聞き書き

糊置　年季奉公して、ここは私の城

由井外次さん

四角い駒篦が型紙の上をすべり，糊が置かれてゆく。一見、単純なようだが、模様により、生地により、指先の感覚や力の入れ加減が微妙に異なる。糊置き一つで染めの仕上がりは違ってくる。

「着物の柄が昔の恋人」という職人ことばがある。手描き友禅や挿し友禅に携わる人たちは町中で自分が描いたり、色を挿したりした柄の着物を見つけたとき、そう呟くという。型置き友禅の人に、着物を纏う人との直接性はさほど濃いものではない。しかし、染め上がりを左右するものは、分業化された友禅の一つ一つの工程を担う職人の腕の確かさにほかならない。

ひたすら糊を置く人たちがいて、華やかな友禅の着物が染め上げられてきた。

時代の変容のさなかで

この栗山工房へ来て三〇年になりますな。ここでは、図案・型彫り・染色・水洗い・仕上げなど、

聞き書き

染めの全工程をやってますけど、私の仕事は糊置き。友禅では文様の境目に細く糊を置いてゆく糸目糊置きがありますが、私のやっているのは型紙を使った糊置きです。

大正二年に生まれて一五のときに石川県の高松町から出てきて、京都の友禅屋に丁稚奉公した。最初にやらされた仕事は糊を練ることやった。餅粉《もちこ》と糠《ぬか》に塩を加えて練る。いまはもう廃《すた》れてしもうたけど、当時は写し染めやったから色も加えた。

二〇歳で年季が明けてからは、あっちの染屋、こっちの会社といろんなとこへ行った。糊置き職人やったからな。職人の中には「腕はいるけど、人はいらん」いうて、腕はいいが気難しい職人も少なからずおった。

徴兵検査は乙種合格やったけど戦争へも行ってる。前線に立つことはなかったけど、南方へも行かされた。敗戦後は仕事もなくて石川へ帰り、母親が死んで京都へ戻った。昭和二五年ぐらいやったか。糊置きの仕事もボチボチあったけど、親子で食べてくのがやっとやった。

友禅の職人いうんは、京都ではあまり信用がなかった。身分が不安定やったからな。昔は友禅の仕事は一年通しではなかったもんやった。それでも私はこの仕事しか知らんかったから。決してやりとうて入った世界やない。高松町の方では丑《うし》年生まれは「ねまり牛」いうて、兄貴を追い出すからいうて外へ出された。私の名前に外がついてるやろ。あの時代、多かった。会社の朋輩五人のうち三人、外の字が名前についてた。

糊を置くんはこの駒篦《こまべら》で。先にゴムがついてるが、以前は桜の木の横の木目板にチューブを切って自分で作ってたけど、型紙に紗《しゃ》を張るようになってからは、型紙は丈夫になったけど篦がもたんよう

型紙は伸縮を防ぐため型船（水槽）に漬けておく。栗山工房で。

駒箆の使い方も職人の腕。

ひたすら型紙で糊を置いてゆく。

糊置きは手先だけではなく身体全体を使う仕事でもある。

になった。

糊もゴム糊に代わった。青い色は見やすくするために着色してあるんや。下絵を布に写すときに使われてた露草の汁を和紙に含ませた青花も今は化学青花にとって代わられてるやろ。

糊を置いてくときはけっこう力がいるもんなんや。駒篦を動かしてゆくとおのずと右足親指に力がこもって、付け根が痛うなってくる。私の足はもうタコになってしもうてる。それに糊を置いたあと、一五メートルほどある樅の木ででけた長板を天井に架けんならん。手はともかく、足は内側に曲がってしもうてます。

日がな一日、ここでこうして一人で糊を置いてる。何度か自分の子どももこの仕事場へ連れてきたけど、「あんな単調な仕事をようやる」言うて。私はやってきたけど、息子にやってほしいとは思わんしな。ここでも糊置きをやってるんは私一人。私のあと、どうしはるんやろかいなあ。

それでもこの仕事だけは誰にも負けん。そんな自負だけでやってきて、これでよかったなあと思うてます。来年の五月でもう八〇歳になるんでっせ。

食事のときやお茶のときは彩色《さいしき》をやってる若い女の子やらとしゃべってたら楽しいし、仕事が終わったら何をさておいても将棋を指しに駆けつける。私のは攻めの手筋。それ以外はない。糊を置きながらでも将棋の手を考えてることがありますなあ。

ここは言うたら私だけの城。ここで糊置きの仕事、やってきますわ。

青花
朝露と酷暑の中から
中村繁男
久枝

近江の風光の中で

「淡海《あふみ》」「鳰海《にほのうみ》」という呼称をもつ琵琶湖は、昔も今も、近江の地に独特の風光を与えてきた。松尾芭蕉は限りなくこの湖国を愛し、「偏《ひとへに》〳〵貴境旧里《ふるさと》の如くに被存候間《ぞんじそうろうあいだ》立ち帰り〳〵御やつかいに成可申候《なるべくもうしそうろう》」（元禄三年九月二六日正秀宛書簡）と記し、その亡骸《なきがら》は芭蕉が庵を結んだ大津市膳所《ぜぜ》の義仲寺《ぎちゅうじ》に葬られている。

明治四五年、初めて京都を訪れた谷崎潤一郎は、まず「汽車は関ヶ原を出て間もなく近江の国境に這入る。両側の平地には菜の花が一面に咲き乱れて、見渡すかぎり遠く続いている。丁度米沢地方の桑畑のやうに、菜畑は近江国一円を埋めて居るかと疑はれる」と湖国へ入った。「近江の国は、私に取つて幼い時分からの憧れの的となつて居た。（中略）あゝ近江の国、丁度菜の花のやうな美しいローマンスの生まれる近江の国、私は一度この国の風光を背景にした物語を書いてみたい」（『朱雀日記』）と春霞の近江に心を弾ませている。

また川端康成は「最もあざやかな印象で、わたくしを感動させるのは、東京から列車が滋賀県にさしかかつた、その近江路の風光です」と述べ、「ゆく春を近江の人と惜みける」という芭蕉の句を引いて「わたくしの春の近江、近江の春には、あたたかい黄色の菜の花畑がひろがり、やさしい薄紅紫の紫雲英《れんげ》畑がつづいてゐます。春霞の琵琶湖があります。（中略）それよりもわたくしをああと感動させるのは、列車が近江にさしかかると、車窓の風光がわたくしのふるさとになることです。山々のたたずまひはやはらぎ、

摘み取られた青花の花びら。

早朝，花開く青花は，朝露を含んでみずみずしく輝いている。

木々の姿はこまやかになります。風景すべて繊細優雅になります」（「美の存在と発見」）と近江路の風光に心を寄せる。

そんな近江の風光のもとで、夏、朝露を含んで青い花を咲かせる露草が栽培され、その花汁で作られた青花紙は、友禅染の下絵を描くのに不可欠な「道具」となってきた。もし谷崎が夏に訪れていたならば、青い露草畑を見ることができたろうか。日本的な美意識を追い求めた川端ならば露草の生命と色をどう見ただろうか。

芭蕉が亡くなったのは元禄七（一六九四）年のこと。すでにそれ以前の貞享二（一六八五）年、近江では「青花運上」と呼ばれた租税が課せられるほど、露草の花汁を絞って和紙に浸み込ませ、乾燥させた青花紙の生産は隆盛を見ていた。その時期は京都を中心に色彩豊かで、自由な模様表現で流行を見ていた友禅染の隆昌と軌を一にしている。

貞享五（一六八八＝元禄元）年に刊行された『友禅ひいながた』には、「友禅流はこのみの模様下絵をつけて、のりをき或はくゝしにかけて染分る」とある。この模様下絵を描く際に、青花紙が用いられたのである。露草の青い染め色は水に会うと跡かたもなく消えてしまうという性質を逆に利用して、模様下絵を露草の花汁で描いたのである。

万葉の昔、露草は「月草」の古称をもち

月草に衣色どり摺らめども　うつろふ色と言ふが苦しさ（『万葉集』巻七―一三三九）

の歌に詠み込まれているように、色があせやすく、それは男女の愛情のうつろいに重ねられた。それでもなお想いをかけて月草で染める女心。

月草に衣そ染むる君がため　綵色《しみ》の衣を摺らむと思ひて（『万葉集』巻七―一二五五）

道の辺の草むらの中で朝露を含みながら咲いている青い花のひそやかさを思うとき、その色を摺りとろうとした万葉人の想いもまた、得心がゆく気がしてくる。だが平安王朝では「鴨頭草《つゆくさ》」とあてられた文字を、清少納言は「見るにことなる事なきものの、文字に書きてことごとしきもの」（『枕草子』一五四段）に挙げ、見た目は格別のこともないのに、文字で書くと大仰だとしている。

一方、紫式部は『源氏物語』で、光源氏が幼い薫の「頭はつゆ草してことさらに色どりたらむ心地して」とその気品ある容

露草　改良を重ねてオオボウシバナに。

姿に満足する条を描いている。「頭はつゆ草して」を「緑のうら髪」あるいは頭の剃り跡とする解釈がある。

「地獄花」を摘む

琵琶湖の南、草津市上笠《かみかさ》地区で栽培されている青花畑は、背後からの湖の気配が陽光を明るいものとし、眼前彼方には田上山《たなかみやま》山地がゆるやかな稜線を拡げていた。青々とした稲があるかなきかの風を受け、陽をいっぱいに浴びていた。青々とした田んぼに白い鷺があちこちで餌を捜しており、青鷺もまじっていた。青花畑に近づくと野鳩が二羽、驚いたように畑から飛去っていった。翼の風切り音も暑い。畝に歩みよるとさらに一つがい。

中村繁男さん，久枝さんご夫妻。

中村繁男さんの青花畑は、面積が六〇〇平方メートルほど。早朝五時から花を摘むために立っているという畑は、長さ一〇〇メートルほどの畝が三筋。露草とはいっても、道端で見かけるそれとは違って、草丈が人の背丈ほどもある。畑に身を置いていると、夏の陽が容赦なく照りつけて身体を灼く。草いきれと足元の地面からの輻射熱もある。

　そんななかで、中村さんと奥さんの久枝さんは黙々と青花を摘んでゆく。無雑作なようだが、よく見ると萼《がく》や雄蕊《しべ》・雌蕊を摘みとらぬように、花びらだけを上手に摘みとって腰から下げた小さな籠に入れてゆく。萼などが混じると仕上がりの花汁の色が悪くなるからである。花摘みは一一時ごろまで続く。八時を過ぎれば、太陽に早朝の穏やかさなどすでにない。炎天下の、酷暑の中の仕事である。後刻、中村さんも久枝さんも、青花のことを、摘む側からすれば「地獄花」「苦労花」と呼びたくなることも一再ではないという。丈高い青花は上にも下にも咲く。それを腰をかがめ、伸ばし、一つずつ摘んでゆかねばならない。青花は、

　朝露に咲きすさびたる鴨頭草の　日くくるなへに消ぬべく思ほゆ（『万葉集』巻十―二二八一）

という和歌からもわかるように一日花である。朝露を受けて楚々とした青い花を咲かせるが、日暮れを待ちかねるようにしぼんで「溶けて」しまう。自然は人間の都合を待ってくれない。花の咲く六月末頃から八月の初旬まで花摘みは休みなく続く。

　小籠が一杯になれば大籠にあけ、さらに摘む。一輪だけなら朝露を宿して美しくもはかなげだが、無数に摘み取られた花びらは、色を重ねて陽光を跳ね返すほどに強烈な青と映る。一区切りついたところで、おむすびにお茶の朝ごはんをとる。忙しいときは花を摘みながらおむすびをかじることもあるという。

そんな話を聞いて、谷崎が京都に入るとき、車窓から見た菜の花畑の下でも同じような摘み取り作業が行なわれたことだろうと思った。多くは菜種油を搾るための畑だったろうけれど、漬物などにするために菜の花を摘むとき、花の匂いがきついので頭が痛くなってクラクラしたり、風があると匂いは飛んでくれるが花が揺れて摘みにくくなる。咲ききった花はパサパサして味のないものになってしまうから、せいぜい七分咲きのものまでを摘まなければならない。菜の花もまた人を待ってはくれない。

中村さんはこの間、奥さんに勢い込んで語ったという。「六〇年間花をいろうてきたが、花を籠に入れたとき、初めて花の音を聞いたぞ」と。「花の音」とは何だろう。蓮の花が咲くときに「ポン」と音がするという話は聞いたことがあるけれど。中村さんは、青花の花びらが肉厚で大きく理想的な青花だったから、花びらと花びらがこすれぶつかって音がしたのだという。そのような青花を収穫するために毎年選別に選別を重ねて自家採種してきたのだから、とうれしげだった。

栽培されている青花は露草の栽培変種で、学名をオオボウシバナという。露草の花びらの幅がわずか六ミリほどなのに比して、この花は四センチほどもある。大きければ収量が上がり、絞って出る花汁の量も当然違ってくるし、青花紙の生産も増える道理である。だが、晴天が続くと花びらが含む花汁の量は少なくなる。といって雨が続けば花びらは指先にまつわりついて摘みにくくなり、花汁は薄くなる。天候に一喜一憂しなければならない理由でもある。

花びらを摘み取られた青花は、その後、雄蕊と雌蕊が受粉して種を生む。先刻、人の気配に驚いて飛び立った二つがいの鳩は、その種をついばみに来たのだという。

中村さんの青花

①栽培されている青花は露草の栽培変種で，学名はオオボウシバナ。花びらの幅は 4cm にもなる。花びらを痛めないよう，指先でやさしく摘む。

②籠一杯に摘んだ青花を篩にかけ，花びらに付いている雄蘂などを落とし，洗い桶に移す。

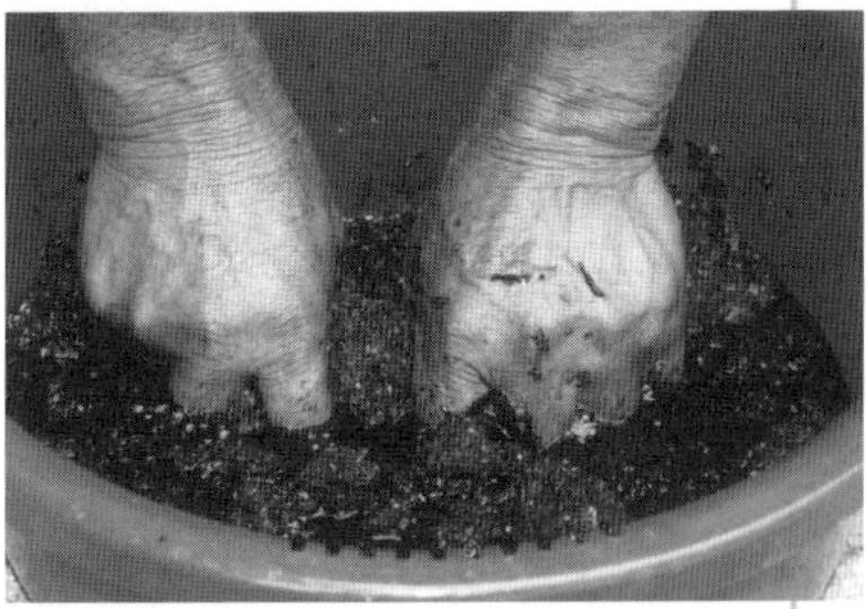

③両手で掴むようにして，ぎゅっと揉み絞ると，次第に鮮やかな青の花汁が出てくる（粗絞り）。

④粗絞りを終えたら，もう一度花びらと花汁を木綿の袋に移し入れ，さらに絞って漉す。生産量が多かったころには，樽に入れ，蓋をして，重石を乗せた丸太棒で絞った。

⑤漉した花汁を刷毛に含ませ，和紙に塗る。色むらにならないよう均一に和紙に浸み込ませる。

⑥花汁を塗った和紙を茣蓙の上に並べて乾かし，天日に干す。乾いたらまた刷毛で花汁を塗っては干す。

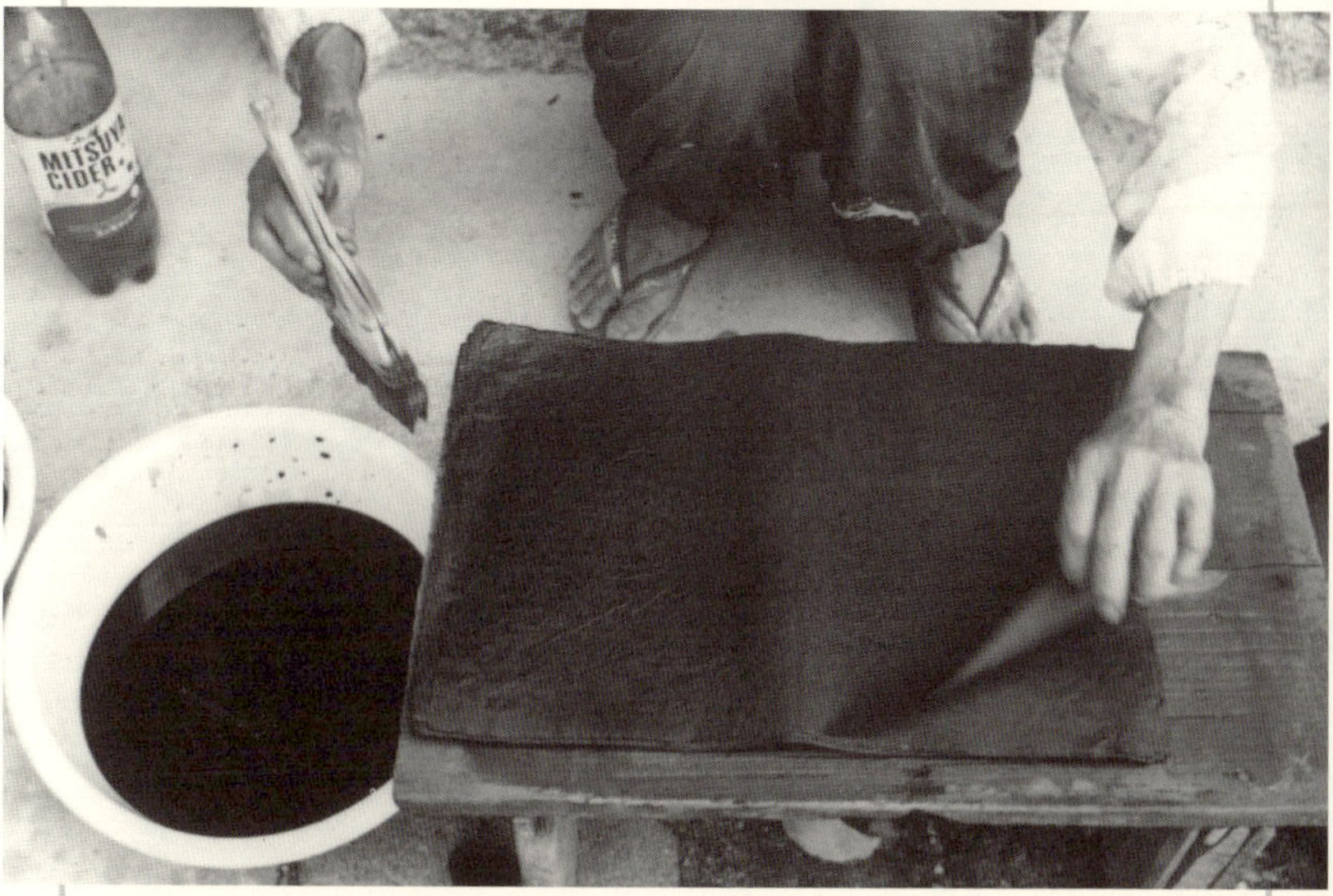

⑦塗っては乾かすを繰り返すことおよそ１週間かけて青花紙が出来上がる。白かった土佐和紙は鈍い藍色の光沢を放ち，重さは約３倍にもなる。

花汁を絞り、塗る

大きな籠一杯に摘み取られた青花は、少しずつ篩《ふるい》にかけて、花びらについた黄色の蕚をふるい落とす。それを洗い桶に移して両手で強く揉み絞ってゆくと、鮮やかな青い花汁が出てくる。苦労して摘み取った花をいわば一気に潰してしまう中村さんの手に躊躇はない。そんな思いは単なる傍観者の感傷でしかなかった。青花紙が出来上がるまでの道のりはまだまだ長いのだった。

花汁を絞った花のカスを木綿の袋に入れてさらに絞る。絞り出した花汁も入れて漉すようにして花汁をギリギリまで絞り出す。生産量の多かった以前であれば、下に抽出口をあけた樽に入れ、蓋をし、重石を乗せて丸太棒を用いて梃子《てこ》の原理で搾り出したが、今はそれほどの量はなく、桶もまた箍《たが》が駄目になってしまって、もう直してくれる桶屋もないからその辺にほったらかしにしてある、と中村さんは苦笑する。畑で摘み取る竹籠を新しくしたいが、それを作ってくれる籠屋もいないと、ひとりごちていた。

絞り取った花汁を五寸刷毛で和紙に塗って吸わせ、塗っては吸わせ、茣蓙《ござ》の上に並べて陽に干し、乾けばまた刷毛で青花汁を塗り吸わせてゆく。これは久枝さんの仕事だ。和紙のゆえもあってか、花汁は実に気持ちよさそうに吸い込まれてゆく。和紙はかつては楮《こうぞ》を漉《す》いた美濃産の典具帖紙《てんぐじょう》を用いていたが、現在は土佐和紙を用いている。大きさは書道に用いる半紙の大きさ。三度ほどそれを繰り返した後、四枚を一かさねとして、また刷毛で片面を塗っては干し乾かし、次には、その裏面から塗ってはまた干す。

ひと夏を毎日、ただひたすら花を摘み、午後から空模様に気を配りながら塗っては干す作業を繰り返す。雨があたればその部分の花汁は散って薄くなってしまう。

久枝さんは近くの集落から嫁して五〇年、花を摘み、花汁を塗っては干す青花紙作りに精出してきた。実家で青花は栽培していなかったが、小さいころからその花摘み風景は目にしていたという。久枝さんは花を摘むのはつらいけど楽しい、一所懸命働いてきたので遊べないよ、と問わず語りにつぶやいた。

シート状の青花紙を 2cm 角ほどの賽の目に切り，小皿のうえで水をさしながら使う。

下絵に使う筆は，陶器の絵付けに用いる「竹堂」という少し太めの筆。腰のあるしっかりした筆でないと細い線は生まれない。

数種の筆を使い分けて描かれた巧妙な技。糊置きには欠かせない大切な下書き。しかし水洗いされた時点で，青花の痕跡は消えてしまう。

花汁を塗っては干す繰り返しの中で、和紙は少しずつ少しずつ重さを増し、花汁の青い色素は和紙に沈澱し、堆積して藍色に変化してゆく。先述の万葉歌の「綵色《しみ》の衣」とは、女性の想いを何度も重ね染めた青花紙の色だったのかもしれない。毎日何十回も塗り重ねて、花汁の濃さにもよるが、約一週間余りで青花紙は出来上がる。このとき、白かった土佐和紙は鈍い藍色の光沢を放ち、重さは約三倍にもなっている。

人の手と汗と陽の光と時間が堆積してはじめて生まれる青花紙は、友禅染の下絵を描くとき、小さく切り出され、白磁の絵の具皿の上で水と出会う。と、花びらが揉まれたときの青色を彷彿とさせる美しい色が静かに滲み出す。それはいわば朝露の色。その色を友禅染の現場で再現するために中村さんたちの苦労はあった。筆先に含まれた青花は華やかな友禅模様の輪郭を描いてゆく。

その青花描きの下絵をなぞって、糊でもう一度描き直される。これが染め上がったときに模様の境界に必ず表われる、糊糸目《のりいとめ》と呼ばれる白い線を生む。そこには青花のあの色はどこにもない。糸目糊置きした後、水洗いされた時点で、青花の痕跡は消える。そのはかなさこそが青花の役目と特長なのである。華やかな友禅染のきものから、青花とその花汁から作った青花紙、そして友禅模様を描き、消えてゆく露草のあることを思い浮かべる人は一体何人いるだろう。

友禅染の登場

茜《あかね》や紫根《しこん》などとともに、古代から植物染色の材料草となってきた露草が、染料原料として商品流通していたことは中世の京都に薄家《すすき》を本所とする青花座が設けられていたことから知れる。九条寝藍座の藍や四府《し》駕輿丁《ふかよちょう》座の茜商売などの座もあった。座は社寺や禁中（朝廷）に奉仕するとともに、その特権を守るために結束して、利益共同体としての組織を結成していた。祇園社と綿座、北野天満宮と麴座、離宮八幡宮と油座などである。青花座の存在は、その商品価値の高さと京染という染色文化の存在を裏づけるものであり、安土桃山期には新たな染色文化が花開いていった。

そして江戸は天和・貞享（一六八一―一八八年）のころ、友禅染が登場するに及んで、青花紙の生産は一層の隆昌を見せてゆく。かつて草津では八〇軒ほどの農家が青花を栽培し、青花紙作りにいそしんでいた。それが今はたった五軒にまで激減している。

「草津より石部の間、およそ百ヶ村にも及びて、青花紙を製す。これ近江一国の名産にして、月草の花をもって紙に染め浸す。その草の名、俗に露草、またうつし花、ぼうし花ともいふ」と記すのは、社会的にも文化的にも爛熟しつつあった文化一一（一八一四）年刊行の『近江名所図会』である。

露草からの青花にかわって、現在では化学青花が用いられるようになった。デンプン液にヨード液を加えたもので青黒色を呈しており、その特性として加熱すると無色に冷えて復色するが、長く加熱するとヨード分は昇華して復色しない。その点、ローケツ染めでは青花より化学青花の方が適しており、安価なことから多量に使用する鹿の子絞りの下絵などにも用いられている。

青花にも化学青花にも一長一短はある。青花に二一世紀という時代の淘汰をくぐり抜ける命脈はあるのだろうか。青花の花の美しさを語るときに相好をくずした中村さんは、そんな状況だからこそ青花の復権を誰よりも願い、地元の小学校での栽培や下絵描きなどを積極的に推し進めて、子供たちに青花の何たるかを啓蒙した。また料理に青花を生かせないかと、ご飯にまぜたり、絞り汁を豆腐にかけたり、お茶にしたりと、栽培者としてさまざまな工夫も行なっている。木下杢《もく》太郎は「ツユクサの新芽は今年始めて試みたが、大いに推奨するに足りるものである」と詩人として医学者として露草などを食味している。

京都・洛北の花背《はなせ》の地。山の気配漂うその中に、摘草料理として素朴さと京料理の洗練をないまぜにした料理を供してつとに知られている美山荘がある。野草一味庵とも標榜するごとく、その中に露草を素材とした料理もあった。まだやわらかな幼茎や葉を椀種や浸し物として、若葉から青汁をとり、その美しい色を生かして摺り流し仕立として用いている。露草のつかのまの生命を賞味するのである。それは味覚というよりは、露草の内包するはかなさをとどめようとする料理人の研ぎ澄まされた自然への感性が生み出した、季節と生命に思いを馳せる料理といえよう。

移ろうことの枕詞となっている青花だが、中村さんはそれを染色品にする試みも行なっている。絹を染めたその色はあくまで自然でおとなしやかな色だった。朝露を含んだ青花のように。そしてはかなげでもあったけれど。そのように青花にこだわる中村さんの気持ちは、青花に対するいとおしみに他ならない。「花では無い、あれは色に出た露の精である」(『みみずのたはこと』)という徳富蘆花のことばが耳朶《じだ》を打つ。

今年の酷暑はひとしおだった。九月、青花の種子を採取して、また来年二月、種蒔きからの青花作りが待っている。

蒸し

友禅流しのあとさき

夏山萬春
一純
（夏山染色蒸工場）

京の風物詩

かつて京の風物詩とされた〝友禅流し〟は、はなやかな友禅染にはかかせぬ工程だった。なだらかな稜線を見せる東山を借景とした鴨川での友禅流しは、京を訪れた人にとっては一刻、京情緒を満喫できるものだったろう。

明治四一（一九〇八）年に物見遊山で京都を訪れた二十代の志賀直哉ら三人。その一人、里見弴は「二条の橋を渡ると清き瀬に友禅をさらして居る。川の中洲には若草が萌黄色に萌えて居て友禅の水紅色と相映じてゐる」と書きとどめている。

鴨川の流れを活用したのは友禅業者ばかりではなく、川筋に並んだ料理屋は生洲《いけす》を設けて川魚を供していた。三方を山々に囲まれた京都は、江戸後期の戯作者・滝沢馬琴が「京は魚類に乏しき土地なれば（中略）生洲は高瀬川をまへに（中略）ここにて鰻鱧《はも》。あらひ鯉名物といふ」と記したごとく、川魚はタンパク源として不可欠な食料であり、明治期まで、京都で一流料理店といえば川魚料理を出す店であった。

京情緒を醸しだす友禅流しは、蒸し加工をして染料を生地に染着させ、発色した後の余分な糊や染料を洗い落とすことにある。それが川筋の料理店の生洲に流れ込み、魚への損害が著しいと抗議が起こった。高瀬川でも同様で、さらに大正九（一九二〇）年まで機能していた高瀬舟の舟運の妨げになるともされた。

森鷗外の『高瀬舟』は、「罪人を乗せて入相《いりあい》の鐘の鳴る頃に漕ぎ出された高瀬舟は、黒ずんだ京都の町

鴨川での友禅流し。『京都山水』明治 36 年刊より。(『写真で見る京都今昔』新潮社より)。川風に色とりどりの反物がなびく。

の家々を両岸に見つつ、東へ走って、加茂川を横ぎって下るのであった」と描く。高瀬舟は東九条辺で鴨川を東へ横断して東高瀬川へと入り、伏見までを往復した水運である。

大正一一年、永井荷風は「堀川の岸に並び立つ柳の老木は京都固有の薄暗い人家の戸口に落葉の雨を降らせてゐた。白川の小流れには女が染物を晒してゐた」(『十五年振』)と描くが、東山に沿うようにして南流し、花街の祇園町を西流して鴨川に注ぐ白川では井戸水が汚れると苦情が出た。

友禅流しは、京友禅の生産が盛んになればなるほど、風致問題と公害問題との背中合わせになっていたのである。明治の末、木下杢太郎は鴨川に架かる「庚申橋《こうじん》(荒神橋)とかいふ橋の下に大小紅紫いろいろの友禅の半襟を綱に吊るして居たのが、如何にも春らしく京都らしく好い気持であった。(中略)灰色の河原の石の上に、あちらこちらに干されたる斑《まだ》らに鮮やかな色の布。こんな景色は沢山見られた」(『京阪見聞録』)と描く。

大正五年、友禅流しは下鴨神社のすぐ南、賀茂川と高野川が合して鴨川となり、南流する少し南に架かる荒神橋以北と限られた。そして京情緒を醸し出す絶好の光景として文化人や観光客らの称揚もあって、昭和に入ってもかろうじて続けられていたが、昭和四六（一九七一）年の水質汚濁防止法の施行によって、京の河川での友禅流しはその姿を消した。今では夏の鴨川での納涼の祭りの折などにイベントとして束の間見ることができる。

大鋸屑の湿り気

夏山萬春さん

京都市中を南北に流れる堀川。今は荷風が描いたような風景は失われ、多くは暗渠とされて道路となり、あるいは水のない川となってしまっているが、かつては堀川でも友禅流しが行なわれており、染めに用いた友禅板を洗ったり、染料を落としたりする光景などはごく日常のものだった。

現在でも堀川に沿って染色に携る人たちが多く生活を営んでいる。そうした人々によって友禅染に繊細ではなやかな模様と色彩が施される。色挿しを終えた生地は、染料を水分と熱によって繊維の中に拡散させ、染着させるために「蒸し」に出される。染

工場のすぐ横を流れる桂川。さほど遠くない上流に嵐山がある。

夏山染色蒸工場。左手の小廂のある建物は生地の乾燥棟。

料によって描かれた色と模様は蒸されることで、蒸気の水分と熱によって高温の染料液となり、繊維と結合して染着して発色を見、また不可欠な色の堅牢度が得られるのである。

そんな蒸し加工業者を尋ねて、堀川通界隈の京都で最も古いとされる蒸し屋さんを尋ねあてると、そこはすでに廃業していた。蒸し箱一杯に何十反と詰めて続けてきた仕事も、注文が減り、蒸し箱がなかなか埋まらず、ボイラーなど機械の維持も難しくなり、廃業を余儀なくされたという。尋ねあてれば、何軒かはそうした現状であった。最盛期には京都友禅蒸水洗工業組合に加盟していたのは六五軒。現在は二〇軒にまで激減している。京都では戦前までは蒸しの工程に専門の業者はおらず、染工場で行なわれていたという。

尋ねあてたのが、洛西、桂川畔にある夏山染色蒸工場だった。

夏山萬春さんは「父と母が二人で、目と鼻の先の桂川で水洗い、つまり友禅流しをやっていた。私もよう手伝わされた。蒸しを手掛けだしたのは昭和三六年頃のことやった」と振り返る。

工場の入口に大鋸屑《おがくず》がこんもりと小さな山をなしていた。触ってみるとかすかな湿り気がある。「樅《もみ》や杉を挽いたもので、アクを抜いてから使う。荒いものは燃料として銭湯などへ回り、ミンクの毛皮を洗うときにも使われる

扱染め工程

①あらかじめ水気を含ませておいた扱台に，生地一反を歪みのないように地張りしてゆく。

②でんぷん糊に染料をまぜて作った色糊を，柄杓で一気に生地の上に垂らして置いてゆく。

③色糊を篦でスピーディーに扱いてゆく。色糊を生地全体に均一な厚みで延ばすのは熟練した腕を要する作業。

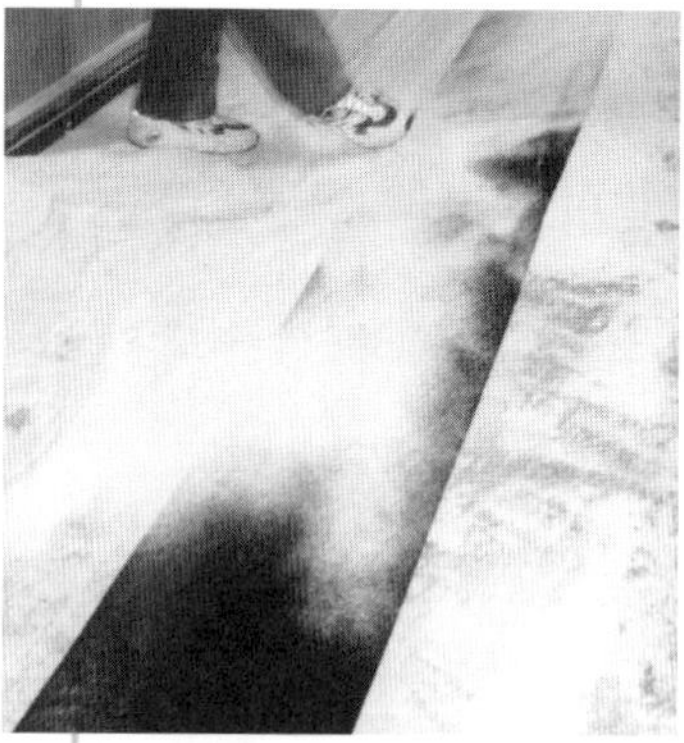

④生地を大鋸屑を敷いた床に下ろし，さらに上からまんべんなく乾燥した大鋸屑を振りかける。

⑤蒸し棒を生地の下からすくい上げるようにして通し，大鋸屑を振るい落としながら蒸し枠にかける。

⑥蒸し枠にかけられた生地。乾燥させずにすぐに蒸し箱に入れる。

湿りとり工程

②乾燥した生地に大鋸屑を振りかける。以前は手で篩を使っての作業だったが，今は機械化されている。

①ホースで水をかけてスコップでまぜ，大鋸屑に適度な水分を含ませる。大鋸屑を積み上げた小山にふくらはぎまで埋まりながらの作業だ。

③湿りとりを終えた生地。機械にかける前は堅く張りのあった生地が，湿り気を帯びて柔らかく変化する。

④蒸し棒を使っての生地掛け。大鋸屑の振られた生地に蒸し棒を差し入れて簾状に折りたたむ息子の一純さん。

蒸し枠に張られた紐に生地を吊るす紐掛け。汚染防止に新聞紙を生地の間に挟む。

が、蒸し用のは少し細かい」と言いながら、扱染《しごき》めにする「伊勢型紙写《うつし》小紋」と記された反物を扱台の上にひろげ、地色となる黒の柔らかめのでんぷん糊を柄杓で垂らし置いてゆき、篦《へら》で糊を均一に扱《しご》いていった。終わると大鋸屑を敷いた床に無造作に直接置いて、さらに大鋸屑を振りかけてゆく。これは「濡れ蒸し」と呼ばれる蒸しの方法だった。

別のところでは大鋸屑の小山をスコップでかきまぜ、その湿り具合を確かめると、やおらホースの水をシャワー状にして大鋸屑にかけ出した。水をかけてはまたかきまぜる。手に取ると扱染めしたものに振りかけた大鋸屑よりは大分湿り気が増し、重ささえ感じる。

乾燥した生地にこの湿り気を帯びた大鋸屑を振って、適当な湿り気を与えてから蒸しにかける方法で、「湿り蒸し」と呼ばれ、主に型友禅などで行なわれる。機械にかけられた生地がローラーで前へ送られてゆくと、上から大鋸屑がスピードに合わせて撒き散らされてゆく。

夏山さんは奥から直径五〇センチほどの篩《ふるい》を二つ出してきた。「昔はこの篩を二つ並べて大鋸屑を振った。機械よりは篩の方がこまやかに振れるが、そんな非能率的なこともやっておられんし」と苦笑する。給湿むら、あるいは給湿後の部分乾燥によって染着むらが出る場合もあるから、決して気が抜けない。

蒸しにはもう一つ、「から蒸し」と呼ばれる、生地に大鋸屑による給湿を行なわず、乾燥状態の生地を蒸しにかける方法がある。濡れ蒸し、湿り蒸しは主に型友禅に用いられるが、から蒸しは引染めのものに用いられる方法である。いずれも、いかにして染料の持つ色相を完全に発色させるかを考えて工夫された方法である。

大鋸屑にどれだけの湿り気を与えるか、無雑作にやっているようだが、生地に均一な湿り気を与えるのは職人の経験と勘による。その結果は蒸し上がりの出来映えをも左右する。

「昔は大鋸屑やのうて、米糠を使ってたそうや。糠やったら身近にあったろうし。私はやってみたことはないが」と夏山さん。

大鋸屑が振られた生地を、息子の一純《かずよし》さんが適当な長さのところに新聞紙を巻いた蒸し棒を差し入れて、簾《すだれ》状に折りたたんでいる。この「棒掛け」は地糊を扱いて濡れたまま蒸しをかける濡れ蒸しや、生地折れを避ける場合の生地掛けの方法である。

一純さんは今度は蒸し枠に張られたビニールの紐に折りたたんで吊るされた生地へと移った。ビニールの紐と生地の間に新聞紙を差し込んでゆく。生地の打合い汚染を防ぐためだという。「蒸す布の状態によって吊るす間隔も違ってくる。なにげないようでも、いろんなことを考えて仕事を進めている」と夏山さんは言う。

蒸し枠に取りつけられたピンに生地の耳を掛け、生地を横方向に吊るして蒸す「かん掛け」もあるが、これは伏糊《ふせ》や複雑な加工が施された生地には向かない。

蒸気の魔法

鈍色の瓦屋根が続いていた京の町並。かつて堀川通に沿って歩くと、そんな町家の造りとは趣きを異にする三階建ほどの高さの建物をおちこちに見かけた。それは黒々として、あるいは赤錆び、界隈では一種異様な建物といえた。それは染めの蒸し屋であることを示す建物でもあった。時としてそこからは激しく白い蒸気が湧き上がった。夏山染色蒸工場にもそれは正面左手に見えた。だが、もう使われることもない建物となっていた。

工場内には赤く塗られた鉄製の蒸し箱が四基、重々しく並んでいた。それは蒸し箱と呼ばれてはいるものの三角に切られた屋根のせいもあって、箱ではなく、小屋のように見えた。その三角屋根も生地に水滴が落ちないようにするには最も適した形なのである。「昔は船大工が蒸し箱を作ったもんや」と、夏山さんは蒸し箱の中を見せてくれた。その内側には輻射熱の影響を防ぐためと保温を目的とした板が張ってあり、地には大鋸屑の層が濡れそぼっている。その下には筵《むしろ》が敷かれ、筵の下には蒸気を発する穴を穿たれたパイプが走る。独特の木工技術をもって頑丈、緻密な船簞笥を作った船大工が蒸し箱を作ったというのもわかるような気がした。蒸し箱は高熱の蒸気で酷使されるのだから。周囲を煉瓦で補強している蒸し屋もあるという。

その穴の数や、蒸気の流れが偏《かたよ》らないように蛇管パイプを用いたり、パイプの配し方も蒸し屋によって異なり、簀《すのこ》や筵《むしろ》を敷くなどの工夫もある。それはそのまま蒸しの技術でもある。米を炊くときに「始めチヨロチョロ、中パッパッ、赤児泣いても蓋取るな」という。蒸しにも同じような言い慣わしがあって、始めはぬるく蒸し、徐々に蒸気をあげ、中間ぐらいの温度で蒸し、最後に高くすることが必要なのだという。それは、始めは比較的水分の多い蒸気で蒸すことで、染料が染着するために必要な湿り気を与える。しか

①蒸し箱に吊り下げた生地を入れる。

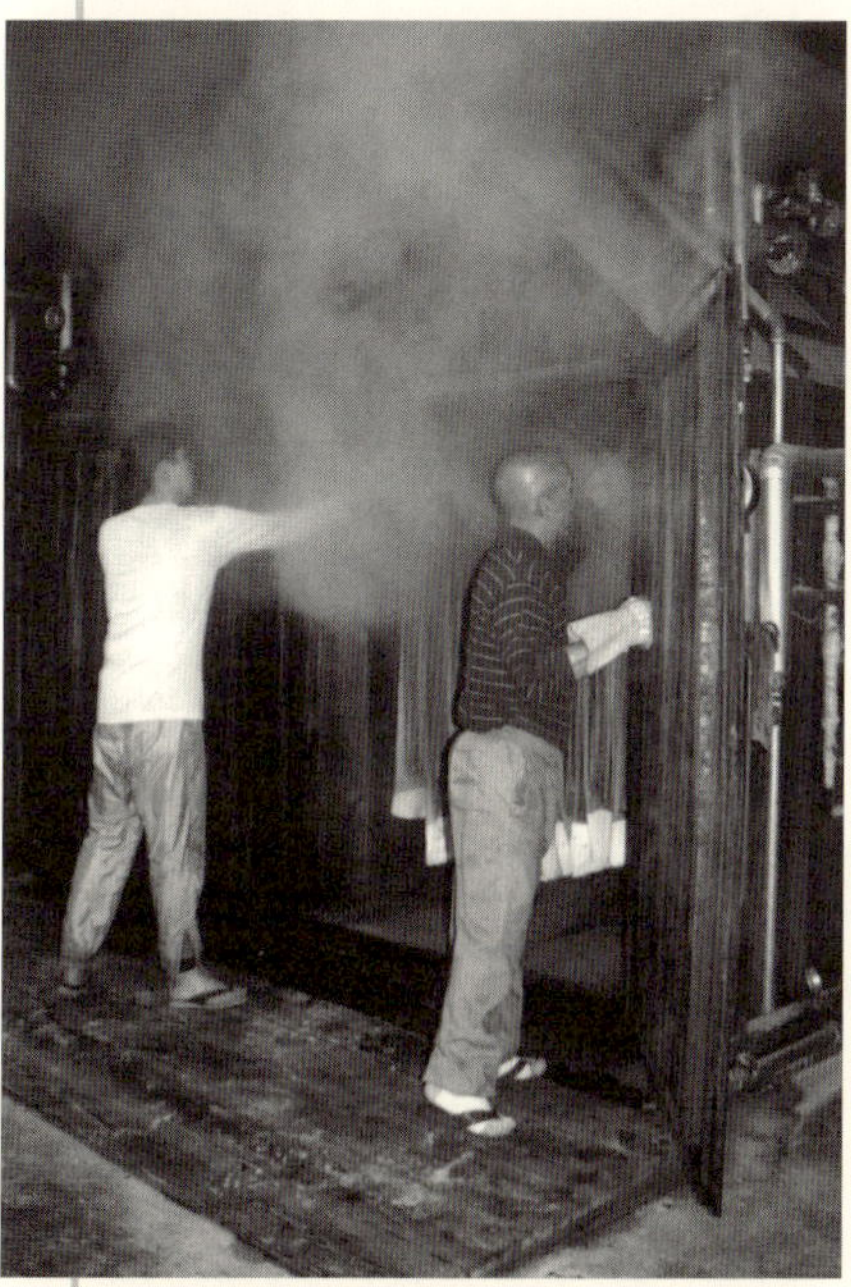

③蒸し上がりを知らせるブザーが響き，扉が開くと真っ白な蒸気があふれ出る。

②赤く塗られた鉄製の蒸し箱。現在はボイラーから供給される蒸気で。

し、そのままだと染料が泣きだす恐れがあるから、生地に与える水分量を減らしてゆき、生地の温度も上昇させる。終わりの方では水分含有の少ない高温の蒸気で生地温度の上昇と水分量の増加を停止させて、安定した状態で蒸しを行なうというのである。以前の水分を多く含んだ「湿り蒸気」から、ボイラーを使用することで蒸気だけの「飽和蒸気」が得られるようになり、飽和蒸気を使いこなすことでさらに良い発色が得られるようになった。

蒸気をどう使いこなすか、それが夏山さんたちの腕であり、勘であった。「色出しする人は、ここはこういう色に上げよるやろと、わかってうちに仕事を持ち込んでくるんや」と夏山さんは語る。それは蒸し屋への信頼であろう。そして「反物見て、これはこれくらいと判断して仕事にかかる」とは蒸し屋としての眼力であり、自信であった。

蒸し箱に入れてしまった後は、人は蒸気の手助けしかできない。ふと、陶芸におけるやきものの窯を思った。土をひねった器を窯に詰め、火を入れれば、人はその火にやきものへの思いをあずけるしかない。火は、染色の世界で言えば、蒸気であった。だが、やきものの火は偶然に思いもかけない美しさを生むこともあるが、蒸しにはそれが許されない。蒸し箱の中で蒸気がどのように箱の中をまわり、生地にどんな働きかけをしているのか、夏山さんには掌を指すように見えているのかもしれなかった。

だが蒸しに、時として瑕疵《かし》が生ずる場合もある。生地の詰め方、蒸気の流れ方、蒸し前の水分むらなどによって生まれる蒸しむら、紐（棒）跡部分が濃く染着する紐跡、生地側の接触部の発色が悪くなる伏糊打合い、そしてまぼろしと呼ばれる生地同士の部分的な接触、密着による色の淡さなどである。こうした

洗い

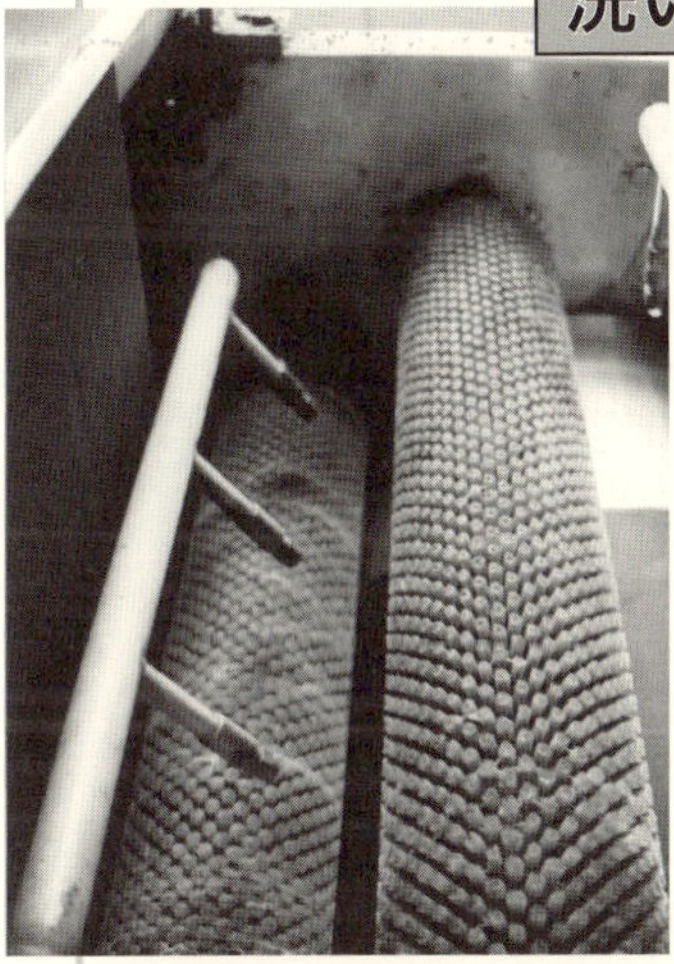

反物はすべて縫いつなげ，水洗いの連続洗い機にかけられる。勢いよく放出されるシャワーと回転するブラシによって，生地についた糊や大鋸屑が取り除かれてゆく。

ゴム糊や蠟を落とすための揮発水洗用の機械。現在は廃液を蒸留できるパークレンが用いられる。

工場内に設けられた人工川。連続洗い機にかけることができないものに使用する。

過誤を生まないために、蒸しという加工技術が行なわれ始めた明治一〇年代以降、さまざまな技術が考え出されてきたのだった。そして京染の分業体制の一翼を担うようになったのだった。

洗い流して

蒸し上がるとすぐに水洗いとなる。糊や薬剤、固着しなかった染料を生地から完全に洗い落とす工程で、「水元《みずもと》」とも呼ばれ、かつて行なわれた河川での友禅流しのことでもある。

はたから見ていれば、美しい色が水に映じて一幅の絵のようでも、「友禅流しにも技術が必要で、流れを見きわめながら棒振り、あい振りなど洗い方にもいろんなやり方があり、難しかった。水に濡れた絹は摺れや汚れ、皺などが発生しやすかったから。体力も要った。それに濡れたまま河原に干したから。糊はでんぷんだから、小魚が寄ってきたりした」。

夏山さんは格別、友禅流しを追懐したり、至上のものとしてはいない。工場での水元は流水人工川の設備もあるが、ほとんどは連続洗い機にかけられ、圧力をかけたシャワーで糊をはじき、回転するブラシがきれいに落としてゆく。友禅流しは今はない西洞院川《にしのとういん》、四条川などでも行なわれており、鴨川を水元場とする友禅流しを行なうようになったのは明治に入ってからのことであった。目利きの呉服問屋は、納められた反物の染め上がりを見て、どの川で水元したかを言い当てたという。川の水が軟水か硬水か、その成分によって色の冴えが違ったのだというが、それも今となってはもはや昔語りである。

前述した異様な建物には五重塔などに見る裳階《もこし》のような小廂《こびさし》が何段にも設けられ、中は大きな吹き抜けの空間となっている。ちょうど一反を半分に折って吊り下げられる高さである。この建物は生地を乾燥させるための構造となっている。小廂の間から風が入り、生地を乾燥させてゆく。あるいは下から熱風を吹き上げさせる。その中に身を置けば、色彩の豊穣さにめくるめくような眩暈《めまい》を覚えるのだろうけれど、それは友禅流しと違って人目に触れることはない。

それにしても、蒸しといい、水元といい、水を活用しながら一枚の染め物の美しさを生み出すために、完成品からはうかがい知れない、どれほどの人の手、創意工夫が凝らされてきたことか。

張りと湯のし

今様 染色整理

川端基之（川端張工場）
上坂真一（上坂染色整理加工）

竹と湯

現代の生活の中でのきもの離れは依然として続いている。かつてきものが日常的に着られていたころ、女性たちはきものをみずからほどいて洗張《あらいは》りをしていた。一枚のきものをほどくとき、洗うとき、さまざまな思いが交錯していただろう。幼いころ、季節が移ろうとする晴れた日、張板にほどいて洗ったきものを一枚、一枚を張って干す姿には、男には何か近づきがたい雰囲気があった。その日その時、女性たちにはかすかな心の弾みとはなやいだ感情のようなものが、交わす言葉や表情に漂っていたことを思い出す。一枚のきものが女性一人一人の来し方行く末のさまざまな思いをあぶり出していたのだろう。

そんな日常の中の風景とは別に、きものの世界では「張屋《はり》」、「湯熨斗屋《ゆのし》」と呼ばれてきた専門職がある。今は「染色整理業」として職業分類されている。練《ね》りや染めのあとで生地の皺を伸ばしたり、幅を出して一定に整える一連の作業である。糊を含ませた後、細長い竹串の両先端に金属製の針をつけた伸子《しんし》を用い、竹の弾力を利用する伸子張りと、蒸気を当て、その水分と熱を利用する湯のしがある。

生地と糊加減

友禅加工の段階ではごく普通に見かける伸子だが、染色整理の世界での伸子を利用した張りとなると、

吟出張り

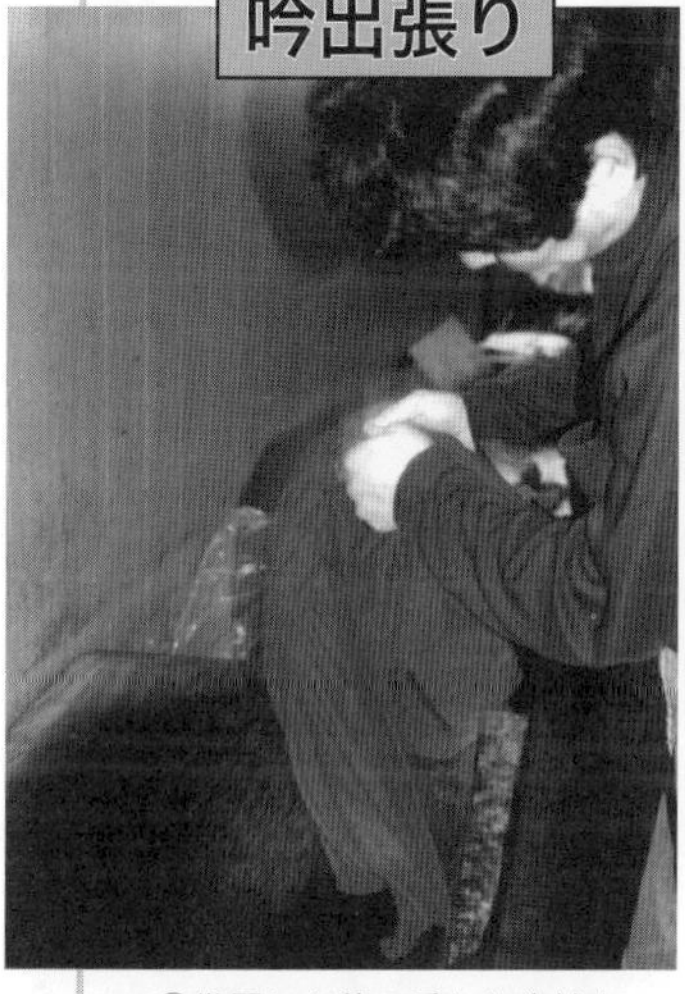

①幾層にも積み重ねた生地を，木の台に力いっぱい幾度も叩きつけ，生地に含ませた糊を全体にゆきわたらせる。

川端基之さん

僧侶の法衣や神職の装束、能衣装などに限られてしまう。その法衣張り、装束張りと呼ばれる技術で張りを行なっているのは、今や京都でも五指に満たないという。川端張工場はその一つ。「法衣張・薄墨染」と記された看板が掲げられていた。

　川端基之さんは四代目として伸子による張りの伝統的な技法を受け継いでいる。細長い工場内で川端さんは張木に架け、裏側から刷毛で糊引きした生地に伸子を張っていた。いわゆる素張りである。左手に握った伸子の束が、チャリチャリとすべりの良い音をたてる。もう、飴色になっている。長さ一二メートルの生地におよそ三〇〇本の伸子を張る。「この伸

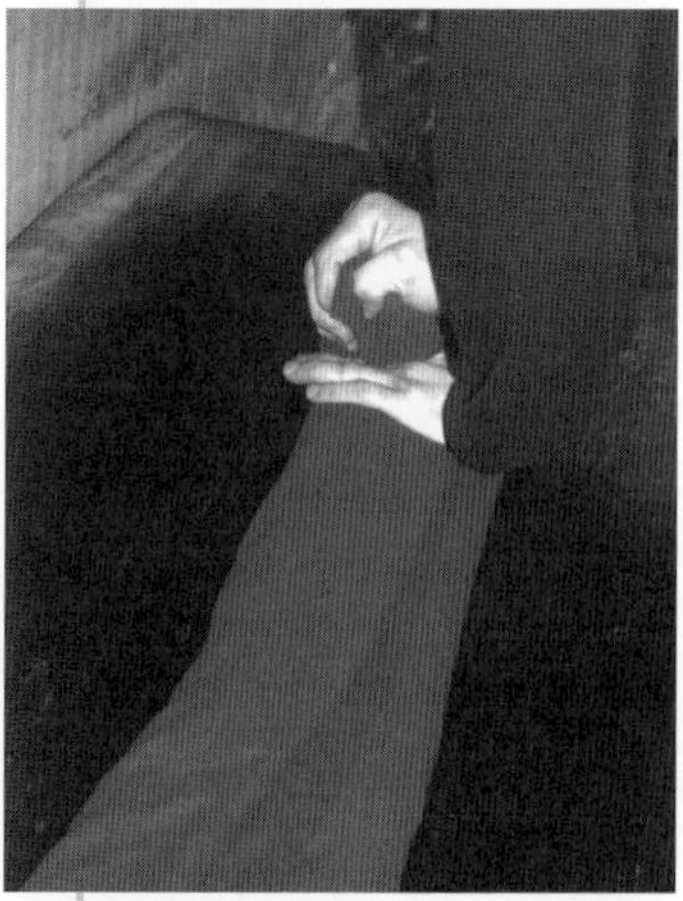

②手で生地を擦り合わせるようにして，糊をさらに揉み込む。この一連の作業を何度も何度も繰り返す。

子はもう八〇年も使うてる」と、その触り心地もまた仕事のリズムをつける上では大事なことなのだという。生地によって伸子の長さも太さもさまざまな種類がある。

傍らで突然激しい音がした。見ると、畳んだ紅色に染め上げられた生地を肩にかつぐようにして、桜の木の台に叩きつけていた。そして今度は、揉み洗いをするような動きで糊を揉み込んでゆく。キュッキュッという絹ずれの音が悲鳴のように聞える。そして畳み直してさらに叩きつける。「中国の繭を使うた絹は糊を入れても食わない」。絹糸を惜しんで張り切った繊維状態になっているから、叩き、揉み込まないと糸の繊維の襞の中まで糊が浸透してゆかないのだという。いわゆる吟出《ぎんで》張りと呼ばれる、糸間・組織間に糊を充満させ、肉厚感を得ようとする技法である。

その糊も布海苔《ふのり》、飯粒で作った姫糊、サツマイモの糊など六種類ほどを、生地によって配合を変え、使い分けている。機械を使っての張りならばパラゾールMGという配合比率の決まった糊を使えばそれで済むが、伝統的な手による技術では生地への目配りによる糊の加減があとで生きてくる。

「そりゃあ仕上がってからの風合いいうもんが全然違う」と川端さんは語気を強めた。

素材も時代の中で変わってきている。伸子の竹は昔に較べると復元力が弱くなってきたというし、布海苔は長野から入ってきたものは以前はもっと海藻の匂いがしていたが、今のはそれもなく、粘りもない。艶を出すために白絹を白のままに使うときの白張りに用いる寒天も同様だという。寒天も海草から作られる。今では浸透剤や静電気防止剤などを加えれば済み、便利といえば便利だが、昔はそれを技術力でカバーしてきたのだと、川端さんは自負を隠さない。

伸子張り

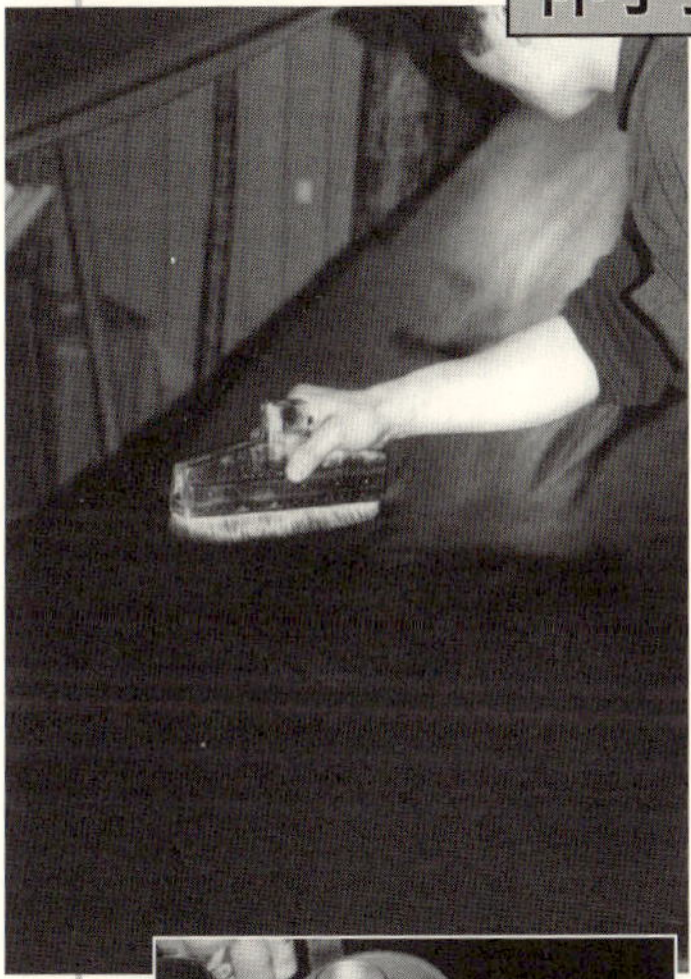

細長い工場の天井には，糊引きされ，伸子張りを終えた生地が張り渡され，乾燥される。

伸子張りした生地の表面に刷毛で糊を塗る。糊は数種をブレンドしてそれぞれの生地に合わせたものを用いる。

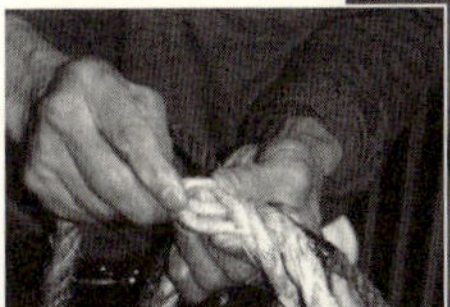

伸子を張り終えた生地を，先端に金具のついた棒で柱に吊り下げる。張木と柱を括るのにかつては藁縄を用いた。藁の方がゆるまず，柱からも滑り落ちにくいという。

染色に不可欠な水も、昭和三七年に東西に走るメインストリートの四条通を阪急京都線が地下鉄として西から東へ、四条大宮から河原町まで伸びたとき、北から南へ流れる地下水脈が分断されてしまった。

素張りも吟出張りも伸子張りをして丸一昼夜、陰干で自然乾燥させるが、季節によっても変化する。五・六月のものはどうしても「味」がないという。冬場は湿度が高いので糊を濃くするなどの糊加減の工夫も必要になってくる。

艶を生むために

最後に川端さんは工場の一番奥へと誘った。そこには不等辺の、大きな四角い台形の石が鎮座していた。上辺には二の腕の太さほどもある柄が取りつけてある。何のための道具なのか、見当もつかなかった。倒そうとしても動かそうとしてもビクともしない。三五〇キログラムもあるという。底には横に細かい溝が刻まれている。

傍らの壁に筒状や菱状の棒を何本も架けた枠があった。船の操舵輪のようなハンドルをまわして筒状の棒に生地を巻き取ってゆくが、このとき、擦れることによって生地に艶が生まれるのだという。

巨大な石もまた、その艶を出すための道具なのだった。伸子張りをして糊をきかせた生地に湿り気を与え、乾いた木綿と一緒に棒に巻き取り、板張りの床に置き、その上に石を覆いかぶせるようにして取手を握って前後にゴロゴロところがすのである。生地にしてみれば地獄の責苦にも似たもので、悲鳴をあげて

都張り

生地を巻き取る枠。真ん中の菱状や筒状の棒で，幅を整え，艶を出す。

船の操舵輪のようなハンドルを回して，桜の木の棒に生地を巻き取ってゆく。

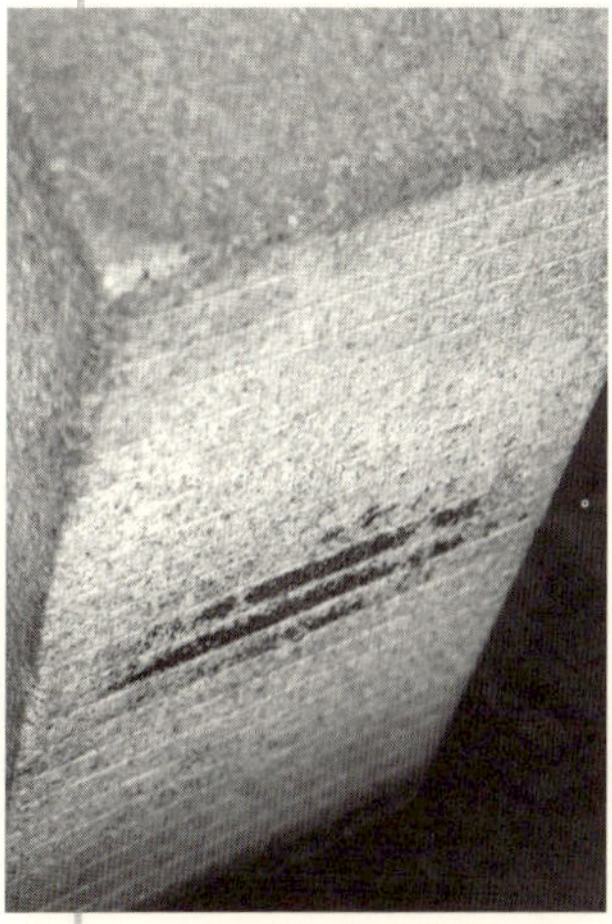

木の棒に巻いた生地を床板の上に置き，350kg の大きな石を載せて前後にごろごろと動かす。この重みにより美しい艶が生まれる。左は石の底面。

いるのではと川端さんに問うと、湿り気をくれているから生地に傷はつかず、こうすることで艶が生まれるのだという。逆方向に巻き直し内外を変えてもう一回。川端さんもさすがに息がきれていた。

「砧《きぬた》を打つ」という言葉がある。槌で布を打ちやわらげ、艶（光沢）を出すことなのだが、打つ台の堅い木、あるいは石が砧である。この技法では原理は同じだが、上下が逆で、砧を前後にころがすことによって能率がかなり違ってくる。

しかしその激しさは、『源氏物語』が「白妙の衣うつ砧の音もかすかにこなたかなたに聞きわたされ」（「夕顔」）と表現した抒情性や、芭蕉の「声すみて北斗にひゞく砧かな」や、服部土芳の「かなしさもうてば打ちぬく砧哉」の夜をこめて砧を打つ女性の哀感を思いやる寂しい音とは別のものだった。

川端さんは「法衣は風合いいうもんが大事」と繰り返した。艶はその風合いの大事な要素なのだった。『枕草子』は「心ゆくもの」（三一段）として「うるはしき糸の練りたる、あはせぐりたる」と、気持ちのよいものとして、きちんと美しく整った糸の練ってあるのを、より合わせて繰ってあるものを挙げ、また「夜まさりするもの」（伝本一本）は「濃き掻練《かいねり》のつや。むしりたる綿」だという。昼間より夜の方が立派に見えるものとして濃い紅の練絹《ねりぎぬ》の艶、また蚕の繭《まゆ》をむしった真綿の光沢を挙げている。平安時代の色や光の陰翳を感受する繊細な美意識は、襲《かさね》の色目《いろめ》のみならず、そのまま法衣・装束へも投影されてきた。

その美しさを生み出すための技法が張りなのだった。川端さんはみずからこの石による技法を「都張り」と名づけている。

川端さん六九歳。張師としての面目躍如という表情だった。目下、五代目として技術を継ぐ人は、残念ながらまだない。

蒸気の不思議

もはや、裁縫という言葉も死語に近いのかもしれない。熾《おこ》した炭を入れ、暖をとった火鉢も然り。その傍らに座を占め、一針一針縫いものをする女性の姿もまたかつては日常的なものだった。火鉢の灰の中に、先がアイロンを小さくして柄をつけたような鏝《こて》を突っ込み、折々、それを灰の中から抜き取って裁縫する布に当て、折り目や皺を伸ばして針を進めていた光景があった。

それは湯のしの原初的形態である「火のし」、いや、文字通りの熨斗《のし》という作業であろう。日常生活の中では洗張りを張板で行なっていたのと同様の風景である。火のしに代わって登場したのが、湯を沸かして、その蒸気を布に当て、蒸気の水分と熱で皺を伸ばしたり、幅を出して整える「湯のし」である。

川端さんの「都張り」の技法もさることながら、染物・織物が完成したときの目も綾な美しさを表出するために、どれほどの加工と技術の手が加えられることか。絹にしろ、綿にしろ、天然繊維にとっては、そのつど、悲鳴をあげるほどの人の手と加工技術ではなかろうか。

そして蒸しの工程を経てからの友禅流し、水元のように、幾度も水をくぐらされることで、糸の伸縮もまた大きなものとなる。

湯のしには、精練後に行なわれる「中のし」、そして染色加工をする前に行なわれる、手描き友禅の仮《かり》

湯のし

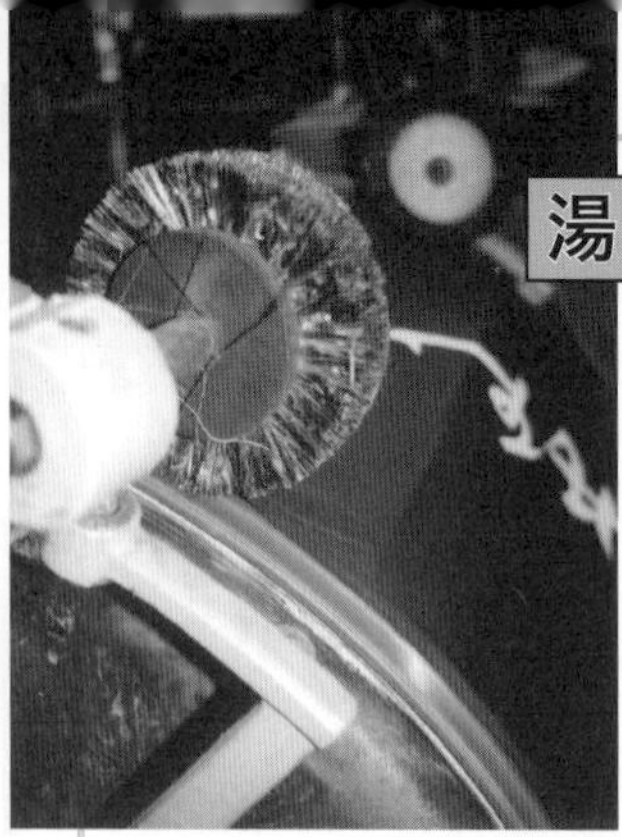

ピンテンター。

ミシンで縫合された反物が蒸気と熱で湯のしされ，次々と流れてゆく。

フェルトの厚みを調整して風合いに工夫を凝らす。

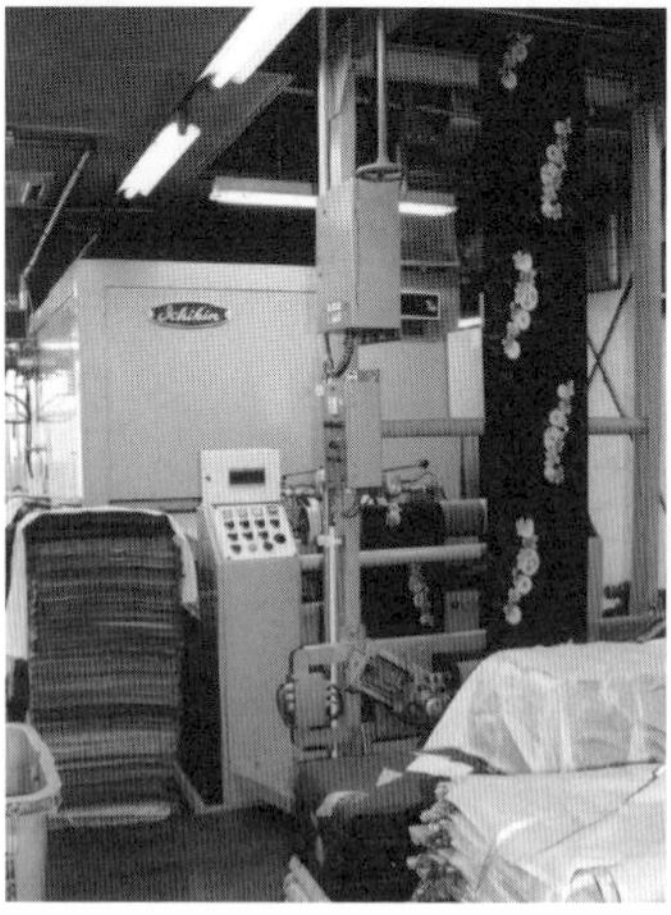

西京極の工場ではすべてがオートメーションで，最新の機械が休みなく動く。

『人倫訓蒙図彙』より。

機械にかからぬものは手湯のし。二人の呼吸も大事。

手湯のしの道具。銅製の煙突のような口からあがる蒸気を当てる。

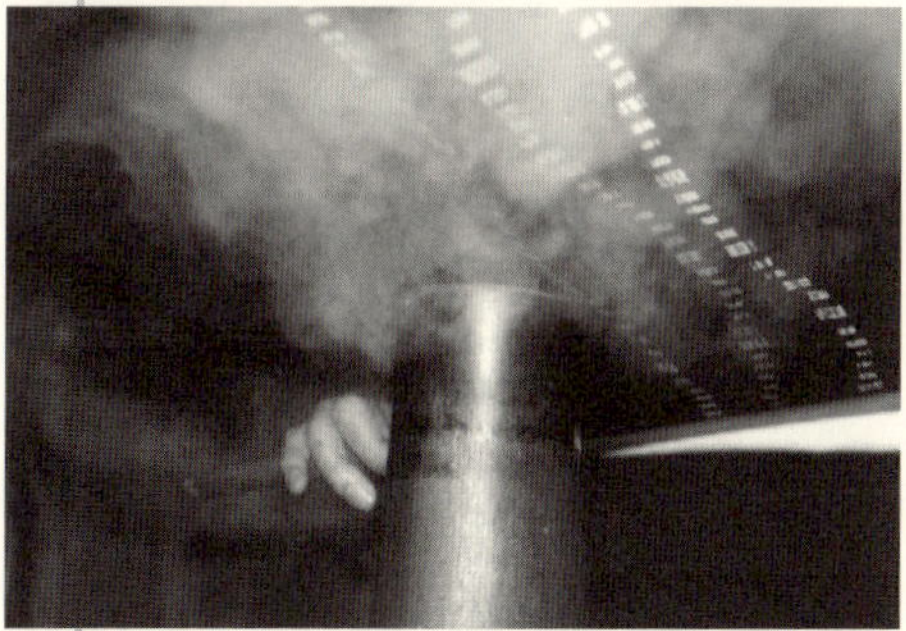

枠場にセットし，環状に縫合した生地に丸棒を通し，生地を押さえつつ丸棒を両手で持ち，左右に大きく振り動かしながら蒸気を当ててゆく。

絵羽《えば》仕立ての前の「下のし」、そして染色加工後、商品として出荷される前に行なわれる「上のし（仕上げのし）」がある。

現在行なわれている湯のしは大正の末ごろから導入され、昭和初期から広く普及するようになった機械湯のしで、蒸気を発生させる汽罐と幅出し装置の二つが組み合わさっており、湯のしと幅出し、そして乾燥が同時に行なわれている。

まず生地の端をミシンで縫いつなぎ合わせて機械にセットする。回転するシリンダーの両端に一定間隔で並ぶ針が生地の耳にかかって前へ前へと一定の速度で送ってゆき、その間に蒸気の水分と熱によって皺を伸ばし、幅を一定に整えてゆく。シリンダーを経て乾燥させるピンテンターと呼ばれる機械である。

この機械による湯のしは、巻き取る際に巻きむらによって生地に杢目《もくめ》が生ずるのが欠点であったが、それも振り子のように前後に動く「振り落とし」を応用した装置によって解決されている。

しかし、絞り染めや刺繡などのように、機械にかけるとその加工特性や風合いを損なうものは、昔ながらの手湯のしに頼るしかない。

上坂《こうさか》染色整理加工を訪れたとき、ちょうどその手湯のしが行なわれていた。木製の台形の箱の上に銅製の鶴首のような煙突が出ており、その先から蒸気があがっていた。箱の中には水を漲《は》った釜があり、熱源によって蒸気を発生させ、生地の裏側に当てて湯のしを行なうのである。

上坂真一さんは「熱源は炭だったり、練炭の周囲に豆炭を置いたり。今はボイラーからホースで引いていますが」と語った。手湯のしの仕事が多いと水を柄杓で上から追い足す作業が必要だったのは昔の話で、今のボイラーの蒸気は水分が多いので、逆に釜にたまった水を捨てなければならないという。

二人して、機械にはかからない、解いたきものの耳などの折り皺を伸ばし、次に鹿子絞りの生地に蒸気を当てた。と、絞りの部分は蒸気を当てられると目にもはっきり立ち上がってきて、見事に立体的な凹凸が生まれてきた。素人目にはたかだか蒸気でそれだけの変化が起きるのは不思議でさえあった。

江戸初期の元禄三（一六九〇）年に刊行された『人倫訓蒙図彙《じんりんきんもうずい》』は熱源はともかく、現代の上坂さんのところで行なわれているやり方とまったく同じ姿で、手湯のしする図絵を載せている。

張りもまた方式こそ違え、伸子を用い、砧を用いるという原理はなんら往古と変わってはいなかった。

手湯のしの特長は棒を使うことだった。用いる丸棒の長さは九寸五分。生地裏が外側になるように縫い合わせ、枠場の太鼓にセットし、もう一端で丸棒を通し、親指で生地の耳を押さえて蒸気を当てる。左右に大きく揺するようにして振り動かしながら、左右の耳までまんべんなく生地を多少こするように蒸気を当て、皺を伸ばし、幅を出し、残った四本の指で棒を回転させて生地を送ってゆく。棒を押える位置によって幅が決まる。手加減、指加減一つである。

上坂真一さん

「仕事の多いときでしたら、指にタコができたりしましたが、今はそんなに仕事は。枠を回してもらって先を送るときは二人の阿吽《あうん》の呼吸が要ります。刺繍のほどこしてある湯のしは難しい。小皺がどうしても入る。基本的にはやりません。でも『紋合わせ』

は手湯のしならではでしょう」。

機械による湯のしも、手による風合いにより近づけるべく、シリンダーに巻くフェルトの厚さを変えたり、失敗もしながらさまざまな工夫を凝らしてきた上坂さんは七〇歳。工場で淡々と仕事をする人は四人。何か穏やかな雰囲気が流れていた。問えば上坂さん夫婦と弟さん夫婦。いわば気心の知れた者同士の日々の積み重ねが淡々と続いてきたのだった。阿吽の呼吸など造作もないことだった。

染色整理の組合に加盟している人は三〇軒ほど。新しく始めようとする人はいないという。設備、スペース、技術を考えれば、そう簡単においそれとできるはずもなく、さりとて時代性の中では後継者に恵まれているわけではない。しかし、そんな先行きのこととは別に、仕事は淡々と続けられてゆく。

最後に最新式の機械を導入しているという洛西の桂川に近い西京極にある工場を訪ねた。ほとんど人の手の入る余地はないほどオートメーション化されて、張りや湯のしが進んでゆく。コンピューターを導入してはいても、「それも人間が実現しようとする仕上がりを生みだすための情報を入力してます。発色・手触りなどの風合いを」ということだった。

伸子張り、手湯のし、最新式機械と道具や技は時代を映し出してはいるが、いずれもその最終目的は美しいきものを生み出すためのものだった。絞りが蒸気に当たって、匂い立つような絞りならではの立体感と艶を見せたとき、張りや湯のしはたんに皺を伸ばし、幅を整えるだけではなく、染色加工の中で疲れきった生地そのものに仕上げとしての息を吹き込み、生き生きとした表情を与える工程に他ならないことに気がついた。

絞り

有松・鳴海の今昔

加藤かね（三浦絞り）
本間とめ子（手蜘蛛絞り）
安田千之（安田商店）

有松の町並み

有松・鳴海絞りの名前は、染色の技術としてだけではなく、広重の描く「東海道五十三次」絞り店の図などと重なり合って、なぜか江戸時代を彷彿とする形で記憶されている。

その成り立ちを知れば、それも当然のことであった。『東海道中膝栗毛』の弥次・喜多道中の中で「落合村を、すぎゆきて、有松にいたり見れば、名にしおふ絞の名物、いろ〳〵の染地家ごとにつるし、かざりたてゝあきなふ。両かはの店より、旅人を見かけて『おはいり〳〵。あなたおはいり。名物有松しぼりおめしなされ』」（四編下）、また『東海道名所図会』三には「細き木綿を風流に絞りて、紅藍《くれあゐ》に染て商ふなり。此市店十余軒あり。旅行の人及び諸国へ商ふ」とあるように、近くで産する三河木綿に絞りの加工を施した手拭や浴衣などを、東海道や伊勢参宮で往還する旅人を相手にその土産物とすることによって、また尾張藩の保護・奨励もあって、その繁栄をきわめてきたのだから。

けれど、それは地理風土上、窮余の末に採られた策でもあった。名鉄本線有松駅（愛知県名古屋市緑区鳴海町）に降り立つと、ステレオタイプ化した駅前の風景とは違って、いわば丘陵の谷間という感じの地勢であった。その地勢が有松・鳴海絞りの歴史を決定づけもしたのである。

丘陵地であり、また粘土層の土壌であるがゆえに、農地としては不適であった。農業生産とはまったく別の地場産業を生み出さざるをえなかったのである。それが慶長（一五九六〜一六一五年）の頃、有松村の竹田庄九郎が木綿に纐纈《こうけち》様の染織を施したことに始まる染色技術としての絞りなのだった。

駅から指呼の距離に昔の街道筋の街並がそのまま残る旧東海道が走り、車の往来さえなければ、タイムトンネルを抜け出たような気がしてしまう有松の町だった。その家並みは絞りを扱って財をなした多くの豪商の存在をうかがわせる瓦葺き、塗り込め漆喰《しっくい》壁の防火造りという重厚な構えを今に残している。駅の近くを流れる川は、その流れが染料の藍で青く染まったことから藍染川と呼ばれる。弥次・喜多の二人は足を速めて「旅人のいそげば汗に鳴海がたこゝろもしぼりの名物なれば」と記した鳴海の宿へ着く。

けれど江戸時代を通じて、尾張藩の保護のもと、その多種多様な絞りの技術は門外不出とされ、深化された産業としての有松・鳴海絞りは、特権が廃止された明治維新以後、今度は逆に時代の荒波に洗われ続けざるをえなかった。

昔の街道筋の面影を残す，重厚な構えの有松の町並み。

古老二人

町並みの中に有松・鳴海絞会館がある。一階には現在生産されているさまざまな絞りの製品が並び、二階には三八〇年に及ぶ有松の歴史の中で生み出されてきた数多くの絞りの技術を駆使した作品が展示され、さまざまな道具もまたその軌跡をものがたっている。敷地内には絞りの開祖・竹田庄九郎の碑が建立されている。

そして一隅では、一筋に絞りの仕事を続けて生きてきた土地の古老が絞りの技術を実演していた。ちょこなんと、まるで人形が座っているような姿で、小柄な加藤かねさんが有松の代表的な技法の三浦絞りを淡々と続けていた。青花で型刷りされた小さな水玉の中心に針をかけ、一粒ずつ糸でくくってゆく。

童女にかえったかのようなかねさんの風姿だったが、絞りをこなしてゆく指先は小さく細かな動きながら、いかつく、正確だった。

「絞りがいやだなどとは思いもしなかった。親も子も、絞り、絞りで、ただ一所懸命なだけだった」と語るかねさんは九六歳。彼女が使っている三浦絞りの台は、竹がもう飴色になって鈍く光っていた。「もう一〇〇年にもなりますか。母が使っていたものですから。慣れた道具の方がやりよい。針もそうです」。

絞り台の竹にL字型になった三浦針を自由に動くように据え、少し曲がったその先端で水玉の模様を一つ一つ引っ掛けて糸で絞ってゆく。そのようにしてひたすら、否も応もなく絞り続けてきた人生だった。

会館に見学に来た、かつて母親が絞りをやっていたという人がかねさんに話しかけた。かねさんの表情が動く。道具の話、技術の話、過ぎ去った思い出話。話しかけた人は、それまで忘れていたことを思い出すまま、やつぎばやにかねさんにぶつけていた。その人には何か堰を切ったような激しさがあった。

そこへ、やってきたのが本間とめ子さん。かねさんの隣に座って手蜘蛛絞りを始めた。絞り台は三浦絞りと同じだが、針は直角にではなく四五度ほどの角度に曲げられている。ついた印の一点を針で引っ掛け、

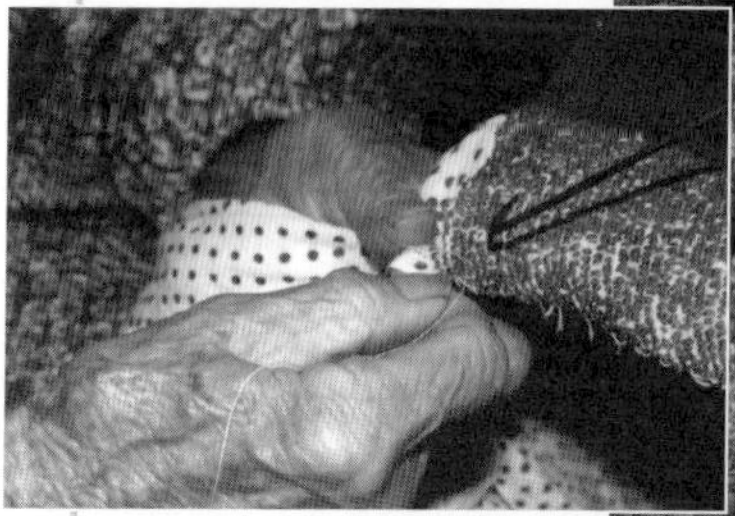

青花で型摺りされた小さな水玉の中心に針をかけ，一粒ずつ糸でくくってゆく。有松の代表的な技法・三浦絞りの加藤かねさん。96 歳でまだまだ現役。勁い指だ。

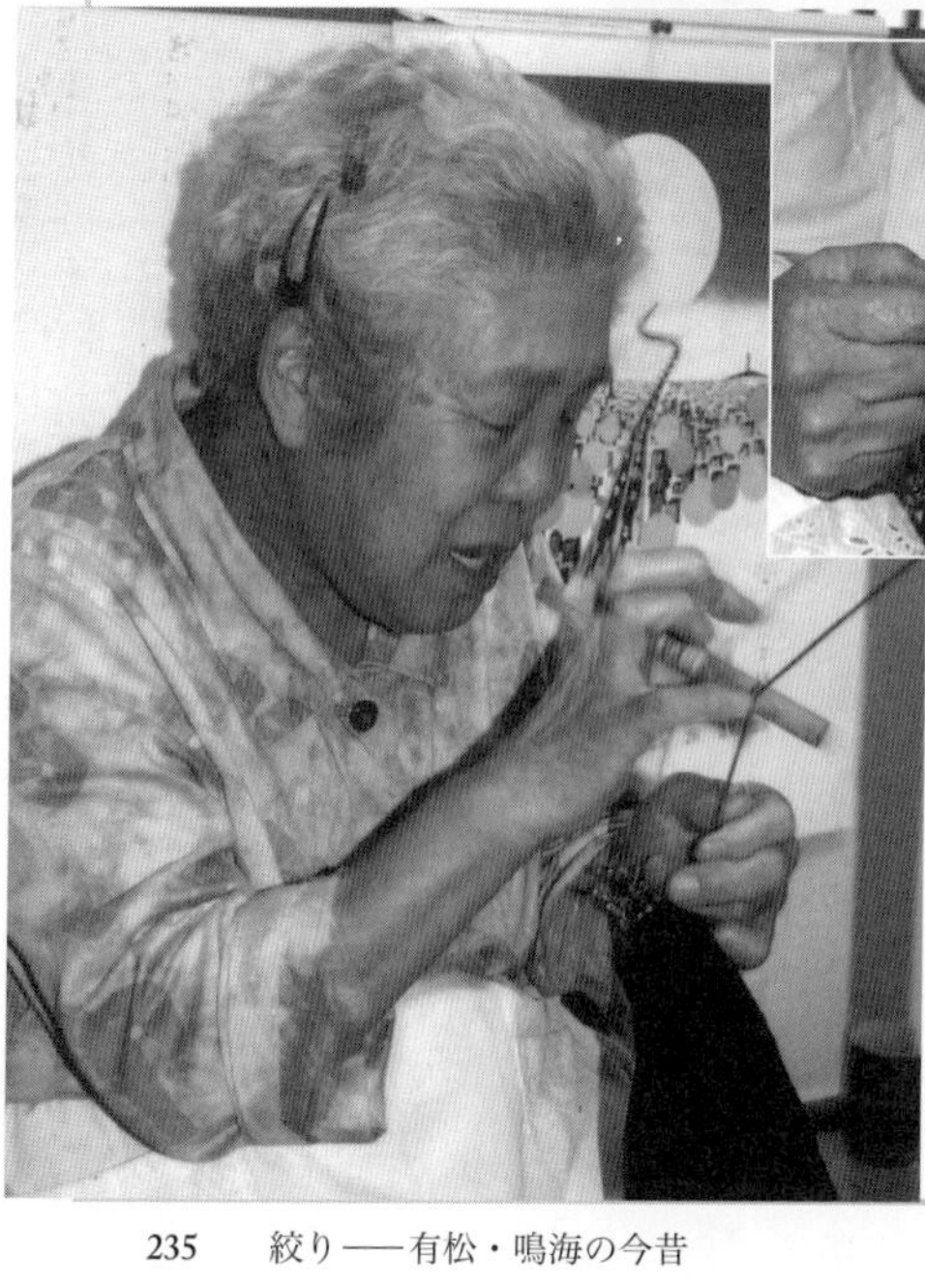

付いた印の一点を針で引っ掛け，それを頂点として襞を傘状に均一に取り，コロで糸を巻いてゆく。手と指が激しくリズミカルに動いて，手蜘蛛絞りとなる。本間とめ子さん 79 歳。

それを頂点として襞《ひだ》を傘状に均一に取り、糸を巻きつけた竹のコロと呼ぶ道具で糸を巻いてゆく。絞るときにどれだけの力が加わるのか、キリッ、キリッと糸が鳴る。手と指が激しくリズミカルに動いて、あっというまに畳んだ傘のような突起が出来上がってゆく。そんな本間さんの力強い仕事ぶりは七九歳という年齢をまったく感じさせなかった。

「七つぐらいから絞りをやって、小学校を卒業するまでには一通りの技法をこなして、その中から自分に合ったものを見つける。四つほどそんな技法を身につけて一人前やな。指が勝手に動くようになって一人前。指はもう〈道具〉なんやな。この仕事はやはり子供のときからやなあ。私ら、もう職人根性でやってきましたから」。その語気の激しさに思わずなぞるように「職人根性」とつぶやいていた。それは生活を賭けてという意味でもあった。

本間さんは手を休めることなく語る。有松・鳴海の絞りの技法は、模様によって括る、縫う、巻きつけるなど、優に一〇〇を超えるという。有松の人々のひたすらな努力があって連綿と、そして淡々と受け継がれてきたのだった。絞りの美しさの追求と生産地としての伝統、そして職人根性が生んだ技。

伝統技法の公開

染織の技術に限らず、その土地の人々と歴史がつくり出した技術というものは他地への流出を拒むものでもあった。門外不出とすることで産地としての生命力を守らなければならなかった。

有松・鳴海絞会館

絞会館の２階で実演する加藤かねさん。自らの時間を重ねて見学の人がかねさんに話しかける。

有松・鳴海絞りには三浦絞り、鹿の子絞り、手蜘蛛絞り、巻き上げ絞りなどの古来から伝わる技法の他に、明治以後でも新筋絞り、玉影絞り、嵐絞り、雪花絞りなどが考案されてきた。それは明治維新によって絞り産業の独占権が消滅する中で、時代の淘汰をまぬがれるための必死の研鑽の果ての所産だった。それらの技法は本間さんが語ったように、親から子へと伝えられ、子は自然に習い覚え、受け継がれてきたが、時代状況はそうした伝承を不可能にしつつある。

今、有松・鳴海絞りの技法を駆使する人は、若い人でももう六〇歳代だという。

ここに来て、有松の地で絞り産業を牽引する竹田耕三さんは、有松・鳴海絞りの技法を公開する挙に出た。そうすることでしか四〇〇年近くにわたって保持・伝承してきた絞りの技法を後世に残すことはできないという、苦渋の末の決断だった。技法を公開し、外に広げることで絞りの魅力と深さを世に問い、絞り人口を増やし、裾野を広げ、技法を守ろうとしたのだった。

時代が変わり、人々の生き方や意識が変わり、経済構造が変

ひっそりとした格子のたたずまいの安田商店。

わり、生活様式が変わる中では、もはや、従来のままでは生き延びてはゆけないのだった。人も技法も——滅びれば町並みは遺跡と化してしまう。

それは迂遠なようでいて少しずつ実を結びはじめた。たとえば、そうした意図で企画された講習会に参加して有松・鳴海の技法を学び、己が世界を拓きつつある人も出てきている。

また、隣町の大高町で生まれ、一〇歳のころから三浦絞りを母から習い、絞りの括り手として育ちながら、結婚して地元を離れ、絞りとは無縁の生活を送っていたが、偶然のことがきっかけとなって再び絞りの世界に戻り、有松町で個展を開き、さらに絶えてしまった襞取蜘蛛絞りの技法や浮世絵に描かれている手絞りの復元に取り組もうとしている人もいる。

そのように自分の心の中にひそんでいた原風景に呼び戻された人がいると聞いた時、会館の実演場で、まるで失われた時間を取り戻そうとするかのようにかねさんに語りかけていた人の姿が思い起こされた。昔日の隆昌は望めないにしても水脈はまだ枯れてはいないのである。

絞り染めを支える道具

一〇〇種類にも及ぼうという有松・鳴海絞りの技法は、括る人の熟練した手もさることながら、その技

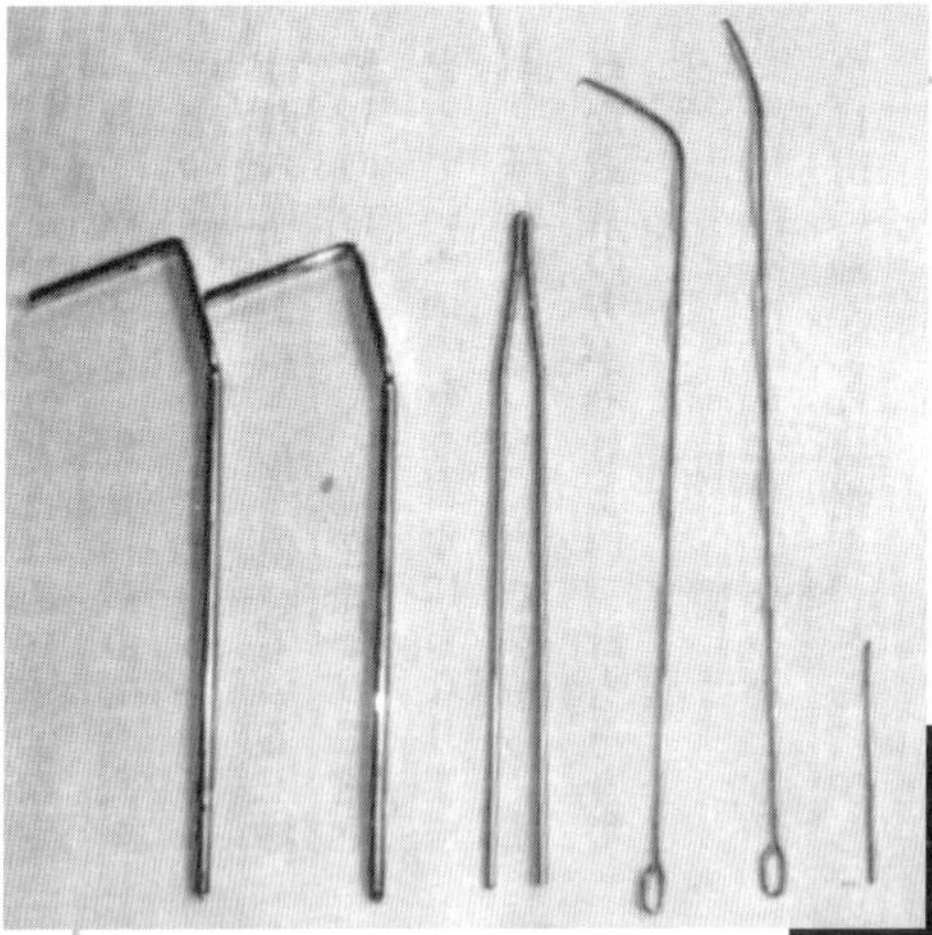

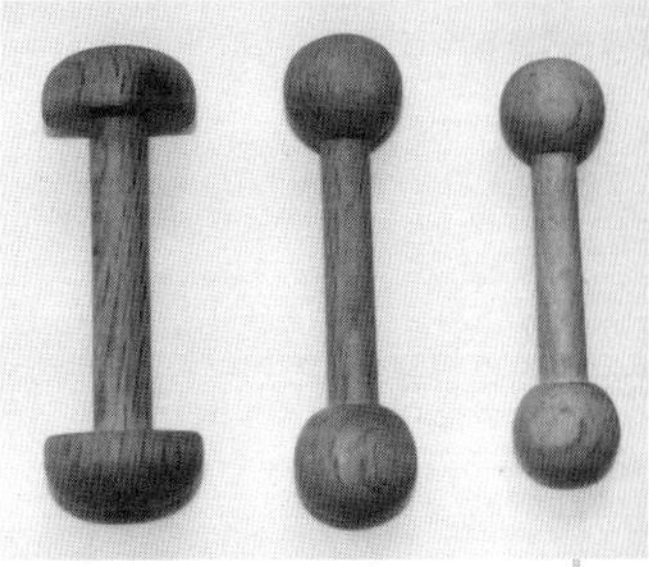

糸を巻くためのコロ。左は太い糸用，中央が標準のタイプ。

絞りの台にはめこんだ木材に取り付ける金具類。左から「たてびき鹿の子用」「よこびき鹿の子用」「巻き上げ絞り用」「手蜘蛛絞り用」「突き出し鹿の子用」

絞りに使う綿糸。一部麻糸も扱う。

3代目・安田千之さん

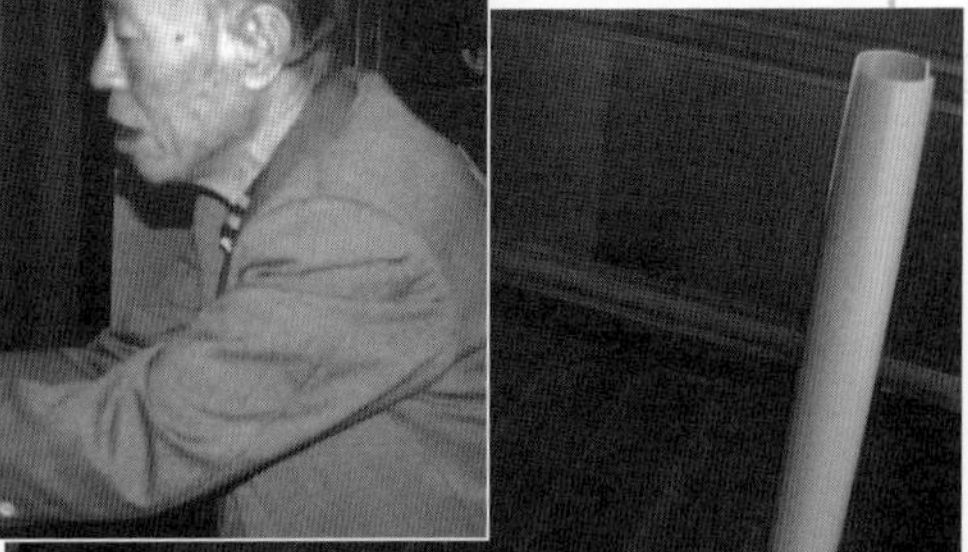

筋絞り，柳絞りなどに用いる鳴箭台。軸は以前は竹だったが，割れるので塩化ビニール製のパイプとなった。

法に合った絞りの道具も生み出してきた。

有松・鳴海絞りの特色は、京都の絞りなどとは異なり、道具を使って、より早く、手際よく加工することにもあった。

「鹿の子台」、「巻き上げ台」、「三浦台」、竜巻き絞りや手筋絞りに用いる「鳴箭台《めいせん》」、鹿の子絞りの糸巻である「きり」、あるいは「コロ」、手蜘蛛絞りの糸巻きである「くだ」、さらには台に取りつけて布を引っ掛ける針も技法に応じてさまざまであり、嵐絞りやむら雲絞りには筒を用いるし、白影絞りには丸木の台を用いるなど多種多様である。

そんな道具類を扱っているのが、地区ではただ一軒となってしまった、安田商店である。初代が美濃紙などを扱って有松に売りに来ていて、いっそ有松の地で紙を加工した商売をと移り住み、二代目から絞りの道具も手掛け始め、千之さんで三代目となる。産業としての絞りの翳《かげ》りは道具の翳りでもある。安田さんは「なんとか時代と折り合いをつけようとしてきましたが……。絞りも出来上がるまで時間がかかりますが、道具も同じことです。台は専門の人がいるわけではなく、大工さんにお願いして手のすいたときになんとか作ってもらってるし、針などの金具類はトヨタ自動車の下請けで、プレスをやってるところに頼んで作ってもらってます」と、道具を生業とするには厳しい現実を嘆ずるばかりだった。

しかし、一台の絞り台ですべての絞りができるよう工夫し、また分解して持ち運びができるようにするなど、道具に対する熱意は依然として衰えてはいなかった。台の四角い縦棒は抜き差しができ、四面を回転させることで方向を変え、三浦絞り、鹿の子絞り、巻き上げ絞り、各面に絞りに応じた金具を取りつけることで一台四役をこなせるよう考案した。

また鹿の子絞りの金具である細く丸い筒状の「ウデガネ」に針を固定するのに松脂《まつやに》が用いられていた。ウデガネにはえぐるように穴が穿《うが》たれており、この穴から粉末の松脂を入れ、下から蠟燭の火であぶって松脂を溶かし、そこにウデガネの先端から鹿の子針を差し込む。すると松脂は固まり、針は固定されるのである。ボンドであれば針が取れたり、折れたりしたときに付け替えることができないが、松脂なら火であぶるだけで同じウデガネを使うことができる。思わぬ松脂の威力であり、先人の工夫であった。

よく使いこまれた加藤さんの指ぬき。

この金具は昭和一二（一九二七）年に発明されたものだという。日本はそのころから徐々に戦時色を濃くしてゆき、翌年には戦時統制によって綿などが配給制となり、戦局が拡大の一途を辿るなかで、贅沢品である絞り産業は停止せざるをえなかった。有松の地場産業としての絞りの途絶は、親から子へと受け継ぐべき世代の空白を招来した。戦後、絞りは再開されたが、絞り加工の担い手は激減し、おのずとそれは技法の継承を困難にしたのだった。

有松で道具を作り商う店がたった一軒になったのも、そうした時代の流れを映したものだった。

とはいえ、糸を巻く両端が玉状になったコロなどの製作には神社などの擬宝珠《ぎぼうし》を作る技術が生かされているし、括る糸にしても、絞りの技法に合った撚《よ》りをかける技術を駆使できるのも、絞りの産地にある道具店ならではの特長で、それはそのまま安田さんの自負でもあった。

また、山道絞り、筋絞り、柳絞り、鎧段絞りなどの場合に用いる鳴箭台の縦棒には竹が用いられ、その先端はV字型にカットされて「烏口《からすぐち》」と呼ばれる。この烏口に、縄芯に巻きつけた生地をはさみ込んで、手で引っ張りながら襞を取ってゆくのだが、竹ではどうしても割れてしまうことがあり、現代的な素材である塩化ビニール製のパイプが用いられるようになった。嵐絞りやむら雲絞りに用いられていた丸太を利用した筒も塩化ビニール製のパイプとなっている。

安田さんは「絞りに必要な道具は、染料を除けば全部揃います」と胸を張った。有松・鳴海絞りでは、京の友禅染と同じく、図案作り、型彫り、青花摺り、絞り、と分業化が進んでいるのである。

だが、その安田さんの店でも揃わないものがあった。それは指ぬきである。そういえばかねさんの勁《つよ》い指にはめられていた指ぬきは、裁縫で使う普通の指ぬきとは違っていた。絞りで使用する指ぬきは独特のもので、硬貨を皮でつつみ、さらに木綿の布でくるんで紐をつける。いわば小さなショルダーバッグのような形に縫い上げ、右手の中指にはめる。硬貨の入ったバッグにあたる部分は手のひらにおさまる形になる。淡々と、何の苦もなく絞りの糸が括られているようだが、絞るときの瞬間的な力と、激しさが思われた。かねさんや本間さんの手は、幼いときから、何十年もそうした絞りをひたすら繰り返してきた手だった。「指はもう〈道具〉なんやな」という言葉が甦ってきて胸が衝かれた。

本書で取り上げた方々（登場順）

長谷川淳一（長谷川杼製作所）	六〇二－八三一三	京都市上京区五辻通千本西入風呂屋町五五
近藤武（近藤筬店）	六〇二－八四五四	京都市上京区元誓願寺通浄福寺西入
北岡高一　故人		
山口明男（佐内機料）	六〇二－八三〇一	京都市上京区芦山寺通千本東入二丁目
池田辨之助　故人		
池田照子（丸辨製作所）	六〇二－八四八三	京都市上京区浄福寺通五辻上ル杉若町六七五
齋藤與蔵　故人		
齋藤洋一（齋藤整経所）	六〇三－八四八七	京都市北区大北山原谷乾町四八－八
一柳芳男・広子（一柳綜絖）	六〇二－〇九四一	京都市上京区今出川通小川東入
日下敞介（錦匠苑）	六〇三－八四八四	京都市北区衣笠氷室町四九－三
河村和子	六〇二－八四四六	京都市上京区五辻通大宮西入　西陣意匠紋紙工業協同組合
倉中俊二（船岡紙業）	六〇三－八二二七	京都市北区紫野北舟岡町二二
中村利栄	六〇二－八三二五	京都市上京区今出川通七本松西入毘沙門町
大江嘉昭	六〇二－八三一八	京都市上京区七本松通五辻上ル老松町一〇三
池田一雄	六〇二－八三三一	京都市上京区六軒町通一条上ル若松町三五八
平林久美	六〇二－八二一六	京都市上京区堀川通今出川南入　西陣織会館内

稲垣隆雄（稲垣機料店）　六〇二－八三一七　京都市上京区五辻通七本松西入
上田和子（大原工房）　六〇一－一二四八　京都市左京区大原草生町三二七七
橋本勇蔵・隆之（橋本商店）　六〇一－八二一二　京都市南区久世上久世町六七九
井関義春（井関染工）　六一五－〇八〇一　京都市右京区西京極豆田町六　京都友禅文化会館
新庄保・博（刷毛新）　六〇〇－八四七七　京都市下京区仏光寺通堀川東入
前田良一（前田製作所）　六〇四－八八一二　京都市中京区壬生相合町六三
大箭秀次（栗山工房）　六一六－八二六一　京都市右京区梅ヶ畑高鼻町二三
杉本繁樹　六〇四－八八四五　京都市中京区壬生東高田町二九
由井外次　六一六－八二六一　京都市右京区梅ヶ畑高鼻町二三　栗山工房内
中村繁男・久枝　五二五－〇〇二八　滋賀県草津市上笠一－二四－一一
夏山萬春・一純（夏山染色蒸工場）　六一五－〇九二四　京都市右京区梅津尻溝町六九
川端基之（川端張工場）　六〇〇－八四九六　京都市下京区油小路通綾小路上石井筒町五四九
上坂真一（上坂染織整理加工）　六〇四－八三一五　京都市中京区黒門通御池下ル大文字町二四九
加藤かね　四五八－〇九〇一　名古屋市緑区有松町橋東南六〇－一　絞会館
本間とめ子　四五八－〇九〇一　名古屋市緑区有松町橋東南六〇－一　絞会館
安田千之（安田商店）　四五八－〇九〇一　名古屋市緑区有松町橋東南六八

参考文献

『翁草』池辺義象校訂、寛政三（一七九一）年、日本随筆大成第二十二巻
季刊『染織と生活』一～二一号、染織と生活社、一九七三～八〇
『嬉遊笑覧』喜多村信節・自序、文政一三年（一八三〇）
『増補　京染の秘訣』高橋新六、洛東書院、一九三四
『京都近代染織技術発達史』、「京都近代技術発達史」編纂委員会、一九九〇
『京都染織模様』菊池昌治、京都新聞社、一九九二
『京都府百年の資料』二、京都府、一九七二
『京都府百年の年表』二・八、京都府、一九七二
『京に服飾を読む』奥村萬亀子、染織と生活社、一九九八
『京　花背　摘草料理』中東吉次、淡交社、一九八九
『京都土産』石川明徳、元治元年（一八六四）、新撰京都叢書第一巻、臨川書店、一九八五
『群書類従』巻三七六、塙保己一、群書類従完成会、一九二九
月刊『染織α』一～三一七、染織と生活社、一九八一～二〇〇七
『原色染織大辞典』淡交社、一九七七
『衣風土記』松岡未沙、法政大学出版局、二〇〇七
『写真で見る京都今昔』菊池昌治、新潮社、一九九七

『職人ことば辞典』井之口有一・堀井令以知共編、桜楓社、一九八二
『新編　国歌大観』、「新編国歌大観編集委員会」、角川書店、一九八二
『新編　日本古典文学全集』小学館、一九九二〜二〇〇二
『人倫訓蒙図彙』著者不詳、元禄三年（一六九〇）（国立国会図書館蔵本）
『図解　染織技術辞典』田中清香・土肥悦子、理工学社、一九九〇
『天狗筆記物語』駒敏郎、西陣織工業組合、一九七七
『日本国語大辞典』小学館、一九七二〜七六
『日本古典文学大系』岩波書店、一九五七〜七八
『日本染織発達史』角山幸洋、田畑書店、一九六八
『日本染織文献総覧』後藤捷一、染織と生活社、一九八〇
『日本の伝統織物』富山弘基・大野力、徳間書店、一九六七
『西陣きもの史』真下伍一、源流社、一九七七
『西陣史』佐々木信三郎、思文閣出版、一九三二
『筆』田淵実夫、法政大学出版局、一九七八
『百年女郎品定』西川祐信筆、享保八年（一七二三）
『守貞漫稿』喜田川季荘、享保八年（一八三七）〜嘉永六年（一八五三）
『都名所図会』秋里籬島編、安永九（一七八〇）年、「新修　京都叢書」第六巻
『雍州府志』黒川道祐、貞享三年（一六八六）
『和漢三才図会』寺島良安、正徳二年（一七一二）自序、東洋文庫（国立国会図書館蔵本）

おわりに

季節の移ろいにうながされるようにして衣更をするたびに、纏う衣服の肌触り、色や模様に、ふと記憶の襞が揺れる時がある。それは具体的な光景であったり、遠い時間の空気のようなとらえどころのないものであったりする。しかし、いずれにも人の手の感触と気配があって、布のあたたかさが寄り添って来る。

染めと織りに携わる人々に会い、その仕事へ向かい合う真摯な姿勢と訥々《とつとつ》とした言葉に接しながら、一本の糸に、一枚の布やきものに、どう思いを及ぼしても届かないところで、愚直としかいいようのない一所懸命さで創意の限りを尽くし、時代と相渉りながら染織の世界に生きる人々の在りようを思い知った。また、その技術を駆使するために不可欠な道具をさまざまな工夫を凝らして作り出す人々がいて、そこにはやはり手があった。

多くは染織の都としての京都での取材だった。こまかに分業化された染めや織りの各工程で、伝えられてきた技法や己が技術を磨きながら淡々と仕事をこなし、自分が担うべき工程の中での役割を全うして次の工程の人に渡してゆく。そしてそうした人々は決して表面に出ることのない、黒衣《くろこ》としての存在であり続ける。「私ら地味な仕事やさかい」「出来上がったもん見ても私らの仕事なぞ想像すらできんやろ」とひとりごちる人が少なくなかった。

そうした、無名性をもってよしとする人々こそが染めと織りというものの水脈《みお》を守り、伝統文化を下支えしてきたことを、あらためてかみしめることとなった。

仕事の現場を訪ねての取材は、さぞご迷惑であったろうに、煩をいとわず丁寧に応じていただいた。その現場に立ち会ってみると、それらの仕事と人は美しく、凄味さえ帯びていたのだけれど。おかげさまで何とか連載を続けることができ、上梓が叶うこととなった。あらためて、心から感謝申し上げます。

なお、本文の時間は取材時で針を止めたままのものです。

染めと織りを下支えする人々を仕事の現場でとらえようと、染織工芸誌の月刊『染織α』（染織と生活社刊）誌上での連載企画「染め織り道具　人と技」が生まれた。そのきっかけは、やはり、市井にあって、町に溶け込み、その生業で人々に必要とされ、互いに支え合って紛れのないものを作りながら生きる人々の姿を追った小さな写真展だった。

以前、京の小路や路地を辿りながら、ごく普通に生活している人々を訪ね、その仕事や来し方などを尋ねて、聞き書きとしてまとめることを五年ほど続けていた。その区切りとして、出会った人々の素敵な表情に惹かれるまま「含羞の肖像」として私的な写真展を開いた。

「いつの時代にあっても／過ぎゆく日々を／倦まず弛まず歩き続けて／その果てで　ふと垣間見せた／羞《はに》かみに満ちた表情／さりげなく／何気ない言葉や仕草に込められた／激しさとやさしさ／そして気概と恥らい／京の市井で／愚直に　質朴に生きる人々」。そんな一文を添えて。

写真家の福谷均さんが、思いもかけずオリジナルプリントをかって出てくれた。仕事の行などをともにした縁から一掬の涙をそそいでいただいたものとありがたく思っている。暗室の中から、何気ない表情の中にその人の人生の陰翳をしのばせる、静けさ漂う肖像が浮かび上がってきた。それらは写真家としての感性と技術によって表現された一枚一枚であった。

この「含羞の肖像」展を見た月刊『染織α』編集部との話し合いの中から生まれた連載企画だった。染めと織りに従事する人々と「含羞の肖像」の人々の在りようは、驚くほど重なりあった。傲りや高ぶり、賢しらな知識や権威をふりかざすことなく、市塵のただ中にあって営々と日々の仕事を重ねている人々であった。

私事ながら、連載を終えて四年ほど繭隠《まゆごも》りのような時間が流れていったが、偶々、墓参の折に泊めてもらう「世界」という旅館のお女将から便りがあって、思い出話として、故郷の南陽市にある鶴布山珍蔵寺のことに触れてあった。山号からもわかるように「鶴の恩返し」伝説を持つ寺として知られていた。近くに織機川《おりはたがわ》が流れている。その間、秋田市の藤原繁・暁子夫妻の尽力もあった。

そんな時、『衣《ころも》風土記』（松岡未紗著、法政大学出版局刊）で珍蔵寺を訪ねた染織紀行文と出会った。おぼろげな記憶が甦り、故郷への感情が流れ過ぎて行った。そして筐底に眠っていたこの稿の塵を払うことになる。そのことが法政大学出版局との機縁となった。

機縁といえば、機業地の米沢で、降り積もった白い雪の中から冬の透明な陽の光を一身に集めたかのような黄金色が生まれてくるサフラン染を取材した稿が月刊『染織α』誌との縁の始まりであった。酷暑のさなか、突然、一九八一年の創刊以来、染織工芸に関する情報を発信してきた同誌休刊の報に接した。かつて同誌に連載した各地の伝統染織技法を探った文が『京都染織模様』(京都新聞社刊)として上梓されるなど、縁浅からぬものがあっただけに、残念でならない。むろん、他日を期してのことと推察し、また願っている。

折しも、長年、染織と生活社にあって染織というものを大所高所からご教導いただいた伝統染織ジャーナリストの富山弘基氏が「京都伝統染織学芸舎」を立ち上げられた。伝統染織に向ける氏の志に敬意を表するばかりである。

糸を手繰ればたぐるほど複雑で多岐にわたる染めと織りの深みに、そして携わる人々の在りようにたじろぐばかりだった私の拙い稿にもかかわらず、辛抱強く、纏め上げていただいた編集部の秋田公士さんに御礼申し上げます。

思えば、すべて人に結んでいただいた縁によって今日を迎えることができました。結縁いただいたすべての方々に深謝致しております。

二〇〇八年一月十一日

菊池昌治

初出誌

月刊『染織α』染織と生活社刊

〈染め織り道具　人と技〉一九九九年十二月号〜二〇〇三年四月号、隔月連載

写真／染織と生活社・月刊『染織α』編集部、編集工房か舎、吉野慈治

聞き書き「絹筬」「糊置」は

『アサヒグラフ』朝日新聞社刊、一九九四年新年合併号「京都千二百年の夢〈京都5人5職〉」より

取材・編集協力

朝日新聞社、今宮神社、北岡綾子、京都伝統染織学芸舎・富山弘基、ストリーム・福谷均、新潮社、西陣織会館、平林久美、美山荘、旅館世界・渡部弘子

著　者

菊池昌治（きくち　まさはる）
1947年山形県南陽市生まれ
○著書
『京都染織模様』『京都ひと模様』（京都新聞社）
『京洛往還記』『京都転転』（学藝書林）
『現代にいきづく京の伝統野菜』（誠文堂新光社）
『京都文学巡礼』（三一書房）
『京都の魔界をゆく』『七宝の魅力』（小学館）
『写真で見る京都今昔』『京都　味の風土記』（新潮社）
など
○共著
『万葉散策』（新潮社）
○写真個展「含羞の肖像」

染織の黒衣《くろこ》たち

2008年 6 月25日　　初版第 1 刷発行

著　者　菊池昌治 © Masaharu KIKUCHI
発行所　財団法人 法政大学出版局
〒102-0073 東京都千代田区九段北3-2-7
電話03（5214）5540／振替00160-6-95814

整版：緑営舎，印刷：平文社，製本：誠製本

ISBN978-4-588-30050-9
Printed in Japan